I0641496

Enea Silvio Piccolomini
De Europa

Enea Silvio Piccolomini

De Europa

Übersetzt von Günter Stölzl

DE GRUYTER

ISBN 978-3-11-075384-4
e-ISBN (PDF) 978-3-11-075424-7
e-ISBN (EPUB) 978-3-11-075428-5

Library of Congress Control Number: 2023948214

Bibliografische Information der Deutschen Nationalbibliothek
Die Deutsche Nationalbibliothek verzeichnet diese Publikation in der Deutschen Nationalbibliografie;
detaillierte bibliografische Daten sind im Internet über http://dnb.dnb.de abrufbar.

© 2024 Walter de Gruyter GmbH, Berlin/Boston
Einbandabbildung: Münster, Sebastian: Cosmographia, Bayerische Staatsbibliothek München,
Rar. 831, Bl. 41, urn:nbn:de:bvb:12-bsb00083444-2
Druck und Bindung: CPI books GmbH, Leck

www.degruyter.com

Vorwort

Im Jahr 2008 übersetzte ich (mit 3-jähriger Verspätung zum 600. Geburtstag Piccolominis) einen Großteil der hochinteressanten und sehr lebendig geschriebenen Autobiographie[1] des Papstes Pius II. aus dem Lateinischen ins Deutsche. Da es bis zu diesem Zeitpunkt außer dem lateinischen Originaltext nur Übersetzungen ins Englische, Französische, Italienische und Ungarische (kürzlich ist noch eine ins Niederländische hinzugekommen) gab, wurde meine deutsche Übersetzung sehr gut aufgenommen.

Da ich seit ca. 40 Jahren einen Zweitwohnsitz in der Toskana habe, nicht weit entfernt von Corsignano/Pienza, dem Geburtsort Piccolominis, habe ich mich mit dem Leben und den vielen Reisen dieses mir so sympathischen Humanisten, der sich für alles, was ihm begegnete, interessierte, angefreundet und vertraut gemacht. Mit Freunden und Kollegen habe ich dann diverse Reisen auf den Spuren dieses Mannes in Italien, Deutschland und Österreich unternommen.

Als Ausgangspunkt dienten uns jeweils Pius' schriftliche Aufzeichnungen, hauptsächlich in den *Commentarii*, die er in reicher Menge hinterlassen hat. Aber neben den *Commentarii* kommen da auch seine anderen historisch-geographischen Werke in Frage, wie die *Germania*, seine Geschichte Österreichs und natürlich auch seine *Europa*.

Da nun für die *Europa* zwar eine maßgebliche lateinische Edition von Adrian van Heck (2001), sowie eine englische (2013), eine spanische (1998) und eine italienische (2010) Übersetzung vorliegen, eine 2005 erschienene deutsche Übersetzung jedoch starke Kritik hervorrief, habe ich mich entschlossen, die *Europa* neu zu übersetzen und die inzwischen erschienenen Übersetzungen in andere Sprachen mit einzusehen, vor allem, was die Anmerkungen betraf.

Ich hatte Kontakt zu Armin Bergmann, der an der hiesigen Universität 2021 über ein Thema promovierte, das auch mit Pius II. zu tun hatte. Und Herr Bergmann, dessen Dissertation bei De Gruyter erschienen ist, ermöglichte mir ein Treffen mit seinem Zweitgutachter, Prof. Dr. Klaus Wolf, der an der Augsburger Universität lehrt, und der durch seine Arbeit über den Brief Pius' an den Sultan Mehmed II. mit der Thematik vertraut ist und mir dann den Kontakt zum De Gruyter-Verlag vermittelte.

Den Mitarbeitern dieses Verlages, die sich auf mein Vorhaben eingelassen haben, vor allem Herrn Robert Forke, der mir immer wieder weitergeholfen hat, sowie Frau Laura Burlon und Herrn Jakob Brassel gilt mein herzlicher Dank. Sie

---

[1] Ich war Pius II. Memoiren eines Renaissance-Papstes, ausgewählt und übersetzt von Günter Stölzl. Augsburg: St. Ulrich Verlag, 2008.

https://doi.org/10.1515/9783110754247-001

haben mit sehr viel Geduld das langsame Anwachsen meiner Übersetzung verfolgt und mich mit guten, praktischen Ratschlägen unterstützt.

Ich widme dieses Buch meiner Frau, Manuela Stölzl, die mir bei der Erstellung eifrigst geholfen hat, sowie meinen Kindern und Enkelkindern, die ich wohl zuweilen, hoffentlich nicht zu oft, wegen zu intensiver „Pius-Verliebtheit" vernachlässigt habe.

Augsburg, im Sommer 2023

Inhalt

Einleitung

Europas Selbstverständnis und seine historischen Wurzeln

In seiner Schrift *Was ist europäisch?* schreibt der Philosophiehistoriker Dag Nikolaus Hasse:

> Das Wort „Europa" hat für viele Menschen eine starke Ausstrahlung. Es steht für die Hoffnung auf Meinungs- und Religionsfreiheit, für Demokratie, Gleichberechtigung, Rechtsstaatlichkeit und für eine sich frei entwickelnde Kultur. Es steht auch für die Hoffnung auf ein friedliches Zusammenleben vieler verschiedener Völker, auf ein Leben in Vielfalt geeint.[2]

Das Selbstbewusstsein Europas, der Glaube an die eigene Überlegenheit gegenüber den Nachbarn, vor allem im Osten, hat sich schon sehr früh, d.h. im Altertum herausgebildet, als sich die Griechen gegen die Übermacht der „barbarischen" Perser wehrten und die kulturelle Überlegenheit ihrer Leute gegenüber den aus ihrer Sicht unkultivierten Persern betonten.

Im Mittelalter dann waren die Gegensätze hauptsächlich religiöser Art: Das „gute" Christentum, die katholische Kirche als Verfechter menschlicher Werte gegenüber den „barbarischen" Religionen Asiens, vor allem dem Islam, der bekämpft werden musste.

Im Vorwort zur ersten modernen italienischen Übersetzung der „Europa" spricht der damalige Präsident der Republik Italien, Giorgio Napoletano von einem „magmatische[n] Prozess, in welchem sich eine immer noch mittelalterliche Welt auf die Suche nach gemeinsamen Parametern, verbindenden Werten macht".[3]

Enea – ein erster Europäer?

Enea Silvio Piccolomini war einer der ersten, der die Begriffe „Christenheit" und „Europa" gleichsetzte.

Nach der Eroberung Konstantinopels durch die Türken im Jahre 1453 war das ganze christliche Europa erschüttert und befürchtete eine weitere militärische Ausbreitung des Islam. Enea erlebte als Sekretär am Hof des habsburgischen Kaisers Friedrich III. in Wien all die erfolglosen Versuche, diese Blamage rückgängig zu machen und in gemeinsamer Aktion gegen die Türken zu kämpfen. Aber „Europa

---

2 Hasse 2021, 6.
3 Enea Silvio Piccolomini, Europa (Marino 2010), 7.

https://doi.org/10.1515/9783110754247-002

war damals ein Archipel von Kulturen und ein sehr buntes Mosaik von Nationalitäten, verteilt in ein eher begrenztes Gebiet".[4] Vor allem die egoistischen Interessen der einzelnen Mächte verhinderten ein gemeinsames Vorgehen. Waren nun die Gegensätze untereinander größer oder verband doch eine gewisse Gemeinsamkeit die verschiedenen Länder Europas?

Wie kommt nun Enea zu dem etwas umstrittenen Ruf, sich als erster für Europa engagiert zu haben? Hat er da keine Vorgänger? Die Aufteilung Ost/West in der historisch-geographischen Literatur mit Europa als Vertreter der Humanität im Gegensatz zu Asien, das als unmenschlich charakterisiert wurde, findet sich z.B. auch schon in der Mahnschrift Georgs von Trapezunt an Papst Nikolaus V., *Ad defendenda pro Europa Hellasponti claustra* (1452), wo er Griechenland als das Bollwerk Europas gegen die Barbarei Asiens beschreibt.[5]

Fest steht jedenfalls, das Enea als erster das Adjektiv *europaeus* als „Einbürgerung" in ein moralisches Europa gebraucht hat.[6]

Man dürfte nicht fehlgehen, wenn man als besonderes Motiv Eneas für die Erstellung seines Werkes *Europa* vermutet, dass er die Gemeinsamkeiten der doch so verschiedenen Völker betonen wollte.

Eneas Biographie

Wer war nun dieser Enea Silvio Piccolomini, dem wir dieses Buch verdanken?

Er wurde geboren am 18. Oktober 1405, als erstes von 18 Kindern, von denen nur drei überlebten. Enea war der Sohn adeliger Eltern, und zwar nicht in Siena, sondern in Corsignano, einem kleinen Ort südlich von Siena, wohin sich seine Familie zurückziehen musste, nachdem viele Adelige aus Siena vertrieben worden waren. So war nun sein Vater auf sein kleines Landgut geflohen, wo Enea dann zur Welt kam, unter ärmlichen Verhältnissen aufwuchs und seinem Vater in der Landwirtschaft half. Seinen ersten Unterricht bekam er vom Pfarrer des Ortes.

Als junger Mann ging er dann nach Siena, um zu studieren, und zwar, wie sein Vater es wollte, die Rechte (kirchliches und weltliches). Aber dem jungen Enea gefielen, angesteckt von der damals florierenden Begeisterung für die Antike, die Schriften und Dichtungen der alten Römer viel mehr als die trockene Juristerei und so vertiefte er sich in die Klassiker. Ohne Abschluss war er auf der Suche nach einer bezahlten Stellung und hatte das Glück, dass ein durchreisender Kardinal auf dem

---

4 Enea Silvio Piccolomini, Europa (Marino 2010), 16.
5 Vgl. Bisaha 2004, 84.
6 Vgl. Pellegrini 2013, 423.

Weg nach Basel, wo er sich an dem dort stattfindenden Konzil beteiligen wollte, einen Sekretär suchte und in Enea einen sehr gut geeigneten fand. So kam Enea nach Basel, wo er sich dank seiner Fähigkeiten in lateinischer Sprache und Verhandlungsgeschick rasch emporarbeitete und bald auch zum Anhänger des Konziliarismus, d. h. zum Gegner des autoritären Papsttums wurde, eine Einstellung, die ihm in seiner späteren Karriere zum Problem wurde, wenn er sich auch hinterher davon distanzierte.

Als Vertreter des Konzils unternahm er weite Reisen im diplomatischen Dienst. So kam er unter anderem nach Mailand, Florenz, Siena, nach Thonon zum Herzog von Savoyen, nach Köln, Arras, England und Schottland. Dann wechselte er die Seiten und wurde Kanzler am Hofe des Habsburger Kaisers Friedrichs III. Und so verbrachte er dann länger als ein Jahrzehnt am kaiserlichen Hof in Wien bzw. Wiener Neustadt und musste in seiner Funktion als Sekretär bzw. Kanzler natürlich dem Hof folgen, wohin auch immer dieser zog, sei es nach Graz, nach St. Veit, sei es nach Italien, um die Hochzeit Kaiser Friedrichs mit seiner portugiesischen Braut Eleonora zu organisieren. Dass diese Reisen alles andere als vergnüglich waren, kann man sich vorstellen. „Der Umzug des Königs bedurfte eines umfangreichen logistischen Apparates [...][,] war aufwändig, Kräfte zehrend".[7] „Das Reisekönigtum [...] war vor allem während der früheren 1440er-Jahre, nach der Wahl Friedrichs III. [...] von Bedeutung [...] in diesen Bereich fallen auch die Romzüge Friedrichs (1452 und 1468), vor allem die Heirat und Kaiserkrönung auf dem 1. Romzug".[8] Eneas großes Verhandlungsgeschick und seine exzellente Formulierungsfähigkeit in der damaligen Amtssprache Latein machten ihn in diesen Kontexten unentbehrlich.

Schließlich entschloss er sich doch, Anfang vierzig, die geistliche Laufbahn zu ergreifen, die ihm viel größere Aufstiegschancen bot. Er wurde zum Bischof von Trient ernannt, dann zum Bischof von Siena. Aber auch in dieser Stellung hatte er noch diplomatische Reisen für den Kaiser zu unternehmen.

Eneas „Opportunismus"

Wie wir sehen, hat Enea seine Positionen und auch seine religiöse und politische Stellung ziemlich oft und scheinbar auch recht willkürlich gewechselt. Einmal auf Seiten des Konzils, also gegen den Papst, dann Sekretär des Gegenpapstes, dann am Hof des neutralen deutschen Kaisers, in dessen Dienst er dann auch die Ergebenheitsformel des Kaisers gegenüber dem Papst ablegte. Seine scheinbar opportu-

---

7 Schütte 2015, 80.
8 Schubert 2022, 205.

nistische Wechselsucht wurde ihm, vor allem in den historischen Schriften des 19. Jahrhunderts, gerne vorgeworfen.

Die ausführlichste und am intensivsten durch Quellenarbeit belegte Biographie Eneas dürfte immer noch das dreibändige *Werk Eneas Silvio de' Piccolomini, als Papst Pius der Zweite, und sein Jahrhundert* von Georg Voigt sein, erschienen 1856 – 1863. Voigt war zwar als Protestant nicht unbedingt ein Anhänger der römischen Kurie, aber er findet an Enea trotz des verderblichen Opportunismus, den er ihm vorwirft, auch sehr sympathische Seiten und beschäftigt sich ausführlich mit dessen literarischem Œuvre.

Den Gegenpol zu Voigts Darstellung bildet das dreibändige Werk Ludwig Pastors, *Geschichte der Päpste im Zeitalter der Renaissance,* das Enea immerhin einen halben Band widmet. Pastor reagiert auf die kritischen Aussagen Voigts und anderer großer Historiker des 19. Jahrhunderts (Ranke, Haller u. a.) über die opportunistische, raffgierige und egoistische Handlungsweise Eneas, wenn es um die Erlangung von Ämtern und Pfründen ging, mit fast schon übertriebener katholischer Reinwaschungsmentalität, indem er Piccolomini (wie übrigens fast all den doch moralisch recht anfechtbaren Päpsten der Renaissance) all seine „Fehler" verzeiht, oder sie doch wenigstens zu erklären versucht. Trotzdem ist Pastor für die Piccolominiforschung unentbehrlich, weil er sich auf breitestes Quellenmaterial aus dem vatikanischen Archiv stützen konnte und uns viele Dinge verrät, die uns vor ihm unbekannt waren.

Die aktuellste Biographie Piccolominis stammt von Volker Reinhardt und ist aus dem Jahre 2013. Reinhardt nimmt, was Eneas Haltung betrifft, eine vermittelnde Stellung ein, indem er schreibt: „Schon die Zeitgenossen haben auf grenzenlosen Opportunismus geschlossen. Piccolomini selbst hat als Papst gar nicht geleugnet, dass es ihm in Basel darum ging, sich einen Namen zu machen und einflussreiche Fürsprecher zu gewinnen. Zugleich hat er stets betont, dass ihm das Heil der Christenheit und als deren Voraussetzung die Einheit der Kirche am Herzen lag. Die Aufrichtigkeit dieses Bekenntnisses und die konsequente Förderung des eigenen Aufstiegs schließen sich nicht aus."[9]

Man muss, um Eneas Motive zu verstehen, anführen, dass er, im Gegensatz zu manchen seiner Kollegen, aus sehr ärmlichen Verhältnissen kam. Die Piccolomini waren zwar hoher Sieneser Adel, aber durch revolutionäre Umtriebe enteignet worden. Noch als eben erst gewählter Papst war Enea so wenig begütert, dass sich die vom römischen Volk veranstaltete (legale!) Plünderung seines römischen Wohnsitzes als recht armselig erwies.[10]

---

9 Reinhardt 2013, 73.
10 Vgl. Enea Silvio Piccolomini, Commentarii (Totaro 1984), 222.

Enea als Papst Pius II.

1458 wurde er zum Papst gewählt, und seine erste Aktion war es, einen Kongress möglichst aller europäischer Herrscher nach Mantua zu berufen, um die Kräfte Europas gegen die Türken zu mobilisieren, was nur sehr eingeschränkt gelang, da die Interessen der europäischen Machthaber zu weit auseinanderklafften. Aber der Krieg gegen die Türken sollte für Enea lebenslang sein politisches Ziel sein.

Noch als Papst bemühte er sich, mit den Türken zu einer Einigung zu kommen. So schrieb er im Jahre 1461 einen langen Brief an Sultan Mehmed II. (den er aber wahrscheinlich nie abgeschickt hat), in welchem er ihm vorschlug, zum Christentum zu konvertieren und dann der mächtigste Herrscher in Europa und Asien zu sein. Es wird gerüchteweise berichtet, dass sich Mehmed bei der (angeblichen) Lektüre dieses Briefes köstlich amüsiert habe.[11]

Enea, Europa und die Türken

Er musste die Eroberung Konstantinopels durch die Türken im Jahre 1453 miterleben und die darauffolgenden Versuche der Päpste, diese Blamage rückgängig zu machen. Aber keiner seiner Vorgänger auf dem Stuhle Petri war in der Lage die Machthaber Europas für einen Zug gegen die Türken zu einigen. Enea organisierte im Auftrag des Kaisers Friedrich III. zwischen 1445 und 1455 drei Türkenreichstage in Regensburg, Frankfurt und Wiener Neustadt.[12] Hauptredner auf diesen Versammlungen war Piccolomini und „das Evidentmachen der gemeinsamen Bedrohung, die gemeinsame Gegenwehr erfordere, bedurfte eines erheblichen Aufwands an Überzeugungsarbeit".[13]

Nachdem man in Lodi (9. April 1454) wenigstens einen allgemeinen Waffenstillstand für ganz Italien geschlossen hatte, bestand Hoffnung, dass man die europäischen Mächte für einen „Kreuzzug" gegen die Türken gewinnen könnte. Die einzelnen Nationen von ihren Gemeinsamkeiten und ihren Werten zu überzeugen, das war sicher ein Grund für Enea, dieses Werk *Europa* zu verfassen.

Enea war sich sicher der mannigfachen Verschiedenheiten und Reibungsflächen zwischen den einzelnen Staaten Europas bewusst, aber er versuchte auch, die Gemeinsamkeiten herauszuarbeiten, vor allem auf dem Gebiet der christlichen Religion und der überall aufkeimenden humanistischen Bildung. Aber seine Hoff-

---

11 Vgl. Wolf/Göhler 2016.
12 Vgl. Meuthen 1983, 16.
13 Mertens 1991, 54.

nung, die italienische Nation unter der Flagge des Papstes zu vereinigen, war sicher zu seiner Zeit „illusorischer politischer Realismus"[14]. Franziska Meier vermutet sogar, dass er den Terminus *Europa*, der weder politisch noch religiös belastet war, als taktischen Schachzug eingeführt habe, aus der Not heraus, an irgendetwas Gemeinsames, Unproblematisches zu appellieren.[15] Manfred Fuhrmann sieht Eneas Anliegen etwas weniger hinterlistig: Er stütze sich auf zwei in die Zukunft weisende Grundgedanken, den Aspekt der europäischen Völkervielfalt und den Aspekt einer allen europäischen Völkern gemeinsamen kulturellen Herkunft.[16] Andrerseits sieht Barbara Baldi in Eneas *Europa* „das Bewusstsein der fundamentalen Verbindung der jüngsten politischen Ereignisse auf der Halbinsel mit den wichtigsten Problemen und Ereignissen in Europa"[17].

Eine besonders interessante Sichtweise äußert Karl Enenkel in seinem 2019 erschienenen Aufsatz über *Europa*[18]: Enea Silvio habe sich intensiv mit dem antiken Raumwissen (Strabon, Plinius u. a.) beschäftigt und die territorialen Defizite Europas gegenüber den Türken der Nachlässigkeit (*desidia*) der Europäer zugeschrieben. Die Leistungen der Türken setze er (oft im Gegensatz zu seinen beiden Hauptquellen, Aethicus und Sagundino) herab und sehe als Hauptursache für die gegenwärtige Misere die Unentschlossenheit der europäischen Machthaber. Seine recht subjektive Darstellung sollte beim damaligen Leser Wut und Empörung erwecken (*indignatio*). Aber das „hauchdünne Gewebe" einer Gemeinschaftlichkeit müsse, wie Enea meinte, genügen, sich erfolgreich zu wehren.

Rudolph Hiestand schließlich ist der Auffassung:

> Vorerst defensiv verwendet, wurde die Europaidee bald Ausdruck des neuen Selbstbewußtseins. An eine politische Einigung unter dem Kaiser oder dem Papste dachte auch Pius II. bei seiner Beschwörung Europas nicht mehr, nur eine Führungsrolle sollten sie im Kampf gegen die Osmanen übernehmen. Eine wirkliche Einheit dagegen konnte es auf dem Felde der seit dem 12. Jahrhundert neben *Imperium* und *Sacerdotium* getretenen dritten „Universalmacht" geben, dem *Studium*.[19]

---

14 Pellegrini 2013, 430.
15 Vgl. Meier 2007, 33.
16 Vgl. Fuhrmann 1981, 16.
17 Baldi 2007, 206.
18 Vgl. Enenkel 2019.
19 Hiestand 1991, 46.

Eneas Kompetenz, über Europa zu berichten

Da er zu vielen der damaligen Denker, Lehrer, Politiker und Herrscher Kontakt hatte, sie zum großen Teil auch persönlich kannte, war ihm auch eine hohe Kenntnis der politischen und menschlichen Zusammenhänge zuzutrauen. Bei seiner detaillierten Darstellung der einzelnen Länder und ihrer Bevölkerung half ihm, dass er, schon als Botschafter des Konzils und dann vor allem als Sekretär des Kaisers, aber auch noch als Papst häufig und gerne reiste und dass ihn auf seinen Reisen alles interessierte. Und selbstverständlich waren seine Aussagen, auf Grund seiner vielen Reisen und weil ihm viele Persönlichkeiten seiner Zeit, sei es aus Politik, sei es aus der Kirche oder aus der Wissenschaft persönlich bekannt waren, immer auf dem neuesten Stand.[20]

Im Verfassen von historischen Schriften hatte er zu der Zeit, als er die *Europa* schrieb (1458), schon viel Erfahrung: Zwei Berichte über das Konzil von Basel, der zweite (in Form eines Briefes an den Kardinal Juan Carvajal, Wiener Neustadt 1450)[21] wesentlich kritischer über das Konzil als der erste, eine voluminöse Geschichte Österreichs, die bis in seine Gegenwart reichte, eine Geschichte Böhmens, die sich intensiv mit der Hussitenfrage beschäftigte, und viele kleinere Schriften historischen Inhalts waren schon geschrieben.

Eneas Quellen

Was nun seine Quellen betrifft, so findet man bei ihm zum größeren Teil antike Gewährsleute wie Strabon (in der lateinischen Übersetzung Guarinos, da Enea ja griechisch kaum konnte), Ptolemaios in der Übersetzung des Georgios Trapezuntios oder in derjenigen von Jacopo d'Angelo[22], Herodot, übersetzt von Lorenzo Valla, Diodor, übersetzt von Poggio Bracciolini. Von den römischen Quellen benutzte er die Naturkunde des älteren Plinius, die *Chorographia* des Pomponius Mela, die Gotengeschichte des Jordanes, die Enzyklopädie des Jordanes (gest. 636). Eine Ausgabe des Livius stand ihm nicht zur Verfügung.[23]

Ein gewisser Aethicus Ister, auf den er sich in Kapitel 20 der *Europa* beruft, wurde zu Eneas Zeit für einen antiken Autor gehalten. Es handelt sich aber um eine anonyme *Cosmographia* des 7. oder 8. Jahrhunderts.[24]

---

20 Vgl. Casella 1972, 50.
21 Enea Silvio Piccolomini, Briefwechsel (Wolkan 1912), 164–228.
22 Vgl. Mauntel 2021, 20.
23 Vgl. Voigt 1862, 10.
24 Vgl. Bisaha 2012, 72.

Auch mittelalterliche Quellen sah er ein, so die Chronik des Ekkehard von Aura (gest. 1126), die Chronik des Otto von Freising (gest.1158).

Von zeitgenössischen Quellen muss besonders erwähnt werden das Werk von Bartolomeo Facio über die Taten des Königs Alfonso, das Enea ausführlich verwertet, ohne Facio allerdings irgendwo zu nennen. Ob es Nachlässigkeit ist oder ob dahinter persönliche Animositäten stecken, das ist bis heute noch nicht geklärt.[25]

Auch die eigens für ihn geschriebene „Geschichte der Osmanen" (*De familia Otumanorum*). von Sagundino ist ihm eine Hilfe für seine Darstellung. Eine leicht verfügbare Ausgabe dieser Schrift findet sich in der von Adrian van Heck edierten Sammlung der Gedichte Eneas. Über Sagundino informiert uns besonders ausführlich der Artikel von Cristian Caselli[26], der uns mit der Vita dieses sprachbegabten Diplomaten vertraut macht und uns auch erläutert, in welcher Beziehung er zu Enea stand, und wie es dazu kam, dass er für Enea diese Schrift anfertigte.

Enea hat sich für die Erstellung seiner *Europa* in sehr vielen fremden Werken umgesehen und sich ihrer bedient, aber der Eklektizismus seiner Arbeitsweise lässt ihn weit verstreutes Material in eine fesselnde Erzählung formen.

Sehr gerne zitiert er auch sich selbst aus seinen zahlreichen historischen Werken, vor allem aus seiner *Germania*.[27]

Eneas Zitierweise mag heutigen Maßstäben nicht genügen, ist aber zeittypisch. Er zitiert wahrscheinlich meist aus dem Kopf, gibt, wenn es ihm gut scheint, den Autor der Quelle an, nie eine genaue Stelle. Aber diese Methode war damals üblich, heutige Herausgeber dürfen sich dann um Genaueres bemühen.

Interessant ist es natürlich, zu wissen, welche Manuskripte Enea für seine Arbeit zur Verfügung standen, die er eventuell für seine Zitate benutzen konnte. Ein späterer Enea Piccolomini aus Siena[28] hat im Jahre 1900 eine Untersuchung über den Bibiliotheksbestand der beiden Päpste Pius II. und Pius III. verfasst. Ca. 400 Manuskripte konnte er identifizieren, die aus dem Besitz der beiden Pii in die vatikanische Bibliothek gelangt waren. Denn die Manuskripte der Familie Piccolomini, die in der Bibiliothek des Domes von Siena gesammelt waren, gelangten auf Veranlassung des einflussreichen Senesen Fabio Chigi (dem späteren Papst Alexander VII.) nach Rom in die Bibliothek des Vatikans, wo Chigi auch ein Verzeichnis anlegen ließ. Einschränkend muss man natürlich sagen, dass Enea als Kardinal im Jahre 1458 noch nicht so viele Bücher besaß wie als Papst.

---

25 Vgl. Bisaha 2012, 20.
26 Vgl. Caselli 2019.
27 Vgl. Voigt 1862, 317.
28 Vgl. Piccolomini 1900.

Eneas Geschichtsbild

Eneas Geschichtsbild ist noch ziemlich dem Mittelalter verhaftet: Glück und Unglück sind in der Hand Gottes. Andrerseits zeigt er sehr wohl die von Menschenhand
verursachten Folgen der Ereignisse, z. B. Hunyadis Verhalten in der Schlacht von
Varna (Kapitel 31). Enea war kein gelernter Historiker im modernen Sinne, man
muss also bei seiner Beurteilung andere Maßstäbe anlegen. So konzentriert er sich
bei der Beurteilung von brisanten Situationen mehr auf die Beschreibung der be-
teiligten Personen und deren Reaktion auf die hereinbrechenden Ereignisse als auf
die Analyse der Gesamtlage. So sieht es Casella: „[D]er Schriftsteller und der Politiker [...] waren immer in engen Kontakt".[29] Ein typisches Merkmal humanistischer
Darstellung ist überdies, erfundene Reden der Hauptakteure einzustreuen, anhand
derer ihre Charakterisierung deutlicher wird.[30]

Die Entstehung der Schrift *Europa*

In dem der *Europa* vorangestellten Widmungsbrief an den Bischof Antonio von
Lérida berichtet uns Enea, damals schon Kardinal, wie er während einer seiner
regelmäßigen Gichtanfälle, die ihn ans Bett fesselten und nun gerade während des
Fastenmonats im Jahre 1458 zur Untätigkeit verurteilten, um die Zeit nicht unnütz
verstreichen zu lassen, ein Vorhaben verwirklichte, das ihm schon lange vorschwebte, nämlich die „christliche Welt", d. h. Europa zur Zeit des Kaisers Friedrichs
III. zu beschreiben. Angeblich hat ihn, wie er in dem Brief an den Bischof von Lérida
berichtet, ein deutscher Bibliothekar, dessen Name aber nicht mehr zu ermitteln ist,
gebeten, eine Fortsetzung des von Benvenuto da Imola 1387/88 verfassten Werkes
Augustalis libellus, einer kurzen Bilanz und Auflistung der römischen Kaiser von
der Antike bis ins Mittelalter, zu schreiben. Enea habe der Sache zugestimmt, den
Umfang der Darbietungen aber erheblich ausgedehnt, und eigentlich ist ja ein ganz
anderes Opus herausgekommen.

Gliederung der *Europa*

Enea beginnt seine *Europa* mit der Beschreibung Ungarns und der östlichen Staaten
unseres Kontinents, natürlich vor allem deshalb, weil diesen Ländern im Augen-

---

29 Casella 1972, 35.
30 Vgl. Voigt 1862, 318.

blick die größte Gefahr von Seiten der Türken droht. Und er entschuldigt sich auch dafür, dass er ein paar sehr ausführliche Kapitel über die Herkunft und die gegenwärtige Stärke der nicht zu Europa gehörenden Türken einbaut, um die bedrohliche Situation klarzustellen. Anschließend beschreibt er in großem Bogen die Länder nordwärts und kommt über England, Frankreich nach Spanien zurück. Russland behandelt er sehr kurz und beiläufig (ein kurzes Kapitel (27)). Er nähert sich zwar immer mehr dem Großfürstentum Moskau, kommt aber nicht weiter als bis zum Fürstentum bzw. der Stadtrepublik Nowgorod, worüber er auch nicht allzu viel weiß. Die östlichste Nation, über die er ausführlich berichtet, ist das Großfürstentum Litauen, das damals wirklich „groß" war und bis Kiew reichte. Was er uns von dem Missionar Hieronymus von Prag über dessen haarsträubende Erlebnisse bei der versuchten Bekehrung der Litauer (Kapitel 91–93) erzählt, beweist, dass wir seiner Meinung nach hier an der Grenze des christlichen Europas sind.

Der zweite und viel ausführlichere und detailliertere Teil beschäftigt sich mit Italien, wobei er von Genua beginnend nach Süden wandelt und die einzelnen Städte samt den dazugehörigen Gebieten mehr oder weniger eingehend behandelt. Dieser zweite Teil passt von der Anlage her nicht zum ersten und ist auch etwas früher als der erste entstanden. So ist also *Europa* ein eher zusammengesetztes Werk, in kurzer Zeit verfasst.

Die Popularität *Europas*

Enea ist sich der Schwierigkeit seiner Aufgabe bei diesem Werk, der Beschreibung Europas, sehr wohl bewusst. So betont er wiederholt (Kapitel 17, 41, 104, 120), dass eine Grenzziehung zwischen den einzelnen Ländern sehr schwierig und wechselhaft ist, da sich die Staaten pausenlos bekämpfen und sich dadurch die Grenzen verändern.

Die Verquickung von Geographie und Geschichte, wie wir sie in Eneas *Europa* finden, gibt es auch in der *Italia illuminata*, einem sehr ausführlichen und hochgelobten Werk des Humanisten Flavio Biondo, dem Pius bei seinem Tod ein allerdings etwas einschränkendes Lob ausspricht.[31] Der typische Konkurrenzneid der damaligen Humanisten? Im Unterschied zu Biondo bezieht sich Enea in seiner *Europa* hauptsächlich auf die jüngste Geschichte, während Fabio manchmal ins Anekdotische abrutscht. „Der Kardinal Piccolomini flicht kleine Episoden, Szenen

---

31 Enea Silvio Piccolomini, Commentarii (Totaro 1984), 2256.

und farbliche Tupfer ein, die bewirken, dass die Aufmerksamkeit des Lesers nicht sinkt."[32]

Er entschuldigt sich im Voraus dafür, dass man nicht die strengsten Maßstäbe anlegen dürfe, da das Ganze doch unter großem Zeitdruck entstanden sei, aber er hofft, dass sein Werk von Nutzen sei, und sollte sich in dieser Hoffnung nicht täuschen. *Europa* kam so gut an, weil es ein Werk dieser Art bis dahin noch nicht gegeben hatte. Warum war es für die damaligen Leser so faszinierend und interessant? Grund für den hohen Informationswert des Werkes war sicher Eneas Faszination für fremde Völker und Kulturen, die ihm das Material für seine Schriften lieferten. Seine Stellung in der Kanzlei des Kaisers Friedrich III. lieferte ihm Insiderwissen über Deutschland, Österreich, Böhmen und all die Länder, mit denen der Hof in diplomatischer Beziehung stand. Dieses Wissen konnte in seine Schriften einfließen. Er war schließlich 13 Jahre lang am kaiserlichen Hof und hatte Kontakte zu fast allen Größen der damaligen Zeit auf politischem, kulturellem und kirchlichem Gebiet. Nicola Casella geht in seiner Untersuchung der beiden Werke *Asia* und *Europa* so weit, dass er der *Europa* eine klare Struktur und deutliche Gliederung total abspricht[33]. Voigt meint:

> Die Europa ist nur eine vorläufige Zusammenstellung, ein ungleiches Fragment. Auf geographischer Unterlage soll eine Uebersicht der Geschichte der einzelnen Länder gegeben werden, soweit sie Enea erlebte [...]. Die geographischen Interessen treten bald aus Mangel an solider Kunde, wie bei den Donauländern, bei Frankreich und Spanien, bald wegen der Ueberfülle des Stoffes, wie bei Italien, zurück.[34]

Trotzdem gab es dann noch sehr viele Neuauflagen, auch nach Pius' Tod, den Titel *Europa* bekam das Werk erst Jahrzehnte später.

Druckgeschichte

Geofroy de Troy aus Bourges gab am 10. Oktober 1509 den Text Eneas heraus, zusammen mit dessen *Asia*, hat ihm den Titel *Europa* gegeben und die beiden Werke erstmals unter dem Übertitel *Cosmogonia* veröffentlicht, gewidmet dem Bischof von Cahors, German de Gannay. Er hat das Werk in fünfundsechzig Bücher eingeteilt. Auch im Anhang zu der berühmten *Schedelschen Weltchronik* von 1493, nach ihrem Erscheinungsort auch „Nürnberger Chronik" genannt, erscheint die *Europa* Eneas

---

32 Enea Silvio Piccolomini, De Europa (Übers. Marino 2010), 18.
33 Vgl. Casella 1972, 52.
34 Voigt 1862, 334.

in lateinischer und deutscher Version, wenn auch etwas aktualisiert.[35] Adrian van Heck hat dann in seiner Ausgabe von 2001 die fünfundsechzig großen Kapitel Germans de Gannay in zweihundertfünfundsechzig kleinere zerlegt, um das Lesen zu erleichtern.

Handschriften

Meiner Übersetzung habe ich den maßgeblichen lateinischen Text der Ausgabe von Adrian van Heck (2001) zugrunde gelegt. Van Heck hat sich die Mühe gemacht, die relativ große Anzahl von Handschriften, die uns von der *Europa* bekannt sind, zu überprüfen und zu bewerten. Ich darf hier kurz zusammenfassen, was van Heck in seinem lateinischen Vorwort zu den Quellen ausführt. Die Handschriften zerfallen in zwei Gruppen, die ihrerseits jeweils von der ältesten abhängig sind.

Dabei enthält die Gruppe A, vor allem der Codex F, den relativ vollständigen und fehlerfreien Text der *Europa* und ist deshalb für die Herstellung eines wissenschaftlich vertretbaren Textes hauptsächlich heranzuziehen.

Die Handschriften der Gruppe B gehen alle mehr oder weniger zurück auf den Codex V (Vaticanus), der viele Fehler enthält, die auf die Unkenntnis des Kopisten zurückzuführen sind, die sich dann natürlich in den folgenden Abschriften wiederholen, so dass die ganze Gruppe B als unzuverlässig zu werten ist. Aber man darf gemäß Heck den Codex Vaticanus Latinus der Gruppe B auch nicht vorschnell unterschätzen, er enthält vielleicht sogar Fehler, die Enea selbst zuzuschreiben sind.

Gruppe A
F   Urbinas Latinus 885, 15. Jh., Pergament
H   Codex Latinus Monacensis 386, 1480, Papier
M   Codex Latinus Monacensis 23725, 15. Jh., Papier

Gruppe B
V   Vaticanus Latinus 3888, 15.Jh., Papier
S   Stuttgartensis cod. Hist. 2405, 15.Jh., Papier
O   Ottobonianus Latinus 2066 (eine besondere Abteilung der Vatic.Bibliothek),
     15. Jh. Papier
Q   Urbinas Latinus 405, 15. Jh. Pergament
N   Codex Latinus Monacensis 5333, 15. Jh. Papier
P   Parisinus Latinus 6224, 15. Jh. Papier

---

35 Vgl. Bisaha 2004, 36.

Drucke

Gleich nach ihrem Erscheinen wurde die *Europa* Piccolominis ziemlich populär, weil es kein gleichartiges Werk gab. Vor allem der Buchdruck half entschieden zu ihrer Verbreitung. Ab 1490 bis ins 17. Jahrhundert gab es jede Menge gedruckter Ausgaben in Deutschland, Italien und Frankreich, so z. B. den Memminger Druck von ca. 1490, von dem sich heute ein Exemplar im Vatikan befindet.[36] 1544 wurde *Europa* von Fausto Longiano ins Italienische übersetzt, wobei Fausto noch einiges hinzufügt, was bei Enea noch nicht vorkommt. Die *Europa* war also noch ein Jahrhundert nach ihrem Erscheinen ein hochgeschätztes Buch.

Die Mitte des 16. Jahrhunderts erschienenen *Opera omnia* Piccolominis enthielten viele Ungenauigkeiten und Fehler. Aber der von Adrian van Heck im Jahre 2001 edierte Text basiert auf den besten Lesarten der Handschriften und Inkunabeln und ist heute maßgeblich. Alle neueren Übersetzungen berufen sich auf die Ausgabe des niederländischen Gelehrten (außer der spanischen, die schon im Jahre 1998 erschienen ist und sich noch auf die gedruckte Gesamtausgabe, Basel 1551, stützt).

Meine Übersetzung

Was meine Übersetzung betrifft, so habe ich versucht, so nahe wie möglich am lateinischen Text zu bleiben. Manchmal natürlich, wenn Enea versucht, inspiriert durch die architektonische Satzbaukunst Ciceros, allzu lange Satzungetüme zu konstruieren, habe ich diese Sätze zerlegt, wenngleich die deutsche Sprache, die sich ja erst am Muster der lateinischen zu einer Kultursprache entwickelt hat, auch ziemlich komplizierte Satzgefüge zulässt und sich dadurch von anderen modernen Sprachen unterscheidet. Wenn Enea freilich Wortspiele mit der lateinischen Sprache anstellt, sind diese meist unübersetzbar und müssen erklärt werden.

Enea kokettiert zwar des Öfteren mit seiner stilistischen *simplicitas*, ist aber in Wirklichkeit ein mit allen Kniffen der Rhetorik vertrauter perfekter Stilist. Was seinen Stil betrifft, so bezeichnet er ihn selbst als einfach und schmucklos: „ich bin nackt, rede offen, gebrauche keinen Schmuck, werfe das ganze Gewand von mir".[37] Natürlich ist dies eine ordentliche Portion „Understatement", denn Enea wusste sehr wohl um seine rhetorischen Fähigkeiten und setzte sie auch in seiner *Europa* gehörig ein.

---

36 Biblioteca Apostolica Vaticana INC. V. 122.
37 Enea Silvio Piccolomini, Briefwechsel (Wolkan 1912), 319.

Schwierig und leider nur mit Kompromissen zu bewältigen war die Schreibung der Eigennamen. Da Enea sich zum großen Teil auf antike Quellen beruft, schreibt er natürlich die Namen so, wie sie damals lauteten. Die Namen seiner Zeitgenossen erscheinen auch in latinisierter Form. Für meine deutsche Übersetzung habe ich mich entschieden, für Eigennamen, wo möglich, in heutigem Deutsch geläufige Formen zu verwenden, um Lesefluss ebenso wie Nachprüfbarkeit zu erleichtern.

Für die Verfassung der Einleitung, der Fußnoten und des Registers hat mir die Einsicht in die schon vorliegenden Ausgaben und Übersetzungen der *Europa* (Bisaha/Brown, Frank/Metzger/Hartmann, van Heck, Socas, Macino) große Hilfe geleistet.

Enea Silvio Piccolomini: *De Europa*

Brief an Kardinal Antonius von Lérida

Dem Antonius, genannt von Lérida[38], dem Priester und Kardinal der Heiligen Römischen Kirche, seinem hochverehrten Vater, sendet die herzlichsten Grüße Enea,
vom gleichen Rang, aber nicht mit den gleichen Verdiensten, der Kardinal von
Siena.

Als ich neulich an der Gicht und arthritischen Schmerzen litt, kam ein Deutscher Bibliothekar zu mir und zeigte mir ein kleines Buch, in welchem nicht viel von
den Taten, lediglich die Namen und weniges über den Charakter der römischen
Kaiser bis zu Wenzeslaus, dem Sohn Karls IV., enthalten waren. Und weil in diesem
kleinen Werk vier Kaiser zu fehlen schienen (denn Benvenuto aus Imola[39], der
Autor dieses Werkes, starb während der Regierungszeit des Wenzeslaus), bat mich
der Bibliothekar, dass ich dem Büchlein das, was fehlte, hinzufüge. Ich wollte den
Mann nicht enttäuschen: ich habe die Zahl der Kaiser bis in unsere Zeit hinzugefügt
und wollte die Kürze der Vorlage nachahmen.

Aber als es mir klar wurde, dass es unter den Christen viele und große Taten
gegeben hat, seit der Zeit, da Friedrich[40] das Reich übernommen hat, bis zum
heutigen Tag, da beschloss ich, ein eigenständiges kleines Werk herauszugeben, in
dem ich kurz einzelne erwähnenswerte Ereignisse dieser Zeit dem Gedächtnis der
Nachwelt überliefere. Ich habe also ein kleines Geschichtswerk herausgegeben und
es dir gewidmet, der du, unter der gleichen Krankheit leidend wie ich, leicht
während deines Gichtleidens meine Aufzeichnungen lesen und beurteilen kannst.

Ich gebe zu, dass es der Mühe wert gewesen wäre, eine Geschichtsdarstellung,
beginnend mit dem Anfang unseres Zeitalters bis in die Gegenwart, zu verfassen,
wie es mir oft vorschwebte. Aber das geht nicht innerhalb eines einzigen Gicht-
anfalls, noch dazu während der 40-tägigen Fastenzeit und in Nachtarbeit. Die Gicht
fühlt sich wohl in unserem Haus, und sobald sie verschwunden ist, kehrt sie gerne
wieder zurück. Vielleicht wird sie in diesen Tagen auch diesem meinem Projekt
nützlich sein.

Du, lass es dir gut gehen, und wenn du an einer zu scharfen Bemerkung gegen
irgendjemand Anstoß nehmen solltest, dann rechne das nicht meiner Natur, sondern den Martern der quälenden Gicht an, und was auch immer du an Dummem,
Albernem, Absurdem liest, streich es mit dem Stift aus.

Aus der Stadt Rom, den 29. März 1458.

---

38 Antonio de la Cerdà (1390–1459).
39 Benvenuto da Imola (1330–1388).
40 Friedrich III. (1415–1493).

Was mir unter der Regierung von Kaiser Friedrich III. bei den Europäern und denjenigen Inselbewohnern, die zu den Christen gezählt werden, an bemerkenswerten Taten zur Kenntnis kam, möchte ich, so kurz es geht, der Nachwelt berichten; wir werden dabei manchmal auch schon früher von uns Erwähntes einflechten, soweit es Ort und Sachlage zu erfordern scheinen.

I 1

Ungarn, das an Österreich, Friedrichs Heimat, grenzt und sich nach Osten erstreckt, soll zuerst behandelt werden. Manche nennen dieses Land auch Pannonien, als ob die Ungarn ins Gebiet der Pannonier nachgerückt wären. In Wirklichkeit jedoch besetzt weder Ungarn das Gebiet Pannoniens, noch war jenes einst so groß wie heute Ungarn. Zwischen der Donau nämlich und den Alpen, die sich Richtung Italien und Adriatisches Meer erstrecken, lag Pannonien, im Westen grenzte es an Noricum und den Fluss Inn, im Osten an die Myser und die Triballer und den Fluss Sava. Innerhalb dieser Grenzen liegt auch ein großer Teil Österreichs, der von Deutschen bewohnt wird. Auch die Steiermark, die einst Valeria genannt wurde, liegt innerhalb dieser Grenzen. Aber Ungarn, obwohl es das untere Pannonien vom Fluss Leitha bis zur Sava umfasst, erstreckt sich jenseits der Donau bis nach Polen und besitzt die Gebiete, die einst den Gepiden[41] und den Dakern gehörten. Das Herrschaftsgebiet des ungarischen Volkes ist viel größer als Ungarn selbst. Denn sowohl die Dalmatier, die Serben oder Raskianer heißen, und die Geten, die man teils Wallacher, teils Transsilvaner nennt, sie alle kamen unter die Herrschaft der Ungarn, wenn auch einige in unserer Zeit, besiegt durch die Waffen der Türken, abgefallen sind.

Diese Provinz besetzten zuerst die Römer unter Kaiser Augustus bis hin zur Donau, nachdem sie Bato, den König von Pannonien, unterworfen und die Amantier[42] zwischen Sava und Drau niedergekämpft hatten. Dakien jedoch, das jenseits der Donau liegt, bezwang Kaiser Trajan und errichtete auf dem fremden Boden eine Provinz; unter Kaiser Gallienus ging sie zwar wieder verloren, Aurelian gewann sie aber zurück. Nach den Römern besetzten die Hunnen (ein skythisches Volk), dann die Goten (Völker, die von den Inseln des Baltischen Meeres kamen), dann die Langobarden, die aus Germanien kamen, Pannonien. Zuletzt überflutete das Volk der Ungarn, aus den entferntesten Gebieten der Skythen hervorbrechend, Pannonien und beherrscht es bis zum heutigen Tag diesseits und jenseits der Donau.

---

41 Jordanes, Gotengeschichte (Möller 2012), 33.
42 Jordanes, Romana et Gotica, (Mommsen 1882), 27, 21.

Nicht weit von der Quelle des Flusses Don gibt es noch ein anderes Ungarn, die Mutter des eben erwähnten Ungarn. Es ist diesem recht ähnlich in Sprache und Sitten, obwohl das unsrige doch zivilisierter ist und Christus verehrt; jenes dagegen lebt auf barbarische Weise und betet Götzenbilder an.

2

In Ungarn, durch welches die Donau fließt, herrschte zu unserer Zeit Sigismund, der Sohn des Römischen Kaisers Karl IV., ein Böhme germanischen Ursprungs, über 50 Jahre lang mit wechselndem Erfolg. Er war ein Herrscher von einzigartiger Klugheit und Charaktergröße, bekannt durch seine Güte und Großzügigkeit. Er war auch ein Mann von außergewöhnlicher körperlicher Statur und gutem Aussehen. Aber im Krieg war er völlig glücklos. Nicht nur die Türken, sondern auch die Böhmen haben ihn des Öfteren geschlagen. Seine erste Frau war Maria, die Tochter des Königs Ludwig I., und mit ihr erbte er auch das Königreich (von Ungarn). Ihretwegen ermordete er mit dem Schwert 32 ungarische Adelige, die früher einmal rebelliert hatten. Deshalb wurde er dann nicht lange, nachdem die Königin gestorben war, gefangen genommen und der Witwe eines Mannes, den er getötet hatte, als Gefangener übergeben, solange bis die Adeligen des Königreichs seine Verurteilung beschlossen hätten. Aber seine Klugheit verließ ihn nicht, nicht einmal in dieser so schlechten Lage als Gefangener, und er legte, beredt wie er war, der Frau dar, dass es viel besser sei, königliches Blut zu bewahren, als es zu vergießen. Er wurde von ihr frei gelassen und heiratete Barbara[43], die Tochter des Grafen Hermann von Cilli[44]. Und nicht viel später warb er Hilfstruppen an und gewann sein Königreich zurück. Er rächte sich an den Verschwörern. Die Söhne der Witwe jedoch überhäufte er mit Ehren und Schätzen wie die ersten Adeligen des Reichs. Der Sohn eines von ihnen ist noch am Leben: Ladislaus Garai, Pfalzgraf des Reiches.

3

Viele herausragende Taten dieses Sigismund sind bemerkenswert; darunter ist jene wohl die berühmteste, dass er der katholischen Kirche, die in drei Teile gespalten war, auf einem allgemeinen Konzil, das er nach Konstanz einberief, wieder zur Einheit verhalf, wobei er, um dies zu erreichen, Italien, Frankreich, Spanien und

---

43 Barbara von Cilli (ca. 1390–1451).
44 Cilli, heute Celje (Slowenien).

England aufsuchte. Dem Herzog Witold von Litauen kam er entgegen, indem er ihm die Königskrone verlieh; allerdings verstarb dieser, bevor die feierliche Krönung vollzogen werden konnte. Und er ließ Preußen, das der König von Polen mit Waffen dem Deutschen Orden entrissen[45] hatte, wiederherstellen. Mit Pippo aus Florenz als Kommandant seiner Truppen führte er heftige Kriege gegen Venedig. Er warf Wenzeslaus, den König von Böhmen, seinen Bruder, ins Gefängnis, weil er unfähig war zu regieren. Aber er wurde zu nachlässig bewacht und sehr zum Schaden seines Landes konnten ihn einige Böhmen aus dem Gefängnis befreien. Die Kaiserkrone erhielt Sigismund von Papst Eugen IV. Nach vielen Misserfolgen konnte er sich endlich Böhmens bemächtigen. Die Mark Brandenburg gab er dem Nürnberger Burggrafen zum Geschenk. Die Tochter seiner Frau Barbara, namens Elisabeth, verheiratete er mit Albrecht, dem Herzog von Österreich, und jenem hinterließ er, als er in Znaim, einer Stadt in Moravia, starb, in seinem letzten Willen all die Reichsteile, die er befehligte. Seine Gebeine ruhen in Nagyvárad.

4

Als Albrecht in Székesfehérvár zusammen mit seiner Frau gekrönt wurde, empfing er auch die Krone von Böhmen. Die Fürsten Deutschlands, die von seinem Glück beeindruckt waren, beschlossen, ihr eigenes Fleisch und Blut zu ehren, indem sie ihm das Heilige Römische Reich anvertrauten. Dies durfte aber Albrecht nicht annehmen, wenn die Fürsten Ungarns dem nicht zustimmten. Diesen schien es nicht tunlich, wenn ihr König auch über Deutschland herrsche. Deshalb verpflichteten sie Albrecht eidesstattlich, dass er ohne ihr Einverständnis das Deutsche Reich nicht übernehme. Als sie jedoch zum König gerufen wurden, der damals in Wien war, wurden sie durch seine Bitten erweicht und gaben ihre Zustimmung. Zum Kaiser gekrönt, kehrte er nach Ungarn zurück, um gegen die Türken zu kämpfen, die damals Serbien angegriffen hatten. Aber als er in Buda pausierte (dort ist die Residenz der Könige) ließ ein Richter dieser Stadt, ein Deutscher, einen Ungarn wegen eines Delikts im Fluss ertränken. Dies nahmen die Ungarn sehr übel, denen der Name der Deutschen sowieso schon verhasst ist. Sofort entfachte sich ein Tumult, die Ungarn griffen zu den Waffen und töteten wahllos Deutsche, die ihnen begegneten. Man floh auf die Burg, wo der König sich aufhielt. Geschäftshäuser, größtenteils in der Hand von Deutschen, wurden geplündert. Um diese Zeit predigte Giacomo della Marca[46], ein Bruder aus dem Minoritenorden, berühmt durch seine

---

45 Schlacht bei Tannenberg (1410).
46 Giacomo della Marca (1391–1476).

Bildung und sein frommes Leben, die Heilige Schrift. Er wollte den Aufstand beruhigen, indem er das Kreuz unseres Heilands in den Händen hielt, ging dem rasenden bewaffneten Volk entgegen und bat inständig, dass sie mit dem Morden aufhörten, die Plünderungen einstellten und die Waffen niederlegten. Jene aber, die seine (lateinischen) Worte überhaupt nicht verstanden (es war auch kein Übersetzer zur Stelle) glaubten, dass es ihrer Sache nur nützen könne, wenn sie Christus als Führer ihres Anliegens hätten, hoben Jacopo und das Kruzifix mit ihren Armen hoch, zogen johlend durch die Stadt und plünderten bald das eine, bald das andere Haus. Die Raubzüge fielen jetzt etwas gemäßigter aus und vom Morden ließ man ganz ab, aus Rücksicht auf Jacopo, der bald mit Bitten, bald mit Tränen die Wut des entflammten Volkes zu lindern versuchte.

Nachdem dieser Tumult sich beruhigt hatte, starb Georg Pálóczi, der Bischof von Esztergom, der den wertvollen Königsschatz bewacht hatte. Der König ging nach Esztergom und die Königin mit ihm; die Kästen, in denen der Schatz bewahrt wurde, wurden in Gegenwart der Königin und ausgewählter Barone des Landes geöffnet. Sie nahm sich heimlich die Krone heraus, die man für heilig hält, übergab sie einer vertrauenswürdigen Alten[47], verschloss den Kasten und versiegelte ihn.

5

Etwas später rückte Albrecht bis zum Fluss Theiß vor, dort schlug er sein Lager auf und wartete auf Verstärkung, damit er die Türken angreifen könne, welche die Stadt Smederevo belagerten. Aber die Stadt wurde erobert, bevor die Hilfstruppen ankamen. Er kehrte also nach Buda zurück, weil er an der Ruhr litt und beschloss, nach Wien zu eilen, sei es, weil er bei den Seinen sterben wollte, sei es, weil er hoffte, dass die Luft, in der er groß geworden ist, etwas zu seiner Gesundung beitragen könne. Aber auf der Reise verschlimmerte sich die Krankheit immer mehr, er hinterließ seine schwangere Frau, unterschrieb in Neszmély sein Testament und starb am 27. Oktober. Er war ein frommer Herrscher, bekannt durch seine Großzügigkeit und Gerechtigkeit. Auch im Krieg war er tapfer und schnell entschlossen: Die Moravier und die Böhmen unterwarf er mit Waffen und die Polen, die sich überallhin ausbreiten wollten, zwang er, in ihr eigenes Reich zurückzukehren. Das Christentum schien von ihm Großes erwarten zu dürfen und die Völker hatten von seiner Größe keine geringe Meinung. Aber sein kurzes Leben erlaubte es nicht, dass er der Hoffnung entsprechen konnte. Seine Macht, die so schnell ihren Gipfel erreicht hatte, brach sofort zusammen; nicht einmal zwei Jahre lang hatte er regiert.

---

47 Helena Kottaner (ca. 1400–ca. 1475).

Er war von hohem Wuchs, hatte einen muskulösen und starken Körper, ein furchterregendes Gesicht, sein Bart war geschoren nach der Sitte seines Landes, über der Lippe aber war er ungeschoren. Sein einfaches Kleid gürtete er mit einem schweren Gurt und nie fehlte das Schwert an seiner Seite. Sein Körper ruht in Székesfehérvár.

6

Als sein Tod bekannt wurde, kamen die Ungarn zusammen und hielten es für unwürdig und gefährlich, dass ein so großes Reich von einer einzigen Frau regiert würde. Sie baten die Königin inständig, dass sie sich Wladislaw, den König von Polen, der das Volk mit Waffen schützen könne, zum Mann nehme. Die Frau stimmte zu unter der Bedingung, dass die Rechte ihres Sohnes nicht beeinträchtigt würden, falls sie einen Sohn von Wladislaw bekomme. Prälaten der Kirche und die nach Geburt und Ansehen vornehmsten Adeligen wurden als Gesandte nach Polen geschickt. Während diese noch auf dem Weg waren, wurde Ladislaus Postumus geboren[48], der sofort an dem Tag, da er das Licht der Welt erblickte, in Székesfehérvár die Taufe empfing, das Zeichen des christlichen Glaubens, sowie den Gürtel der Ritterschaft und die heilige Krone Ungarns, die die Mutter in Verwahrung hatte.

Von dort wurde er dann weggebracht und fast zwölf Jahre lang unter die Vormundschaft von Kaiser Friedrich gegeben, welchem die Mutter sowohl das Kind als auch die Krone anvertraute. Obwohl die Königin es verbot, wandten sich Gesandte an Wladislaw, den sie mit großen Versprechungen nach Ungarn lockten, wo sie ihm ein Diadem aufsetzten und ihn König nannten. Lange Zeit setzte sich die Mutter von Ladislaus mit wechselndem Erfolg gegen diesen mit Waffen auseinander. Als nun die Ungarn so in zwei Parteien gespalten waren, wurde Ulrich, der Graf von Cilli, der auf Seiten seiner Cousine (der Königin) war und der dem Ladislaus das Königreich retten wollte, von den Polen gefangen und lange Zeit im Gefängnis gefoltert. Dionysius, der Erzbischof von Esztergom, der später zum Kardinal erhoben wurde, ein Mann von berühmter Familie und edlem Charakter, hat beiden das königliche Diadem aufgesetzt, dem einen freiwillig, dem anderen unter Zwang. Er wurde zu den Polen (Wladislaw) herbeigerufen, und obwohl er mit freiem Geleit nach Buda gekommen war, wurde er nicht früher wieder frei gelassen, bevor er nicht den Wladislaw in Székesfehérvár gekrönt hatte. Er selbst kehrte so schnell wie möglich nach Hause zurück und widersetzte sich den Plänen der Polen so gut es ging.

---

48 22. Februar 1440. Für ihn schrieb Enea *De liberorum educatione*.

7

Kardinal Giuliano Cesarini, ein Mann von höchster Intelligenz, enormer Bered-
samkeit und ausgezeichneter Bildung, wurde von Papst Eugen nach Ungarn geschickt. Und obwohl er einen befristeten Waffenstillstand zwischen Wladislaw und
Elisabeth erreichte, schaffte er es trotzdem nicht, Frieden herzustellen. Nach dem
Tod der Königin liefen fast alle Fürsten der Ungarn zu den Polen über. Nur der
Böhme Jiškra[49], ein sehr kriegserfahrener und kampfbereiter Mann, verteidigte die
Ansprüche des Ladislaus in Ungarn und besiegte oft mit kleiner Mannschaft die
riesigen Truppen der Ungarn und Polen, schlug sie in die Flucht, vernichtete sie und
plünderte zweimal das Lager des Johan Hunyadi, obwohl dieser von großen Armeen
umringt war.

Dieser Johan war gebürtig in der Walachei, nicht von hoher Geburt, aber ein
Mann von geschicktem Talent, hoher Gesinnung und großer Tapferkeit. Er hatte
sich mit den Türken schon viele siegreiche Gefechte geliefert und bereicherte die
Heiligtümer der Ungarn mit den Beutestücken der Feinde. Als erster von allen
Ungarn bewies er, dass die Reihen der Türken aufgebrochen und besiegt werden
können. Durch diese Erfolge ermutigt, zögerten Wladislaw und er selbst nicht, ein
Gefecht gegen Murad, den Befehlshaber der Türken zu wagen. Doch darüber später
am geeigneten Ort.

8

Kardinal Cesarini arrangierte zwischen Kaiser Friedrich und Wladislaw, der sich
König von Ungarn nannte, einen Vertrag des Inhalts, dass es dem Kaiser erlaubt sei,
die Ungarn in Schranken zu weisen, wenn sie in Österreich oder der Steiermark
irgendeinen Schaden anrichteten. Das Gleiche wurde dem Wladislaw gegenüber
den Untertanen Friedrichs erlaubt, wenn sie Ungarn belästigten. Die Stadt Günz ist
in Ungarn, ganz nah bei der Steiermark und Österreich. Diese Stadt und viele
umliegende Kastelle wurden von Briganten besetzt, sie zogen von dort los und
entführten eine große Zahl von Schafen und Menschen. Kaiser Friedrich war darüber sehr erbost, sammelte schnell ein Heer und eilte nach Ungarn. Er zerstörte
ihre Stützpunkte und ließ 80 von den Briganten hängen.

---

49 Enea Silvio Piccolomini, Briefwechsel (Wolkan 1909), 258.

9

Nachdem Wladislaw im Krieg gefallen war, wurde in Pest eine Versammlung der Ungarn abgehalten. Dieser Ort liegt an der Donau, gegenüber Buda, ist durch keine Mauern befestigt und weist auch keine großartigen Bauten auf: er schaut aus wie ein Dorf. Hier also wurde Ladislaus, der Sohn Albrechts, nach allgemeinem Beschluss der Adeligen zum König designiert und begann nun unter eigener Regie gegen die Türken Krieg zu führen. Aber seine Schlachten fielen nicht glücklicher aus als die des Polen.

Johan Hunyadi regierte in Abwesenheit des Königs in der Provinz als dessen Gouverneur, mit eiserner Hand, wie man sagt, und er wurde, wenn der König abwesend war, als ihm gleichberechtigt angesehen. Er schlug die Türken bei Belgrad (worüber wir im Kapitel über Serbien berichten werden), lebte danach noch kurze Zeit und wurde bald von einer Krankheit dahingerafft[50]. Man sagt, dass er während seiner Krankheit den Leib des Herrn nicht in sich aufnehmen wollte mit der Begründung, dass das Haus eines Sklaven nicht würdig sei, einen König aufzunehmen. Er habe befohlen, obwohl seine Kräfte schon nachließen, ihn in die Kirche zu tragen, dort habe er nach christlichem Ritus gebeichtet, die Eucharistie empfangen und in den Armen eines Priesters Gott seine Seele anvertraut. Glückliche Seele, die sowohl als Bote wie auch als Held einer so großen Tat, wie sie bei Belgrad vollbracht wurde, in den Himmel kam.

10

Ladislaus, der schon seit einiger Zeit aus der Vormundschaft des Kaisers entlassen und in sein väterliches Königreich zurückgebracht worden war, begab sich, weil er Angst vor den Türken hatte, aus Ungarn nach Österreich, kehrte aber, als er von der Niederlage der Türken und dem Tod des Gouverneurs (Hunyadi) hörte, den der Graf Cilli offen hasste und der diese Nachricht so feierte, als ob nun sein Widersacher gestorben sei, auf Drängen eben dieses Grafen nach Ungarn zurück. Aber während Ladislaus bei Belgrad die Beute aus der Türkenschlacht und die Kadaver der getöteten Feinde inspizierte, wurde der Graf selbst, der über sich nur noch den König hatte und der damals als Onkel des Königs der einzige Gesetzgeber in Ungarn war, von Ladislaus, dem Sohn des Hunyadi, im königlichen Senatsgebäude niedergemacht.[51] Dort fand er seinen Tod, wo er sein Imperium gründen wollte. Der König

---

50 11. August 1456.
51 9. November 1456.

war darüber im höchsten Maße betroffen, aber er unterdrückte dennoch seinen Schmerz und sagte, er zweifle nicht, dass sein Onkel zu Recht getötet worden sei. Der Körper des Toten wurde nach Cilli überführt. Der König begab sich nach Buda, wo er die in die Ratsversammlung eintreffenden Söhne des Hunyadi gefangen nehmen und den Mörder des Grafen, Ladislaus den Erstgeborenen, köpfen ließ. Er nahm Matthias als Gefangenen mit sich nach Österreich und befahl, dass er ihm auf dem Weg nach Böhmen folge. Er war erst einige Tage in Prag, als er entweder durch eine unheilvolle Krankheit, wie die meisten glauben, oder durch Gift, wie manche behaupten, starb, ein Mann von edelstem Geblüt, väterlicher- und mütterlicherseits von Kaisern abstammend. Matthias kam am gleichen Tag in Prag an, an dem der König die Augen schloss, und wurde vom Gouverneur Georg in Haft genommen. Der Körper von Ladislaus wurde bei seinem Großvater, Karl IV., dem Römischen Kaiser, auf der Prager Burg in der Kapelle des Heiligen Veit begraben.

11

Nach Ladislaus' Tod beschlossen die Ungarn am 1. Januar einen Nachfolger zu wählen. Die Adeligen kamen in großer Menge nach Buda, unter ihnen Michael Szilagyi, umringt von einer großen Menge von Soldaten. Man sagt, er habe 13.000 Reiter, 7.000 Mann Infanterie bei sich gehabt, stationiert in Pest. Michael war Hunyadis Schwager und der Onkel von Matthias; wegen der Ermordung seines Neffen Laszlo war er mit sehr vielen Baronen des Königreichs aufs Schärfste im Streit. Den Versammelten nun jagte dessen Macht nicht geringe Angst ein und die von Furcht geplagte Versammlung glaubte nicht mehr an eine ehrliche Wahl des neuen Königs. Michael aber erschien auf der Versammlung und sagte, dass er die Bewaffneten nicht deshalb mitgebracht habe, um den Versammelten Gewalt an-zutun, sondern um die Leute abzuschrecken, die versuchten, die freie Wahl der Fürsten und Volksvertreter bei der Benennung eines Königs zu stören. Er wolle ihnen nur einen einzigen Rat geben, als einer der Bewohner des Königreichs, dass sie der Leistungen Johan Hunyadis gedachten, der als einziger von allen die Waffen der Türken von dem Königreich Ungarn abwehrte und glorreiche Siege für die Nation errang. Unwürdig sei es, wie sie seine Leistungen belohnten: Von seinen Söhnen sei der eine grausam ermordet worden, der andere werde in Böhmen ge-fangen gehalten. Die Barone seien in der Lage, die Erinnerung an Johan wieder herzustellen, Matthias aus der Gefangenschaft zu befreien und ihn an die Spitze des Königreichs zu setzen, das sein Vater durch seine Tapferkeit gerettet habe, und es sei nicht zu ertragen, dass dieser Posten durch einen Auswärtigen besetzt werde; er werde all die Leute verschonen, die seinem Neffen nachgestellt hätten, er habe nur das Wohl des Königreichs im Sinn; wenn sie glaubten, dass irgendjemand nützlicher für das Land sei, spreche nichts dagegen, dass der bessere gewählt werde. Die Sache war eine Zeitlang in der Schwebe, weil jeder der Barone besorgt um sein Heil war, schließlich aber wurde eine Einigung unter den Noblen erreicht, hauptsächlich, wie man sagt, durch die Vermittlung Juan Carvajals[52], Kardinal von Sant'Angelo, eines Manns von außergewöhnlicher Bildung und bestem Charakter, der damals apostolischer Legat war. Am 18. Januar wurde der 18-jährige Matthias, umringt von 40.000 Mann, die mitten auf der damals zugefrorenen Donau den Ausgang dieser so geheimnisvollen Wahl erwarteten, als König ausgerufen.

12

Nun soll mir einer, der das liest, die Zukunft vorhersagen! Diese Geschehnisse sind doch wahrlich ein einzigartiges Dokument der Unbeständigkeit menschlicher Angelegenheiten. Von zwei jungen Männern, fast gleichaltrig, wird der eine dahingerafft, während er der jungen Braut[53] das Gemach schmückt, der andere wird, während er noch die Vollstreckung der Todesstrafe befürchtet, aus dem Gefängnis befreit und zum König erklärt. Man sagt, dass seine Befreiung vom Gouverneur Böhmens mit Bestechungsgeldern und allerlei Versprechen gekauft wurde. Verwunderlich ist es, dass die Mutter, als sie die plötzliche Glücksnachricht hörte, nicht vom Schlag getroffen wurde, da sie doch, heimgesucht von so viel Unglück, die Nachricht von der Krönung ihres Sohnes erhielt, bevor sie von seiner Freilassung unterrichtet wurde.

13

In dem Teil Ungarns, der sich jenseits der Donau nach Norden erstreckt und nun Sepusium (Szepes) heißt, (einst lebten hier die Gepiden) nahm ein berüchtigter Brigant namens Aksamit aus Böhmen, infiziert von der todbringenden Seuche der Hussiten, Soldaten, die gierig aufs Rauben waren und von überall zu ihm kamen, wohlwollend bei sich auf und nannte sie Brüder. Er machte sich die ganze dortige Region tributpflichtig, baute an geeigneten Stellen befestigte Anlagen, von wo aus er bald hier hin bald dorthin streifen konnte. Die Beute verteilte er am Ende des Monats unter seine Männer. Und wer den ganzen Monat bei der Truppe war, bekam nicht mehr als der, der nur einen Tag zu den Brüdern gehörte. Er behauptete, dies

---

52 Juan Carvajal (ca. 1400–1469) wurde 1456 Kardinal.
53 Ladislaus heiratete Madelaine, die Tochter des Königs Karl VII. von Frankreich.

nach der Vorschrift des Evangeliums zu machen, welches denen, die am Weinberg des Herrn schon seit der ersten Stunde arbeiteten, den gleichen Lohn verspricht, wie denen, die erst seit der elften Stunde arbeiteten[54]. Diese Gesellschaft, die ganze Landstriche plünderte, die schon 5.000 Mann unter Waffen hatte und von Tag zu Tag wuchs, konnte nicht anders unschädlich gemacht werden, als dass König Ladislaus sie unter ihrem Führer Aksamit zu seinen Söldnern machte.

14   II

Transsilvanien ist ein Gebiet, jenseits der Donau, das einst die Daker bewohnten, wilde Völker, bekannt dadurch, dass sie die Römer oft geschlagen haben. Heute wohnen dort drei verschiedene Bevölkerungen: Deutsche, Szekelys und Walachen.

Die Deutschen kommen aus Sachsen, tapfere kriegserfahrene Männer, die in ihrer eigenen Sprache Siebenbürger genannt werden, wegen der sieben Ortschaften, die sie bewohnen.

Die Szekelys werden für die ältesten Ungarn gehalten, die ersten von allen, die aus dem alten Ungarn in diesen Landesteil gekommen sind. Deshalb werden sie auch, obwohl sie mit ihren eigenen Händen die Äcker besorgen und, auf dem Land lebend, ihre Schafherden weiden, trotzdem Adelige genannt und grüßen sich, wenn sie einander begegnen, mit „Edler Herr". Sie zahlen auch keine Steuern, außer in dem Jahr, in dem der König von Ungarn gekrönt wird; dann übergeben sie dem König so viele Kühe, wie viele Familienväter es bei ihnen gibt, deren Anzahl 60.000 übersteigen soll. Wenn sie aber zu den Waffen gerufen werden und nicht antreten, werden sie zum Tode verurteilt und ihr Besitz verfällt der Staatskasse.

Die Wallachen sind von italienischer Abstammung; wie es dazu kam, werden wir später erklären; andererseits wird man unter den Transsilvanern sehr wenige geschulte Männer finden, die das Ungarische nicht beherrschen. In dieser Gegend gab es eine Stadt, die Bistritz hieß und der königlichen Krone untertan war. Diese Stadt schenkte Ladislaus, während er in Wien war, dem Johan Hunyadi. Die Bewohner der Stadt waren dagegen und widersetzten sich lange Zeit; unter Zwang fügten sie sich endlich den Befehlen. Aber als Johan gestorben war und sein Sohn Ladislaus bei Buda ermordet wurde, wiesen sie Michael Szilagyi, der versuchte, für Matthias, den anderen Sohn Hunyadis, den Thron zu erstreiten, in sehr schäbiger Weise zurück. Michael war sehr empört darüber, und sobald er vom Tod des Königs Ladislaus gehört hatte, kehrte er mit seinem Heer dorthin zurück, eroberte die Stadt mit Gewalt, und riss von den Rebellen den einen die Augen aus, dem anderen schlug

---

54 Matthäus 20,1–16.

er die Hände ab, andere tötete er mit dem Schwert. Die Stadt zerstörte er durch Feuer.

Nicht lange danach fielen ca. 3.000 Türken in Transsilvanien ein und erbeuteten eine große Anzahl von Schafen und Menschen; die Leute von Sibenik verfolgten sie und sogar die Deutschen waren dabei, sie metzelten die Türken vollständig nieder und kehrten als Sieger mit der wieder gewonnenen Beute zurück. Sie hatten gerade die Stadt betreten, als Michael aus einer anderen Richtung an der Spitze von beträchtlichen Truppen schon da war, weil er die Stadt zerstören wollte, die den Bürgern von Bistritz gegen ihn geholfen hatte. Aber weil die Leute von Sibenik sich in ihrer bestens geschützten Stadt verschanzten, verzweifelte er an seinem Vorhaben und zog unter herben Drohungen ab.

15

In Ungarn starb zu unserer Zeit Paolo Vergerio[55] aus Capodistria, ein Mann bestens bewandert in griechischer und lateinischer Literatur. Viele seiner Werke sind noch verfügbar und werden von der Fachwelt gelobt. Das Werk Arrians, das dieser auf Griechisch über die Taten Alexander des Großen schrieb, wurde von Paolo auf Anregung des Kaisers Sigismund ins Lateinische übersetzt. Er schrieb ein Buch betitelt „Standesgemäße Sitten", erwarb sich Freundschaft bei Griechen und Barbaren und verfasste eine vortreffliche Invektive gegen Carlo Malatesta, der befohlen hatte, dass die Statue Vergils vom Forum in Mantua entfernt werde.

Von den Ungarn, die sich in unserer Zeit durch humanistische Studien auszeichneten, kennen wir zwei: Johann Vitez[56] Bischof von Várad, der die Kanzlei des Reiches leitete, und einen anderen Johan (Johan Pannonius)[57], dessen Neffen schwesterlicherseits, der unter Guarino[58] von Verona griechische und lateinische Literatur studiert hat und der gleich beredt ist in Versen wie in Prosa; gleichwohl sagt man, dass beide slawischen Ursprungs sind.

Sehr viele studierten dort auch die Juristerei. Unter ihnen stach besonders hervor Dénes, von der Familie der Nagykanizsa, der, zum Bischof von Esztergom erkoren, sich sogar die Ehre des Kardinalats verdiente, wie schon erwähnt.

In militärischen Angelegenheiten machten sich Nicholas, der Woiwode von Transsilvanien, Michael Orszag und Pancraze, der Káloz angegriffen hat, einen Namen. Michael Szilágyi, der groß wurde durch den Sturz eines anderen, wird nun

55 Pier Paolo Vergerio (ca. 1369–1444), berühmter Humanist und Lehrer.
56 Johann Vitez, Humanist, Bischof von Várad und Esztergom (1465).
57 Johan Pannonius (1424–1472), Humanist und Dichter.
58 Guarino da Verona (1374–1460), der berühmteste Erzieher des Humanismus.

für bedeutend gehalten. Johan Hunyadi schließlich, dessen Name die anderen in den Schatten stellt, vermehrte den Ruhm nicht nur Ungarns, sondern auch der Walachei, wo er geboren ist.

16

Die Walachei ist ein riesiges Gebiet, das sich von Transsilvanien bis zum Schwarzen Meer erstreckt. Es ist fast überall eben und arm an Wasser. Die Südgrenze ist die Donau, der Norden ist besiedelt von Roxanern, heute bekannt als Ruthenen, und Richtung Dnjestr lebt das Volk der Skythen, die wir heute Tartaren nennen. Einst war dieses Gebiet bewohnt von den Geten, die Darius[59], den Sohn des Hystaspes in schändliche Flucht schlugen, den König Lysimachos[60] lebend gefangen nahmen und die Thraker mehrmals schlugen. Zuletzt wurden sie durch die Waffen Roms unterworfen und vernichtet und es wurde dort eine römische Kolonie unter einem gewissen Flaccus errichtet, um die Daker in Schach zu halten, die dann Flaccia genannt wurde. Als nun dieser Name im Verlauf langer Zeit, wie es so üblich ist, entstellt wurde, hieß er statt Flaccia Walachei. Aber die Leute dort sprechen noch die Sprache Roms, wenn auch sehr verändert und für einen Italiener schwer verständlich.

Bei den Wallachen gab es zu unserer Zeit zwei Parteien: die eine der Danen, die andere der Draculer. Diese jedoch, weil sie den Danen unterlegen waren und von ihnen vielerorts unterdrückt wurden, riefen die Türken zu Hilfe. Mit deren Hilfe rotteten sie die Danen fast vollständig aus. Aber den Danen half dann Johan Hunyadi, vertrauend auf die Macht Ungarns, der sie zwar wieder auf die Beine stellte, mehr Ruhm und Reichtum aber für sich selbst erwarb, da er die Ländereien der Danen aus der Gewalt der Türken entriss und sie den Seinen und deren Nachkommen zu ewigem Besitz vermachte.

Die Walachen bewohnen auch die Inseln der Donau, darunter auch Peuce[61], schon bei den Alten durch Gerücht bekannt, und auch in Thrakien haben sie Siedlungen. Ein Teil der Walachen steht unter türkischer, ein Teil unter ungarischer Herrschaft.

---

59 Darius, der Große Perserkönig (550 – 486 v. Chr.).
60 Lysimachos (ca. 360 – 281 v. Chr.), Diadoche Alexanders des Großen, die Schlacht fand 292 v. Chr. statt.
61 Lucan, Der Bürgerkrieg (Ehlers 1973), 106 (III, 202).

17

Es ist mir ganz klar, dass die Beschreibung dieser Länder sehr schwierig ist, vor allem, da die Autoren, auf die man sich stützen muss, erwiesenermaßen nicht nur verschiedene, sondern ganz konträre Aussagen machen und die Grenzen dieser Provinzen sich je nach Macht und Einfluss der Herrscher oft geändert haben; denn Länder, die einst riesig groß waren, sind zu unserer Zeit entweder verschwunden oder recht klein; andererseits sehen wir, dass Reiche, die es gar nicht gab, oder die sehr klein waren, nun sehr ausgedehnt sind und in Blüte stehen. Unsere Vorfahren kannten die Lombardei und die Romagna nicht, während man heutzutage keine Ahnung von Insubria, Emilia oder Flaminia hat. Mazedonien hatte unter König Emathio (daher der Name Emathia) nur ein sehr kleines Gebiet. Durch die Tapferkeit seiner Könige und den Fleiß der Bevölkerung wurden später die Nachbarn unterworfen und es breitete sich beträchtlich aus. Deshalb glaube ich, meine Leser sollten es mir nachsehen, wenn sie bei mir andere territoriale Begrenzungen vorfinden, als sie es sich vorstellen oder als sie es bei anderen gefunden haben. Wir referieren genau, was wir von den Alten oder was wir von neuen Autoren erfahren haben; allerdings ist es nicht unser Vorhaben, eine Geographie zu verfassen, wenngleich manchmal die Geschichtsschreibung, um die es sich hier handelt, eine genaue örtliche Beschreibung verlangt. Dann wird nämlich alles viel deutlicher.

III **18**

Nun da wir die Walachen und die Ungarn abgehandelt haben, wenden wir uns den Taten der Thraker zu. Thrakien ist gemäß den meisten Quellen, und zwar den glaubhaftesten, ein riesiges Land, das sich über eine weite Fläche erstreckt. Im Osten grenzt es an das Schwarze Meer und die Propontis, im Süden an die Ägäis und den Fluss Struma und gleichzeitig an das Gebiet von Mazedonien; im Norden an die Donau. Im Westen stößt es an die Berge von Päonien, dann an Pannonien und den Fluss Save. Meines Wissens war auch Plinius aus Verona dieser Meinung sowie Strabon[62] selbst, der aussagt, dass die Höhen des Bergs Hämon Thrakien in der Mitte teilen, und er bezweifelt nicht, dass die Dardaner, Triballer und die Myser hier wohnten. Dass aber die Triballer diese Felder bebaut haben, wo jetzt die Rascianer oder die Serben wohnen, wird niemand abstreiten, der die Schriften der Alten mit dem jetzigen Zustand vergleicht. Die Myser aber breiteten sich hinter den Triballern Richtung Osten bis zum Schwarzen Meer aus und siedelten sich zwischen Donau

---

62 Strabon, Geografika (Radt 2003), 294 (VII, 5, 1.).

und dem Berg Hämon an. Heute nennt man diese Leute Bulgaren. Die maritime Gegend neben diesen, die sich südlich bis zum Hellespont erstreckt, heißt Rumänien, eine griechische Nation, obwohl sie vorher barbarisch war und in unserer Ära, da das Reich der Griechen zerschlagen ist und die Türken herrschen, wieder in die Barbarei zurückfällt.

Die Hauptstadt dieser Provinz (Thrakien) ist Byzanz, früher Agios genannt. Die Lakedämonier gründeten sie unter der Führung von Pausanias[63], denen das Orakel des Apollo auf die Frage, wo sie sich Wohnsitze suchen sollten, befohlen haben soll, dass sie ihre Wohnsitze gegenüber den Blinden anlegen sollten. Blind aber nannte er die Bewohner von Megara, die Gründer von Chalcedon. Als diese nämlich zum ersten Mal nach Thrakien gesegelt waren und das Gelände, wo später Byzanz erbaut wurde, erblickten, haben sie dieses so fruchtbare Ufer unbeachtet gelassen und ein ärmlicheres ausgewählt. Soweit Strabon[64]. Als Konstantin mit dem Beinamen der Große dann beschloss, den Sitz des Reiches von Rom aus nach dem Orient zu verlegen, um effektiver die Raubzüge der Parther zu verhindern, soll er gemäß kirchlichen Quellen in die Troas gereist sein und dort die Fundamente der königlichen Stadt gelegt haben, wo einst Agamemnon und die übrigen Fürsten der Griechen ihre Zelte gegen König Priamos aufgebaut haben. Aber im Traum von Christus unserem Retter ermahnt, der ihm einen anderen Ort aufzeigte, ließ er das schon angefangene Werk, wovon es lange Zeit noch Spuren gab, liegen, segelte nach Thrakien und kam nach Byzanz. Diesen Ort, sagte er, habe ihm Gott aufgezeigt. Bald vergrößerte er die Stadt, errichtete neue Mauern, erbaute hohe Türme, schmückte die Stadt mit großartigen privaten und öffentlichen Gebäuden, verlieh ihr so viel Schönheit, dass sie nicht unverdient „Zweites Rom" genannt werden konnte. Alte Schriftsteller, die sie noch in ihrer Glanzzeit sahen, glaubten, dass es eher eine Wohnstätte für die Götter auf Erden als für die Kaiser sei. Der Kaiser gab der Stadt den Namen „Neues Rom", aber es siegte die Hartnäckigkeit des Volkes, so dass sie nach dem Gründer Konstantinopel[65] genannt wurde.

19

In dieser Stadt wurden unter den Kaisern viele Konzilien abgehalten, viele Häresien, die sich in der christlichen Religion verbreitet hatten, wurden zurückgewiesen und viele wurden erfunden; darunter hielt sich am längsten die über die Herkunft

---

63 Spartanischer General.
64 Strabon, Geografika (Radt 2003), 318 (VII, 6, 2).
65 Konstantinopel wurde am 11. Mai 333 n. Chr. gegründet.

des Heiligen Geistes, die sich bis in unsere Zeit hinzog, obwohl sie in vielen Konzilien behandelt und zurückgewiesen wurde und schließlich von Papst Eugen auf der Synode von Florenz[66] nicht nur von der lateinischen, sondern auch von der griechischen Kirche verdammt und missbilligt wurde, wie wir an passender Stelle noch berichten werden. Obwohl der Patriarch Joseph und der Kaiser dieser Nation, Johannes, zusammen mit der lateinischen Kirche, einträchtig das Glaubensbekenntnis gesungen haben, hielt es die Kirche von Konstantinopel dennoch für Unrecht, das zu glauben, was die römische Kirche glaubt. Der Patriarch, der der Union zugestimmt hatte, starb schon in Florenz und auch sein Kaiser[67] starb, kurz nachdem er nach Hause zurückgekehrt war. Weil Konstantin, sein Nachfolger, entweder getäuscht wurde oder weil er von vornherein so unverständig war, dass er der Union keinesfalls zuzustimmen wollte, trieb er sogar Gregor[68], der dem früheren Patriarch nachfolgte, aus seinem Haus, weil er sich dem rechten Glauben anschließen wollte, und beschlagnahmte das Kirchengut. Papst Nikolaus schickte Isidor von Kiew zu ihm, den Bischof von St. Sabina, einen Kardinal der Universalkirche, einen fleißigen Mann, der lange die Kirche der Ruthener leitete, um zu erkunden, mit welcher Begründung die griechische Nation die von ihren Gesandten in Florenz mit den Lateinern getroffenen Vereinbarungen zurückweise. Und schon hatte er den Kaiser und dessen Senat auf den richtigen Weg gebracht[69], als der Krieg gegen die Türken, provoziert durch ihren Anführer Mehmed II., wie ein plötzliches Unwetter über Konstantinopel hereinbrach. Darüber wird in Kürze an geeigneter Stelle berichtet werden.

IV **20**

Ich bemerke, dass nicht nur viele Redner und Dichter unserer Zeit, sondern auch Geschichtsschreiber dem Irrtum verfallen sind, die Türken Teukrer zu nennen. Ich glaube, sie sind deshalb dieser Meinung, weil die Türken Troja besitzen, das einst die Teukrer bewohnten. Aber diese kamen aus Kreta und Italien; die Türken aber sind skythischen Ursprungs und Barbaren. Über deren Ursprung und Ausdehnung zu sprechen, scheint mir nun doch angebracht, obwohl ich dadurch von meinem Vorhaben abzuweichen scheine; aber man muss bedenken, wie sehr sich dieser

---

66 Konzil von Ferrara–Florenz 1438 – 1439.
67 Der Patriarch starb in Florenz am 10. Juni 1439, der Kaiser Johann VIII. Palaiologos 1448 in Konstantinopel, sein Nachfolger wurde Konstantin XI. Palaiologos.
68 Der Patriarch Gregor III. kehrte 1451 nach Rom zurück.
69 Am 12. Dezember 1452 feierte die römische zusammen mit der griechischen Kirche die Liturgie in der Hagia Sofia zu Konstantinopel.

Menschenschlag in unserer Zeit vermehrt hat und Asien und Griechenland, die zur lateinischen und christlichen Kultur zählen, terrorisieren. Meine Darlegung wird aber auch die thrakischen Angelegenheiten erklären, wie anfangs schon erwähnt.

21

Die Türken hatten ihre ursprünglichen Wohnsitze, wie der Philosoph Ethikus[70] berichtet, jenseits der pyrricheischen Berge[71] und der tarakontischen Inseln gegenüber dem „Busen des Nordens". Sie waren ein raues Volk, schamlos und bereit zu jeder Art von sexueller Abartigkeit. Sie aßen, was andere verabscheuen, das Fleisch von Zugtieren, Wölfen und Geiern, und schreckten nicht einmal vor menschlichen Föten zurück. Sie hatten keinen Feiertag außer im Monat August die Saturnalien. Das Römische Reich kannten sie nur vom Hörensagen, obwohl sie dem Octavian Augustus Tribut in Gold, das von der Küste kam, bezahlten, und zwar freiwillig; denn als sie merkten, dass all ihre Nachbarländer ihm jährlichen Tribut entrichteten, da glaubten sie, dass ein neuer Gott der Tage und der Jahreszeiten erschienen sei, und brachten ihm jährlich Geschenke.

Dieses Volk brach gemäß Otto von Freising[72], dem Geschichtsschreiber und Onkel des Kaisers Friedrich I. (Barbarossa), zu der Zeit, als bei den Franken Pippin regierte, aus den Kaspischen Toren hervor und schlug sich in blutigen Gefechten mit den Awaren, die heute Ungarn heißen, wobei beide Seiten große Verluste hatten. Sie überquerten dann den Pontus und Kappadokien, verschmolzen allmählich mit der übrigen benachbarten Bevölkerung, erweiterten ihre Macht nach Art von Räubern durch heimliche Raubzüge, besetzten einige Berge und günstige Pässe, von wo aus bei Gelegenheit leicht Überfälle verübt werden konnten. Schließlich gewannen sie so sehr an Selbstvertrauen, dass sie schon ganz offen auf Augenhöhe gegen Nachbarn um den Besitz von Feldern kämpften und schließlich im Verlauf der Zeit nicht nur Pontus und Kappadokien, sondern auch Galatien, Bithynien, Pamphylien, Pisidien, beide Phrygien, Kilikien, Karien und auch das sogenannte Kleinasien bis zu den Küsten Ioniens und den Gestaden des griechischen Meeres besetzten. Dabei hatten sie nicht einen bestimmten Fürsten, sondern der Oberbefehl wechselte wie bei Parteien, und die einen folgten diesem, die anderen jenem Führer.

---

70 Ethikus Ister (7. Jh. n.Chr.), *Cosmographia*.
71 Gebirgszug in Georgien.
72 Otto von Freising (ca. 1111–1158), Bischof von Freising, siehe Otto von Freising, Chronik (Schmidt 2011), 417.

22

Aus diesem Volk nun, wie uns Niccolò Sagundino[73] schreibt, ein großer Experte in griechischer und römischer Geschichte, habe vor ungefähr 120 Jahren ein gewisser Osman[74], ein Mann von geringem Besitz und praktisch unbekannt bei der Bevölkerung, durch Meuterei eine recht ansehnliche Schar von Soldaten zusammengetrommelt, allerorts herumgewütet und nicht nur die noch verbliebenen Christen gequält, sondern auch begonnen, die Menschen seines eigenen Volkes bewaffnet anzugreifen und zu unterwerfen. Seinem Treiben kam zugute, dass damals unter den türkischen Fürsten ein Zerwürfnis herrschte. Denn während diese sich gegenseitig zerfleischten, nahm er von allen Seiten die Leute zu sich, die von Natur aus gierig auf Beute und Raubgut sind, gewann in kurzer Zeit Ansehen und einen berühmten Namen und bemächtigte sich vieler Städte, der einen durch Gewalt, der anderen durch Kapitulation.

23

Auf Osman folgte sein Sohn Orhan, der des Vaters Erfolge weiterführte und viel erreichte. Auf diesen folgte sein Sohn Murad. Als sich in Byzanz zwei Fürsten[75] um die Herrschaft stritten und der eine fürchtete zu unterliegen, rief er die Türken zu Hilfe, und so betrat Murad als Erster Griechenland. Dort zog er den Krieg absichtlich in die Länge, und als er bemerkte, dass beide Parteien nach voller Erschöpfung ihrer Kräfte gebrochen und erledigt waren, warf er, wie man so sagt, das Ruder herum und wandte sich ohne Unterschied je nach Gelegenheit gegen beide von ihnen. Und nachdem er Gallipoli, eine Stadt auf der Chersones, strategisch günstig am Hellespont gelegen, belagert hatte, hatte er keine Bedenken mehr, die übrigen griechischen Städte anzugreifen und für sich und seine Nachkommen ganz unverhüllt die Herrschaft über Griechenland zu beanspruchen. Auch einen großen Teil Thrakiens unterwarf er, weil fast niemand es wagte sich ihm zu widersetzen. Nach seinem Tod hinterließ er zwei Söhne, Suleyman und Bayezid. Suleyman starb bald, so kam die ganze Macht an Bayezid; dieser, begünstigt durch die Fügung des Schicksals, weitete die Grenzen seines neuen Reiches so sehr aus, dass er fast ganz Thrakien, mit Ausnahme von Konstantinopel, außerdem Pera, Thessalien, Mazedonien, Phokis, Böotien und Attika zum größten Teil besetzte, außerdem die Myser,

---

73 Niccolò Sagundino (ca. 1402–1463), griechisch-venezianischer Humanist, *De familia Otumanorum* (1456, dem Enea gewidmet).
74 Osman (1288–1326).
75 Johannes V. Palaiologos und Johannes VI. Kantakuzenos.

Als Suleyman starb, wurde sein Sohn Orhan, ein Knabe von zartem Alter, von

Illyrer, Triballer durch häufige Streifzüge[76] in Unruhe versetzte. Konstantinopel beraubte er all seiner Felder und all seiner Erholungsorte außerhalb der Stadt und er belagerte die Stadt so lange und heftig, dass die Bürger schon an ihrer Rettung verzweifelten und die Kapitulation anboten[77]. Und sie wären auch ohne Zweifel untergegangen und in die Gewalt eines richtig wilden Feindes geraten, wäre da nicht Tamerlan gewesen, der mächtige König der Skythen, der alles wie ein reißender Bergbach in wildem Ansturm niederstreckte und verwüstete. Als Bayezid versuchte, ihn aufzuhalten und zu bremsen, besiegte ihn Tamerlan[78] in einer gewaltigen Schlacht[79] und nahm ihn gefangen. Dies ist der berüchtigte Tamerlan, der Schrecken der Völker, der ein Heer von 1.200.000 Mann gehabt haben soll, größer als das des Xerxes oder des Darius, durch deren Heere Flüsse ausgetrocknet wurden, wie man sagte. Er nannte sich selbst den „Rächer Gottes" und seine Grausamkeit passte zu diesem Namen. Er zerstörte viele vornehme Städte Asiens, die Menschen schlachtete er wie Vieh, schonte kein Alter, kein Geschlecht. Damaskus, die berühmteste Stadt von Syrien, plünderte und verbrannte er. Dem Bayezid befahl er, in Ketten gefesselt wie ein Hund unter seinem Tisch zu essen; wenn er sein Pferd bestieg, benützte er ihn wie einen Schemel.

24

Nach der Niederlage des Bayezid fielen seine Söhne, von denen es recht viele gab, in die Hände der Griechen, als sie versuchten nach Thrakien überzusetzen, um der Gefahr zu entgehen. Der älteste von ihnen allerdings, Suleyman, wurde von den Griechen freigelassen und übernahm das väterliche Königreich. Kaiser Sigismund griff diesen nun in offener Feldschlacht an, wurde aber vernichtend in die Flucht geschlagen und verlor seinen Tross. Darauf begann ein fürchterliches Schlachten unter den Christen. Herzog Johann[80] (ohne Furcht) von Burgund wurde in dieser Schlacht gefangen genommen und erkaufte sich mit viel Geld seine Freiheit.

Als Suleyman starb, wurde sein Sohn Orhan, ein Knabe von zartem Alter, von seinem Onkel Camusa seines Königtums und seines Lebens beraubt. Wenig später allerdings starb Camusa, er hatte keinen Sohn und hinterließ als Erben seinen Bruder Mehmed. Dieser zermürbte die Walachen, wie schon erwähnt, äußerst wilde und kriegerische Völker jenseits der Donau, die dort weite Gebiete be-

---

76 Z.B. Schlacht von Kosovo (1389).
77 Bayezed belagerte Konstantinopel von 1394–1402.
78 Tamerlan (1336–1405).
79 28. Juli 1402 bei Çubuk Ovasi.
80 Kreuzzug von Nicopolis (1396).

herrschten, durch Krieg und legte ihnen drückende Tribute auf. Auch einige kleine türkische Herrscher in Asien bedrängte er mit Waffen und beraubte sie völlig ihrer Reiche; die Christen, die unter seinem Reich lebten, behandelte er mit äußerster Härte.

25

Nach dem Tod von Mehmed[81] versuchte dessen Sohn Murad, der sich damals, als er vom Tod seines Vaters erfuhr, in Asien aufhielt, nach Thrakien zu gelangen. Aber der griechische Kaiser hinderte ihn lange Zeit daran und ließ dann auch Mustafa frei, den noch verbliebenen Sohn von Bayezid, damit er die Macht an sich reiße, und gewährte ihm volle Unterstützung. Aber nachdem Mustafa in der Schlacht besiegt und getötet wurde, gewann der siegreiche Murad das ganze Königreich und zerstörte Saloniki vollständig, diese berühmte griechische Stadt, damals in Besitz Venedigs, nachdem er sie mit Gewalt eingenommen und erobert hatte. Durch diesen Sieg gestärkt fügte er noch Epirus und Ätiolien, zwei nicht unbedeutende Provinzen, seinem Reich hinzu. Er zerstörte auch die Äcker der Illyrer, nahm viele Städte mit Gewalt ein, plünderte sie und brannte sie nieder. Nach dem Brauch dieses Volkes war er mit sehr vielen Frauen liiert, unter denen er auch die Tochter Georgs[82], des Despoten von Serbien, zur Frau hatte; und nicht viel später führte er sein Heer gegen diesen, ohne Rücksicht auf die Verwandtschaft. Georg, der der Macht des Schwiegersohnes nicht gewachsen und voller Angst vor dem rasenden Feind war, ließ einen seiner Söhne zurück, der die Stadt Smederevo mit einer Besatzung bewachen sollte, und floh mit seiner Gattin, den anderen Kindern und mit den Priestern seines Volkes nach Ungarn. Smederevo wurde dennoch eingenommen und geplündert. Dem Sohn des Despoten wurde das Augenlicht genommen[83]. Georg, aus dem Vaterland vertrieben, lebte lange im Exil in Ungarn. Johan Hunyadi, damals schon berühmt für seine Waffentaten, fiel oft mit seinem Heer in Serbien ein, besiegte die Türken in sehr vielen Gefechten und kämpfte mit ihren Heerführern; aber obwohl er fast ganz Serbien zurückgewann, hat er doch nicht alles an Georg zurückerstattet: Vieles behielt er für sich selbst, viel gab er an Freunde und das nicht zu Unrecht, weil er ja selbst durch seine Tapferkeit die Feinde zurückgeschlagen hatte und der Zuverlässigkeit Georgs nicht zu trauen war, der, eingeklemmt zwi-

---

81 Mehmed I.
82 Mara Branković, die Tochter Georgs Branković.
83 1441.

schen Ungarn und Türken, einmal die, einmal jene täuschte und in der religiösen Frage weder auf die römische Kirche hörte noch dem Gesetz Mohammeds folgte.

26   V

Da wir nun an diesem Punkt angelangt sind, ist es vielleicht sinnvoll, Hunyadis Unternehmungen bis zum Ende darzustellen. Als die Schlacht bei Varna schlecht ausging, worüber wir später berichten werden, zog er sich auf der Flucht nach Serbien zurück. Georg hörte von seiner Ankunft, ging ihm entgegen und nahm ihn gefangen. Wie einen Feind warf er ihn in Fesseln[84] und gab ihn nicht eher frei, bis er die Städte, die unter seiner Herrschaft waren und jetzt von Hunyadi besetzt waren, wieder zurückerlangte. Nicht lange danach, als Hunyadi sein Heer Richtung Sofia führte und den Türken große Verluste zuzufügen schien, verriet Georg Murad all die Kriegspläne der Ungarn. Durch diese Information fügte er den Christen eine schwere Niederlage zu, wie wir an passender Stelle berichten werden. Nachdem aber die Türken Konstantinopel besiegt hatten und drohten, nach Serbien einzubrechen, begab Georg sich ein zweites Mal nach Ungarn, um Hilfe zu erbitten, ging sogar bis nach Österreich und wandte sich an König Ladislaus. Georg war nun schon ein alter Mann, allen Respekts wert, wenn nur seine religiösen Ansichten richtig gewesen wären; groß war seine Autorität im Gespräch, groß die Erhabenheit seines Anblicks. Einst wandte sich Giovanni da Capistrano[85], ein Minoritenbruder, an ihn, ein Mann von untadeligem Lebenswandel und zu unserer Zeit berühmt unter den Predigern des Evangeliums; er fragte ihn, ob er ihn anhören wolle. Als er zustimmte, legte er ihm dar, was die römische Kirche glaubt und lehrt. Lange diskutierte er mit ihm per Übersetzer die heiligen Schriften; und er ermahnte ihn dringlichst, den Irrglauben seines Volkes zu verlassen. Dieser gab schließlich folgende Antwort: „Nun lebe ich schon 90 Jahre und kenne keine andere Religion als die von meinen Vätern übernommene. Meine Mitbürger hielten mich bisher zwar für weise, aber für glücklos. Und nun willst du, dass ich das tue, was Alte oft tun, nämlich dass ich meinen Kopf verliere. Ich würde lieber mein Leben mit einem Strick beenden, als die Tradition meiner Väter verlassen." Dies sagte er und verschwand aus Giovannis Blickfeld. So gefährlich ist es, wenn man in eine verdammenswerte Religion verstrickt ist.

---

84 1448, nach der Schlacht von Kosovo.
85 Giovanni da Capistrano (1385–1456, Franziskaner, war 1451–1456 in Osteuropa und predigte gegen die Hussiten und für einen Kreuzzug).

27

Nach seiner Heimkehr erfuhr Georg, dass Michael Szilagyi, der damals die Besatzung von Belgrad kommandierte, und sein Bruder Laszlo die Stadt mit einer Kutsche verlassen hätten, und er schickte Soldaten, die sie ergreifen oder töten sollten. Als Michael merkte, dass sich Feinde näherten, sprang er von der Kutsche, bestieg ein Pferd, das dahinter hergeführt wurde, und rettete sich durch schnelle Flucht. Laszlo wurde in der Kutsche erwischt und starb, von vielen Wunden durchbohrt und zerrissen. Aber diese Untat sollte für Georg nicht ungesühnt bleiben. Michael bemerkte einige Tage später, dass Georg entlang der Donau reiste, er griff ihn mit einer bewaffneten Schar an und nahm ihn gefangen. Er schlug ihm zwei Finger der rechten Hand ab, als er sich mit dem Schwert verteidigen wollte. Georg wurde für ein großes Lösegeld freigekauft. Aber er überlebte dann nicht mehr lange, weil der Blutverlust seiner verwundeten Hand nicht gestoppt werden konnte. Das war also das Ende[86] dieses treulosen Menschen.

Sein Sohn Lazarus übernahm nach ihm die Regierung, nachdem er seinen Bruder Georg, den Murad einst geblendet hatte, ausgeschlossen hatte. Dieser und seine Schwester Mara, die, wie gesagt, mit Murad verheiratet war, flohen zu Mehmed, um Schutz zu suchen, flehten aber vergeblich um seinen Beistand. Lazarus starb daraufhin, um seine Erbschaft entstand ein nicht unerheblicher Streit. Gregor versuchte mit Hilfe der Türken, das väterliche Erbe für sich zu gewinnen. Die Witwe des Lazarus bat die Ungarn um Hilfe, und Cantacuzina, ehemals die Gattin des Grafen Ulrich von Cilli, und auch die Tochter Georgs hegten noch Hoffnung auf einen Teil des Erbes. Kardinal Juan Carvajal von Sant'Angelo reiste auf Einladung der Ungarn dorthin, um die Festungen der Serben, die den Einfall der Türken in Ungarn verhindern sollten, im Namen des Heiligen Stuhls zurückzugewinnen oder dafür zu sorgen, dass sie den Ungarn ausgehändigt würden. Er erreichte gar nichts und kehrte mit großem Risiko (denn er wäre fast den Türken in die Hände geraten) nach Budapest zurück.

28

Nun wollen wir die Taten Murads, die wir vorher übersprungen haben, wieder aufnehmen. Er war ein großer Mann, zu Hause und im Feld, bei den Seinen so beliebt wie bei den Unsrigen verhasst. Mit 100.000 Kämpfern fiel er in Ungarn ein und verwüstete die Provinz weit und breit; ein Jahr mit zu geringer Ernte hinderte

---

86 1457.

ihn daran, das Königreich ganz an sich zu reißen; wegen Versorgungsmangel musste er sich zurückziehen[87], Kardinal Giuliano Cesarini von Sant'Angelo wurde von Papst Eugen gegen ihn geschickt, flößte den Ungarn wieder mehr Mut ein und überzeugte sie, die Waffen zu ergreifen. Das christliche Heer rückte bis Sofia zum „Großen Bogen" vor. Und oft kämpfte man erfolgreich gegen die Türken, wobei sich Johan Hunyadi besonders hervortat, der damals die Truppen führte. Dessen Name war bei den Feinden so gefürchtet, dass die Mütter ihre heulenden Kinder nicht anders zum Schweigen bringen konnten, als wenn sie ihnen androhten, Hunyadi werde kommen. Nachdem die Türken aber ein ziemlich großes Truppenkontingent versammelt hatten, wagten sie es dennoch gegen die Christen zu kämpfen; aber der Ausgang der Schlacht war für sie nicht so günstig, in Anbetracht ihres großen Mutes; sie wurden von der Kampfkraft der Ungarn besiegt und mussten fliehen, nachdem viele gefallen waren.

Die Ungarn, die bei dieser Schlacht dabei waren, haben aus Ruhmsucht ihre Taten verherrlicht und, ihre große Leistung noch übertreibend, dem Kaiser Friedrich geschrieben, dass die Türken im Feld geschlagen wurden und dass 30.000 Feinde getötet und noch viel mehr gefangen worden seien. Kardinal Cesarini behauptet in seinen Briefen, dass nicht mehr als 6.000 Feinde in diesem Gefecht gefallen seien und neun Militärstandarten erobert wurden; Johan Hunyadi habe nicht nur außergewöhnliche Qualitäten eines Führers, sondern auch die eines Soldaten gezeigt. Und dem Kardinal glaubte man. Den Türken allerdings fügte dieser Sieg der Christen mehr Furcht als Schaden zu, weil sie glaubten, dass nicht nur die ungarischen Streitkräfte, sondern auch die der Griechen gegen sie angetreten seien. Verängstigt also und von Furcht erschüttert, so als ob sich der gesamte Okzident gegen sie verschworen hätte, baten sie um Frieden. Die Ungarn, die ihre Kräfte genau einschätzten und den Sieg nicht zu sehr auf ihre Macht als auf einen Zufall schoben, hielten es für gefährlich, das Schicksal allzu oft auf die Probe zu stellen, und wiesen die freiwillig angebotenen Friedenskonditionen nicht zurück. Und so wurde ein Waffenstillstand[88] für 10 Jahre geschlossen.

Beide Teile schlossen den Vertrag nach ihrem heiligen Brauch. Dem Despoten von Serbien wurde zurückgegeben, was er im Krieg verloren hatte. Aber dem Kardinal Cesarini war dies nicht recht, weil er glaubte, man müsse den Sieg mehr ausnützen. Auch dem Papst Eugen konnte man nichts Ärgerlicheres melden, der sich um nichts mehr sorgte als um die Ausbreitung des christlichen Glaubens. Er schrieb also an den Kardinal, das Bündnis habe keinen Wert, weil es ohne sein Wissen mit Feinden der Religion geschlossen worden sei. Dem König Wladislaw von

---

87 Winter 1443.
88 12. Juni 1454.

Polen, der damals Ungarn besetzte, befahl er, den Vertrag zu lösen; er entband ihn von seinem Eid und nötigte ihn zuerst mit Bitten, dann mit Drohungen, den Krieg wieder aufzunehmen. Von den christlichen Herrschern erbat er sich Hilfe. Aber außer Philipp, den Herzog von Burgund, setzte sein Eifer für die christliche Religion niemanden in Bewegung. Der Papst allein rüstete dann eine Flotte, die bis zum Hellespont kam, und versuchte, den Türken die Überfahrt von Asien nach Europa zu versperren. Francesco[89], der Kardinal von Venedig, ein Neffe des Papstes, wurde mit zahlreichen Galeeren dorthin geschickt und befehligte die Flotte.

29

Wladislaw, der ein fremdes Königreich besetzt hatte (Ungarn), glaubte, es diene seiner Sache, wenn die Bewohner dieser Provinz Angst vor einem Krieg hätten. Er holte also Hilfstruppen aus Polen, Böhmen und den übrigen Nachbarländern, hob auch in Ungarn Truppen aus und beschloss türkisches Gebiet anzugreifen. An Johan Hunyadi übergab er das Kommando über das Heer. Es sollen ca. 40.000 Reiter gewesen sein; einige überliefern, dass es weniger als die Hälfte waren. Es waren auch die Fürsten von Ungarn und jede Menge Priester dabei, und Kardinal Cesarini führte nicht wenige Kreuzritter mit sich. Man marschierte los durch die Walachei. Danach überquerte man die Donau und kam nach Mysien, um dann durch ebenes und flaches Gelände nach Rumänien zu gelangen. Als Murad von der Ankunft der Feinde erfuhr, stellte er sein Heer nur aus asiatischen Soldaten zusammen, weil er sich auf die Griechen und Türken, die sich in Europa aufhielten, nicht genügend verlassen konnte. Aber das Problem, wie er die Meerenge überqueren sollte, quälte seine Gedanken mit nicht geringer Sorge, da er genau wusste, dass die päpstliche Flotte den Bosporus unter Kontrolle hatte. Dem Besorgten und – wie man so sagt – vieles in seinem Herzen Umherwälzenden haben einige Genuesen[90] seine Sorgen abgenommen, die versprachen, gegen Bezahlung seine Truppen auf ihren Schiffen zu befördern. Es gibt eine Stelle, wo der Abstand zwischen der Propontis und dem Schwarzen Meer nicht größer als fünf Stadien[91] ist; so kurz ist der Abstand zwischen Europa und Asien; die Alten nannten diese Meerenge den Thrakischen Bosporus, vom Horn von Byzanz ca. 40 Stadien entfernt. Hier wurde das Heer Murads übergesetzt und den Transporteuren wurde ein Goldstück pro Kopf bezahlt; es sollen, wenn das Gerücht stimmt, 100.000 Mann gewesen sein.

---

89 Francesco Condulmer (ca. 1410–1453), ab 1431 Kardinal von San Clemente.
90 Genua war mit den Osmanen seit ca. 1350 verbündet.
91 ca. 1100 m

30

Die Christen hatten schon einen Ort erreicht, der Varna heißt, als gemeldet wurde, dass unzählige Truppen der Feinde im Anmarsch seien. Wladislaw und der Kardinal rieten, zurückzuweichen, damit sie nicht vom Feind umzingelt werden könnten, und waren dafür, einen befestigten gebirgigen Ort aufzusuchen. Hunyadi war dagegen und weigerte sich. Er sagte, er kenne die Kampfkraft der Türken; ihr Ruf sei immer größer als die Wahrheit, und wenn auch sämtliche Türken anwesend wären, wären sie dennoch den Ungarn nicht gewachsen. Jene glänzten mit goldenen und vielfarbigen Gewändern, die Ungarn mit Eisen und Bronze; das christliche Heer sei jederzeit bereit entweder zu stoppen oder sich zu bewegen, und sei nicht gehandicapt durch seine Menge oder das Marschgepäck, bereit zu jeder Bewegung, die der Kommandant anzeigt, wenn auch nur durch Nicken; wenn man sich andrerseits den Charakter der Türken ansehe, so müsse man sie eher als Frauen denn als Männer einschätzen; falls das christliche Heer wirklich fliehen sollte, das der König von Ungarn anführte, in dem sich auch ein apostolischer Legat befinde, in dem so viele höchst vornehme Edelleute dienten, dann würden die Ungarn von nun an nie mehr den Mut haben, die Türken anzugreifen. Und sein Vorschlag fand Zustimmung.

Sie warteten auf die Feinde, die, als sie am nächsten Tag erschienen, ein noch größeres Heer aufzubieten schienen, als das Gerücht besagte, sei es, weil Verängstigten alle Dinge größer erscheinen, sei es, weil das Gerücht in keiner Weise die Truppenstärke Murads übertrieben hatte. Hunyadi, durch diesen Anblick erschrocken, machte sich jetzt zum ersten Mal über die Größe der Gefahr Gedanken und riet dem König zur Flucht. Dieser argumentierte, dass dieser Vorschlag nun zu spät komme, und sagte, dass eine Flucht nun mehr Schaden verursache als der Kampf: Wenn man sich ein Gefecht liefere, könne man auf einen Sieg hoffen; oft seien größere Heere vor kleineren gewichen, und nicht so sehr die Zahl der Kämpfer als ihr Mut und ihre Disziplin bringe den Sieg; auch Gott sei auf der Seite der Besseren und zeige sich geneigter den Wenigen, wenn sie nur Mut bewiesen; wenn sie flüchteten, schenkten sie den Sieg dem Feind, böten sie ihre Rücken an, sie zu zerfleischen, und ließen die Ihren ohne Vergeltung abschlachten. Voll von Zorn tadelte er die großartigen Worte Hunyadis vom Vortag, befahl allen, zu den Waffen zu greifen und erwartete die Schlacht.[92]

Murad hatte Stellung bezogen auf einem nahegelegenen Hügel, von dem aus er gleichermaßen die Seinen und die Feinde beobachten konnte. Nachdem das Schlachtsignal gegeben war, griffen 15.000 Reiter, in Formation geordnet, die

---

92 10. November 1444.

Christen an, um die Schlacht zu beginnen. Sie alle hatten weiße Umhänge über ihrer Brustwehr, die, wenn sie vom Wind bewegt wurden, wie Flügel aussahen; es folgten ihnen ebenso viele Männer, die einen grünen Umhang trugen. Das Zaumzeug vieler Pferde erschien aus Gold, und ihre Helme glänzten hell mit Silber und Edelsteinen. Sogar die Scheiden ihrer Schwerter waren mit großen Perlen geschmückt.

Die Christen verweigerten den Kampf nicht. Mit wildem Mut stürzte man sich in die Schlacht. Unsere vorderste Linie schlug die Türken in die Flucht und streckte im ersten Angriff schon sehr viele nieder. Dies erfüllte Murad mit großer Angst, der nichts Derartiges befürchtet hatte, und er hätte sein Heer sofort verlassen und wäre geflohen, wenn nicht die Satrapen in seiner Nähe die Zügel seines Pferds ergriffen hätten, seine Feigheit getadelt und ihn mit dem Tod bedroht hätten, wenn er geflohen wäre. Er blieb also, wenn auch gegen seinen Willen, befahl seinen tapfersten, die Waffen zu ergreifen und nahm die Schlacht wieder auf. Es wurde mit höchster Anspannung mehrere Stunden lang gekämpft, wobei der Sieg bald den Christen, bald den Türken zu winken schien. Hüben und drüben fielen sehr viele Leute, mehr von den Türken, in deren kaum bedeckte Körper die Pfeile und Schwerter leicht eindrangen. Zuletzt, als stündlich neue Mannschaften des Feindes heranrückten und frische Leute den Platz der Verwundeten einnahmen, wurden die Ungarn nicht so sehr von der Tapferkeit als vielmehr von der Anzahl der Feinde besiegt und begannen allmählich sich zurückzuziehen.

31

Und dann griff Wladislaw den Hügel mit einer Mannschaft der Seinen aus Polen an, die ihm gegenüber nicht weniger tapfer als treu waren, um die siegreichen Feinde vom Kampfgeschehen abzulenken und den Christen wieder Mut einzuflößen, den Hügel, den – wie gesagt – Murad besetzt hatte und der mit Wagen von allen Seiten umringt war. Dort entwickelte sich nun ein neues Gefecht, neue Angst befiel Murad. Im ganzen Lager verbreitete sich Zittern, und man hatte nicht mehr den Mut zu bleiben. Wenn nun Hunyadi den gleichen Mut wie der König gehabt hätte und den Wink des Schicksals erhört hätte, dann hätte dieser Tag zweifellos Murad das Leben gekostet und seinen Nachkommen das Reich Griechenlands weggenommen. Aber als Hunyadi merkte, dass die Christen zurückwichen, zog er sich mit 10.000 ungarischen und walachischen Soldaten von der Front zurück und ergriff, ohne den König zu grüßen, als der Sieg noch nicht sicher war, die Flucht. Vielleicht erschien ihm, der viel Kriegserfahrung hatte, die Lage auf dem Schlachtfeld hoffnungslos und er wollte lieber einige retten als alle verlieren. Die Polen allerdings rechneten die in diesem Gefecht erlittene Niederlage der Unvernunft und Feigheit Hunyadis an; dieser seinerseits beklagte sich, dass sie seinen Rat nicht befolgt hätten. Wladislaw, seinem Schicksal überlassen, wurde, während er tapfer bei den Befestigungen der Feinde kämpfte, vom Pferd geworfen und niedergemetzelt. Sein Haupt wurde auf eine Lanze gespießt und in Griechenland und Asien als Zeichen des Sieges den Völkern herumgezeigt. Die Polen fielen alle bis auf den letzten Mann, ihr Lager wurde geplündert und die Soldaten, die die Barrikaden bewachten, wurden getötet. Die Bischöfe und ungarischen Adeligen, die anwesend waren, erlitten dasselbe Schicksal. Kardinal Cesarini floh[93], als die Schlacht verloren war, aber während er den Feinden schon entkommen war, konnte er der Treulosigkeit der Ungarn nicht entkommen. Als er bei einem Teich sein Pferd tränkte, entdeckten ihn zufällig einige Wegelagerer, und weil sie glaubten, er habe Geld, warfen sie ihn vom Pferd, töteten ihn, zogen ihn nackt aus und überließen seinen Kadaver den wilden Tieren und Vögeln. Das war das Lebensende dieses Mannes, groß sicherlich und bewundernswert, wobei man nicht sagen kann, ob seine Gelehrsamkeit größer war oder seine Beredsamkeit. Der Mann hatte ein angenehmes Äußeres, ein sympathisches Wesen, führte zu jeder Zeit ein anständiges Leben, sein religiöser Eifer verlangte, dass er alles für Christus hingab, sogar sein Leben.

32

Hunyadi wurde auf seiner Flucht, wie schon erwähnt, vom Despoten Serbiens ergriffen. Die Polen glaubten für einige Jahre nach dieser Schlacht noch, dass ihr König noch lebe, gefangen sei, und nicht getötet worden war. Dem Kardinal von Venedig wurde die Schuld an dieser Niederlage zum großen Teil angelastet, weil er weder die Meerenge so, wie es zu erwarten gewesen wäre, kontrolliert noch die Überfahrt der Feinde den christlichen Generälen gemeldet hatte, was seine zweite Aufgabe gewesen wäre. Über die Zahl der Opfer besteht keine Klarheit. Eines ist erwiesen, dass mehr Türken im Feld gefallen sind. Aber im Vergleich zur Heeresstärke haben die Christen den größeren Schaden erlitten.

Der Sieger Murad verfolgte weder die fliehenden Feinde noch brüstete er sich mit großartigen Worten prahlerisch bei den Seinen. Auch zeigte er kein fröhliches Antlitz mehr, wie er es früher gewohnt war. Befragt, warum er so traurig sei und nicht über die besiegten Feinde juble, sagte er: „Ich möchte nicht öfter auf diese Weise siegen." Und er befahl seinen Truppen, das Marschgepäck, das übriggeblieben war, einzusammeln und schickte sie nach Hause. Er selbst kehrte nach Adrianopel zurück und erfüllte seinem Gott die Gelübde, die er für den Fall eines Sieges gemacht hatte. Und dann überlegte er sich, dass die Verantwortung über ein Kö-

---

93 Enea Silvio Piccolomini, Briefwechsel (Wolkan 1909), 567.

nigreich keine wahre Glückseligkeit bringe, und weil er die Unzuverlässigkeit des Glücks fürchtete, das niemandem auf Dauer gewogen sei, rief er die Großen der Provinzen zusammen und machte Mehmed, den ältesten seiner Söhne, an seiner statt zum König. Er selbst wählte für sich das Privatleben, reiste nach Asien und widmete sich mit wenigen Gefährten seines Alters einer gewissen Art von Frömmigkeit in der Einsiedelei.

Halil Pascha[94], unter den Satrapen der Türken der reichste und einflussreichste, wurde dem Mehmed, der wegen seines Alters noch nicht regierungsfähig war, zum Vormund gegeben; die übrigen Söhne des Königs wurden nach dem Brauch dieses Volkes getötet, damit sie nicht im Königreich für Unruhe sorgen konnten. Bei den Türken ist es günstiger, Sohn eines Privatmanns als der eines Königs zu sein.

VI **33**

Es verging danach geraume Zeit, in der weder die Ungarn gegen die Türken noch die Türken gegen die Ungarn vorhatten, sich mit Waffen zu reizen: Jeden hielt das eigene Missgeschick voll Angst zu Haus. Die so überaus grausame Schlacht bei Varna hatte die Kräfte beider Parteien erschöpft, und weder die Türken noch die Ungarn hatten einen kriegstauglichen König: Die einen wurden von Hunyadi, die anderen von Halil Pascha im Namen eines anderen regiert. Hunyadi, der angriffslustigere und kriegserfahrenere von beiden, konnte die Schmach der Niederlage von Varna nicht vergessen und überlegte Tag und Nacht, wie er es anstellen könnte, diese Schande zu tilgen, den Schaden wieder gut zu machen. Das ruhige Verhalten der Türken, die schon seit Längerem keine Kriegsvorbereitungen mehr zu betreiben schienen, nährte seine Hoffnung auf einen guten Ausgang. Im Glauben, dass ihnen die Streitkräfte und auch der Mut fehlte, nahm er an, dass nun der richtige Zeitpunkt gekommen sei, dass er den früheren Ruhm zurückgewinnen und die Türken erledigen könne. Denen, auch wenn sie Armeen hätten, fehle – wie er annahm – dann immer noch ein Feldherr, und ein Heer ohne Führer sei genauso wertlos wie ein Führer ohne Heer. Er hob also sofort Truppen in Ungarn aus, holte sich auch noch Hilfstruppen aus Böhmen, warb noch eine nicht geringe Zahl von Söldnern an und beschloss gegen die Türken zu ziehen. Und er glaubte, dass er sie sogar noch früher angreifen und erledigen könne, bevor man erfuhr, dass er aus Ungarn ausgerückt sei: Für dieses Unternehmen setzte er nun all seine Geschicklichkeit und Geistesgegenwart ein. Seine Planung verriet aber Georg, der Despot von Serbien, –

---

94 Halil Pascha, Großvisier unter Murad II. und Mehmed II. Mehmed war 1446 erst 14 Jahre alt.

wie schon erwähnt – den Führern der Türken und machte die große Gefahr, die ihnen drohte, durch seine Darstellung noch größer. Erschüttert durch diese Nachricht wussten die Türken zunächst gar nicht, was sie tun sollten. Murad war nun schon ein alter Mann, hatte sich der Religion verschrieben und die Probleme des Regierens abgeschüttelt, Mehmed, der noch jung war, konnte – wie man glaubte – die Riesenlast eines Krieges noch nicht schultern. Und Halil Pascha werde man, so glaubten sie, keinen Gehorsam leisten, was doch im Krieg am wichtigsten sei. Und so zitterten sie, schwankten sie, überlegten bald dieses, bald jenes, kein Vorschlag fand Zustimmung. Als die Satrapen dies alles bedacht hatten, erschien ihnen schließlich nichts tauglicher, als Murad aus seinem Ruhestand zurückzurufen; denn die Veteranen würden ihrer Meinung nach unter keinem anderen dienen wollen und mit keinem anderen – so glaubten sie – dürfe man das Kriegsglück herausfordern als mit ihm, der es gewohnt war, zu siegen. Halil Pascha war es, der diese Idee hatte, und er verletzte damit Mehmed sehr, der bei dieser Aktion zeigen wollte, dass er ein Mann ist, und der befürchtete, dass er die Regierung verlöre, wenn der Vater wieder die Zügel ergriffe, wankelmütig, wie die Neigungen der Menschen nun einmal sind. Es wurden also Gesandte geschickt und man holte Murad zurück. Dieser stellte sofort ein Heer auf und marschierte gegen den Feind. Und er führte die Soldaten so, als ob es zu einer Plünderung ginge.

34

Hunyadi war mit seinen Truppen jetzt schon bis Sofia vorgedrungen. Er hatte einige örtliche Präfekten, die sich ihm entgegenwarfen, niedergerannt, die feindlichen Äcker großräumig verwüstet und dann sein Lager in einer Gegend geschlagen, die Basilsa hieß, als ihm gemeldet wurde, dass sich die Truppen Murads näherten. Hunyadi wartete nicht darauf, zum Kampf aufgefordert zu werden. Er begann sofort selbst die Schlacht[95]. Als es nun zum Kämpfen kam, war der Ausgang lange ungewiss: Da, wo Hunyadi kämpfte, wurden die Feinde auseinandergetrieben, flohen und es gab ein entsetzliches Gemetzel; ebenso zerstreute auch Murad auf seinem Flügel siegreich die Ungarn und streckte sie nieder. Zuletzt, als der Sieger auf den Sieger traf, konnten die Christen dem Ansturm der Türken nicht standhalten. Obwohl sie nämlich tapferer waren, waren sie zahlenmäßig unterlegen und wurden weniger besiegt als aus Erschöpfung gezwungen zu weichen. Nachdem Hunyadi die Seinen weder mit Drohungen noch mit Bitten zum Stehen bringen konnte, floh er mit wenigen Getreuen aus der Schlacht. Viele ungarische Adelige und einige Bi-

---

95 Zweite Schlacht von Kosovo (17. bis 19. Oktober 1448).

schöfe fielen in dieser Schlacht. Die gemeinen Soldaten wurden dem Untergang geweiht. Aber bei den Türken gab es noch mehr Gefallene. Murad brachte einen Sieg, mit viel Blut erkauft, nach Hause und starb[96] nicht lange danach, nachdem er Mehmed das Königreich überlassen hatte, so wie er es vorherbestimmt hatte. Sein Leichnam wurde nach der Sitte der Vorfahren in Bursa beigesetzt; das ist eine Stadt in Bithynien und Hauptstadt des asiatischen Königreiches.

35

Kurz bevor er starb, hatte Murad noch die Tochter des Isfendiaroghli, eines noblen Satrapen von Sinope geheiratet. Sie hatte von ihm einen Sohn namens Ahmed Çelebi, der sechs Monate alt war, als er ihn kurz vor seinem Tod dem Halil Pascha anvertraute. Halil verriet nun sowohl die Mutter als auch deren Sohn, weil er sich bei Mehmed beliebt machen wollte. Mehmed versammelte 30 Matronen, wie man sie dort nennt, die den Knaben identifizieren sollten. Nachdem es feststand, dass es ein Sohn Murads war, ließ er ihn strangulieren und gab der Mutter ihren Sohn zurück. Er richtete ihm ein Leichenbegängnis nach königlicher Art aus und eröffnete so den feierlichen Beginn seiner Königsherrschaft mit einem Brudermord. Es gibt Stimmen, die behaupten, dass Halil einen fremden Knaben namens Ahmed Çelibi untergeschoben habe, und jenen als Sohn Murads habe töten lassen; der echte Ahmed aber sei bei Konstantinopel heimlich großgezogen worden; nach Einnahme dieser Stadt sei er von dort mitgenommen und nach Venedig gebracht worden. Und er sei es, der – wie Papst Kalixt befahl – im Palast als Bruder von Mehmed[97] bewacht werde. Wir überlassen den Wahrheitsgehalt dieser Geschichte den Griechen, obwohl wir genau wissen, dass solche Geschichten Raum für viel Fantasie lassen und wir oft gesehen haben, dass ein Sohn eines Barbiers als König aufgetreten ist.

VII 36

Mehmed übernahm also nach dem Tod Murads aufgrund dieses Gelübdes das Steuer des Königreiches und änderte die Institutionen seiner Vorfahren nach seinem Sinn ab. Er gab persönlich seine privaten Gesetze, zu Hause und außerhalb, er vermehrte den Staatsschatz, dachte sich neue Steuern aus, erhöhte die Anzahl der Truppen und begann, gegen Vornehme und Höflinge zu wüten und sie zu beleidi-

---

96 Murad starb am 3. Februar 1451.
97 Vgl. Babinger 1959, 352.

gen. Das also ist jener Mehmed, der Konstantinopel, wie oben erwähnt, den Krieg erklärte. Darüber nun das zu berichten, was wir erfahren haben, scheint jetzt der rechte Ort zu sein.

Mehmed hatte schon lange Zeit überlegt, wie er sich Konstantinopel unterwerfen könne, und er hielt es für unvereinbar mit seinem Ruhm, dass da eine Stadt mitten in der Türkei liege, die seinem Befehl nicht gehorchte. Er glaubte, dass das Ansehen, das er seinem Namen verleihe, wenn er die Stadt erobere, umso größer sei, je schändlicher seine Vorfahren, die dasselbe versucht hatten, daran gescheitert waren. Er teilte also nur wenigen Leuten sein Vorhaben mit und erbaute mit unglaublicher Geschwindigkeit eine Burg[98] nahe am Ufer, an der Mündung des Bosporus, ein wenig entfernt von der Stadt, deren Zweck er verheimlichte, und befestigte sie. Und dann erklärte er der Stadt nicht nur den Krieg, sondern marschierte sofort, gegen das geschlossene Bündnis, gegen seinen Eid, ein und begann zu kämpfen.

37

Die Griechen merkten seine Absicht, und weil sie den eigenen Kräften misstrauten, wandten sie sich hilfesuchend mit Tränen und Heulen an die Lateiner. Taub aber (welche Schande!) waren die Ohren unserer Herrscher, blind ihre Augen, die nicht sahen, dass mit dem Fall Griechenlands auch der Rest der christlichen Religion zusammenbrechen werde, obwohl ich eher glaube, dass sie zu sehr mit privaten Feindschaften und Interessen beschäftigt waren und darüber das allgemeine Wohl vergaßen. Mehmed sammelte inzwischen von überall her Truppen und griff die königliche Stadt zu Wasser und zu Land mit riesigem Aufwand und gewaltigem Ungestüm an.[99] Er ließ Tunnel und versteckte Gräben von großer Tiefe ausheben, eine breite Rampe errichten, in aller Eile erstellte er eine Pontonbrücke, dort, wo das Meer die Küstenmauern der Stadt Pera bespült, mit einer Länge von 2.000 Schritten, errichtete hölzerne Türme, und zwar von solcher Höhe, dass sie alle Mauern, wie hoch sie auch seien, überragten. Außerdem stellte er jegliche Art von Belagerungsgerät und Schleudern bereit. Die Stadt wurde nun mit höchster Anstrengung von beiden Seiten für nicht wenige Tage belagert und verteidigt. Schließlich wurde durch die Stimme des Herolds im ganzen Lager der Türken angekündigt, dass alle Soldaten einen Fasttag einlegen sollten; am nächsten Tag sollten sie in Waffen antreten, um die Stadt mit äußerster Anstrengung anzugreifen; an-

---

98 Rumeli Hisari, 10 km nördlich von Konstantinopel, auf der europäischen Seite des Bosporus.
99 Ca. 7. April 1453.

schließend sei die Stadt drei Tage lang zur Plünderung freigegeben. Am festgesetzten Tag wurde das Fasten bis zum Einbruch der Nacht eingehalten. Als daraufhin die Sterne erschienen, gab es überall Einladungen und Gelage; wo immer einer einen Freund, einen Verwandten oder Bekannten hatte, mit dem speiste er fröhlich, und sobald sie genug getrunken hatten, als ob sie sich fortan nie mehr sehen würden, umarmten und küssten sie sich, als ob sie sich das letzte Lebewohl sagten.

In der Stadt dagegen trugen die Priester in feierlicher Prozession die heiligen Bilder durch die Stadt, das Volk folgte, man erbat sich Hilfe vom Himmel, warf sich zu Boden. Alle Bürger bemühten sich zu fasten und zu beten. In der folgenden Nacht kehrte jeder an den Ort zurück, den er zu verteidigen hatte. Die Mauern der Stadt waren in der ganzen Welt berühmt wegen ihrer Höhe und ihrer Stärke, aber wegen des Alters und der Sorglosigkeit der Griechen fehlten die Zinnen und die Bollwerke; die äußeren Mauern aber waren bestens befestigt. Darauf setzten die Griechen ihre Hoffnung. Bewaffnete sollten zwischen den Mauern und den Vormauern den Kampf aufhalten. Man sagt, dass die Form der Stadt ungefähr dreieckig war: zwei Seiten bespült vom Meer, und dort sind auch noch Mauern, die einen Angriff von der See aus abwehren können. Der letzte Teil, der ins Land geht, wird hinter den hohen Mauern und Vormauern, wie wir schon bemerkten, von einem gewaltigen Graben beschlossen.

38

Die Schlacht begann schon kurz vor Tagesanbruch, da der türkische Soldat eher eine Gefahr in Kauf nimmt, als den Angriff zu verzögern und Verwundung und Blut aufwiegt gegen die Verlockung auf Beute. Aber in der Dunkelheit hatten die Türken größere Verluste, weil man von oben Geschoße auf sie schleuderte. Aber sobald es hell wurde, begann man auf ein gegebenes Signal hin von allen Seiten nicht nur Konstantinopel, sondern auch Pera zu bestürmen, damit es den Griechen keine Hilfe anbot. Jeder Einheit wurde ein Teil der Mauern und Tore zugewiesen, um durch diese Arbeitsteilung die Tapferen von den Feigen zu unterscheiden, und damit durch eben diesen Ehrgeiz nach Ruhm die Tapferkeit der Soldaten noch mehr angespornt[100] werde. Auch den Marineeinheiten wurde in gleicher Weise befohlen, bestimmte, ihnen zugeteilte Objekte anzugreifen. Hölzerne Türme wurden an die Stadt herangeschoben. Die Soldaten brachten Brechäxte, Mauerhaken und Leitern herbei. Und sie hatten schon die Schilde über ihren Köpfen und rückten in dichter

---

100 Tacitus, Historien (Vretska 1984), 342 (III, 27–30).

Schildkrötenformation voran. Die Griechen warfen schwere Felsen darauf, und die auf diese Weise durchlöcherte und schwankende „Schildkröte" brachten sie mit Lanzen und Wurfspießen durcheinander, bis das Gefüge der Schilde aufgebrochen war und sie den Boden mit toten und verletzten Soldaten bedeckten. Es gab ein Gemetzel, und die Türken, deren Kräfte nun nachließen, kämpften schon etwas erschöpfter, aber Mehmed, der vorne dabei war, rief gerade die Tapfersten auf, ermahnte sie ins Gefecht zurückzukehren. Die einen lockte er mit Belohnung, die anderen schreckte er durch Drohung. Die Türken unterwühlten aufs Neue die Mauer und schlugen gegen die Tore. Sie reorganisierten die Schildkröte, stiegen einer auf des anderen Schulter und versuchten, die Waffen und Arme der Feinde zu fassen. Und wiederum häuften sich die Unverletzten auf die Verwundeten, die Halbtoten auf die Sterbenden. Jede Form des Hinscheidens konnte man sehen und jede Gestalt des Todes.

39

Giovanni Giustiniani, ein Mann von edler Abkunft, geboren bei Genua, der Hauptstadt von Ligurien, schien in den letzten Tagen als einziger die Stadt zu verteidigen. Er wurde im Gefecht verletzt, und als er merkte, dass sein Blut floss, zog er sich heimlich zurück, um die übrigen nicht zu erschrecken und einen Arzt aufzusuchen. Aber als der Kaiser merkte, dass Giovanni fehlte, fragte er, wohin er gegangen sei, und sobald er ihn gefunden hatte, bat er ihn, die Schlacht nicht zu verlassen. Jener, von dieser Zumutung erzürnt, befahl, das Tor zu öffnen, durch welches er in die Stadt zurückkehren wolle, um seine Wunde zu versorgen. Die Tore der Stadt, durch welche der Zugang zu den äußeren Mauern offenstand, waren nämlich verschlossen, damit die Soldaten keine Möglichkeit zur Flucht hatten und somit tapferer gegen den Feind kämpften. Die Verteidigung war inzwischen schon etwas nachlässiger. Die Türken merkten das und drangen nun schärfer nach. Da ein Teil der Mauer schon von einer ehernen Kanonenkugel durchschlagen war und den davor liegenden Graben mit ihrem Geröll gefüllt hatte, stiegen sie über dieses Geröll, erklommen die äußere Mauer und vertrieben die Griechen von dort. Das Tor, das für Giovanni offengeblieben war, war nun für alle geöffnet und gab die Möglichkeit zu wilder Flucht. Jetzt starb auch der Kaiser, nicht wie es sich für einen Kaiser gehörte, im Kampf, sondern auf der Flucht[101], als er in der Enge des Tores niederfiel, umgeworfen und totgetrampelt wurde.

---

101 Andere Quellen (z. B. Leonhard von Chios) beschreiben, dass der Kaiser tapfer kämpfend gefallen sei.

40

In dieser großen Schar von Kämpfern konnte man nur zwei finden, die sich als Männer zeigten: der eine ein Grieche, der andere ein Dalmatiner, Theophilos Palaiologos und Johan Sclavus. Sie hielten es für schändlich zu fliehen, und nachdem sie lange dem Druck der Türken standgehalten und viele niedergestreckt hatten, fielen sie zwischen den Kadavern der Feinde, nicht so sehr besiegt, als vom Siegen erschöpft.

Giustiniani entkam nach Pera und segelte von dort nach Chios, wo er krank wurde, entweder wegen seiner Verwundung oder aus Kummer. Er beendete so sein Leben ruhmlos, glücklich wäre es gewesen, wenn er seine Seele in den Mauern von Byzanz ausgehaucht hätte. Ungefähr 800 latinische und griechische Soldaten starben beim Hineindrängen in das Tor, teils durch Wunden im Rücken durchbohrt, teils niedergetrampelt durch die Massen. Und schon besetzte der Feind die höhere Mauer, warf Felsen auf die Bürger und half den eigenen Leuten beim Hereinstürmen. Und dann, nachdem die Stadt genommen war und alle getötet waren, die es wagten, sich zu widersetzen, ging es sofort ans Plündern. Die Sieger, deren Zahl grenzenlos war, zeigten all ihre Schlechtigkeit, ihre Wollust und Grausamkeit; nicht die Würde, nicht das Alter, nicht das Geschlecht schonte irgendjemanden; Vergewaltigung folgte auf Mord, Mord auf Vergewaltigung. Alte Männer und Frauen, die als Beute wertlos waren, wurden zum Spaß herumgeschleift. Wenn ein erwachsenes Mädchen oder jemand, der gut ausschaute, in die Hände der Räuber fiel, wurde sie (weil jeder sie haben wollte) in Stücke gerissen und war schuld daran, dass die Räuber sich gegenseitig töteten. Wenn einer Geld oder größere Werte aus den Kirchen wegschleppte, wurde er von einem Stärkeren niedergemetzelt. Da in einem so großen und gemischten Heer, aus Bürgern, Bundesgenossen und Externen zusammengewürfelt, verschiedene Sprachen, verschiedene Sitten und Vorlieben herrschten, und jeder ein anderes Gesetz hatte, war für drei Tage nichts unerlaubt in Konstantinopel.

41

Die Kirche der Hagia Sophia[102], das weltberühmte Gebäude des Kaisers Justinian, mit dem man kein anderes Bauwerk vergleichen kann, wurde all ihrer heiligen Ausstattung beraubt und stand offen für sämtliche Unflätigkeiten. Die Gebeine der

---

102 Viele der christlichen Kirchen (auch die Hagia Sophia) wurden in Moscheen verwandelt, einige blieben in christlicher Hand.

Märtyrer, das Wertvollste, was es in dieser Stadt gab, wurden den Hunden und Schweinen vorgeworfen. Die heiligen Bilder wurden entweder mit Schmutz beschmiert oder mit dem Schwert zerstört, die Altäre geplündert. In den Kirchen selbst wurden entweder Bordelle für Huren oder Pferdeställe eingerichtet. Sklaven wurden mit Schlägen und Foltern gezwungen, die Verstecke ihrer Herren zu suchen und das Vergrabene herauszuholen. Man fand so einige Schätze, die die unglücklichen Bürger am Anfang des Krieges vergraben hatten.[103] Wenn sie dieses Geld für die Befestigung der Stadt verwendet hätten, hätten sie vielleicht ihr eigenes Leben und die Freiheit des Vaterlandes gerettet. Aber der Geizige wird von seinem Geld beherrscht; die Gefangenen wurden alle ins Lager geführt.

42

Man schämt sich, über die Beleidigungen des Christentums zu berichten. Ich will sie dennoch erwähnen und scheue mich nicht, sie den Nachkommen zu überliefern, da ich überzeugt bin, dass es irgendwann Leute geben wird, und vielleicht sogar, bevor ich sterbe, die diese so große Schande, die man unserem Heiland angetan hat, rächen werden. Die Gestalt des Gekreuzigten, die wir verehren und für den wahren Gott halten, raubten die Feinde aus der Stadt und brachten sie ins Lager, wobei Trompeter und Trommler vorausgingen. Sie beschmutzten sie mit Spucke und Dreck und nagelten sie, um unsere Religion zu verhöhnen, von neuem an ein Kreuz. Danach setzten sie ihm eine Mütze aufs Haupt, die sie Sarcula nennen, formierten sich zu einem Kreis um ihn herum und sagten: „Das ist der Gott der Christen." Dann warfen sie Steine und Schmutz darauf und schändeten es in außergewöhnlicher Weise. Aber all dies kann unserem Gott nichts antun, der im Himmel herrscht, und kann seine Majestät in keiner Weise mindern. So groß ist sein Ruhm, seine Erhabenheit, seine perfekte Schönheit, dass er weder durch menschliches Lob erhöht noch durch irgendwelche Beschimpfungen erniedrigt werden kann. Nur wir sind es, die durch solche Dinge verletzt und verwirrt werden, wir, die wir wegen unserer Feigheit und Untätigkeit, und weil wir es zulassen, dass die Verehrung des wahren Gottes Schaden leidet, in diesem Leben unseren guten Ruf und im anderen die Hoffnung auf Rettung verlieren.

---

103 Vgl. Schwoebel 1967, 16–17.

43

Bei dem nachfolgenden Gelage ließ Mehmed, nachdem er mehr als üblich getrunken hatte, um Blut mit Wein zu mischen, er, der grausame und bluttriefende Henker, die ersten Männer und die Adeligen der Stadt Konstantinopel in hässlicher und elender Weise umbringen. Kyrios Lukas[104], der beim Kaiser großen Einfluss hatte, wurde mit dem Beil geköpft, nachdem sein älterer Sohn vor seinen Augen umgebracht worden war, der andere Sohn wurde dagegen für unmoralische Zwecke am Leben gelassen. Zwei andere seiner Söhne waren im Krieg gefallen. Kardinal Isidor, der in diesem Kriegsgetümmel gefangen wurde, hatte seine Bekleidung gewechselt und wurde deshalb nicht erkannt; er kaufte sich für 300 Aspern frei, eine Münze von relativ geringem Wert. Auch viele Venezianer, Genuesen und andere Latiner sind teils durch das Schwert umgebracht, teils mit viel Geld ausgelöst worden.

Dieses Jahr, das Jahr 1453 seit der Geburt unseres Heilands Jesus Christus, ist gekennzeichnet durch die Eroberung von Konstantinopel, ein Jahr so grauenhaft und unheilvoll für das Volk der Christen, wie es glücklich und erfreulich für die Türken war. Die Einwohner von Pera, einer alten Kolonie der Genuesen, die auch Galater genannt werden, haben sich, als sie von der Niederlage Konstantinopels hörten, Mehmed ergeben, bevor sie darum gebeten wurden. Ihre Frauen und Kinder wurden für die Vergnügungen frei gegeben.

VIII 44

Halil Pascha, der sehr zu Mehmeds Missfallen bis zu diesem Tag noch am Leben war, wurde, weil er angeblich dem Kaiser Konstantin die Pläne der Türken verraten hatte, nach fürchterlichen Foltern getötet[105]; die ungeheuren Schätze, die er angehäuft hatte, sollen der wahre Grund für seinen Untergang gewesen sein, und auch, weil er Murad, der die Herrschaft schon abgelegt hatte, aus seinem Privatleben zur Regierung zurückgerufen hatte. Mehmed, durch dieses Geld reich geworden und auch aufgebläht durch seinen riesigen Erfolg, begann einen Feldzug gegen die Ungarn vorzubereiten. Er plante die Sache ca. drei Jahre lang, ließ die Fürsten aus seinem gesamten Königreich kommen, durchquerte die Berge Thrakiens mit riesigen, schlagfertigen Truppen und kam bis zum Fluss Sava. Sein Heer soll 150.000 Mann umfasst haben; einige ziehen ein Drittel von dieser Summe ab. Kalixt III., der zu eben dieser Zeit auf den Heiligen Stuhl gewählt worden war, schickte den Kar-

---

104 Lukas Notaras, griechisch Kyrios Lukas.
105 Hingerichtet am 10. Juli 1453.

dinal Juan Carvajal von Sant'Angelo, den wir schon oben erwähnt hatten, als Legat dorthin, einen Mann von hervorragender Tüchtigkeit, der die Deutschen zu den Waffen rufen und das Reich der Türken bändigen sollte. Dieser versprach allen, die gegen die Türken kämpfen wollten, die Vergebung ihrer Sünden, wobei ihn Giovanni da Capistrano unterstützte, der zu eben dieser Zeit in Ungarn das Evangelium predigte. Unter dem Zeichen des Kreuzes sammelte er ein beträchtliches Heer, bestehend nicht aus Reichen und Adeligen, sondern aus mittellosem und einfachem Volk. Die Ohren der Wohlhabenden sind nämlich taub für das Evangelium, und das Wort Gottes erreicht die Fürsten nicht. Zufrieden mit dem Status quo sehnen sich die Mächtigen nach dem zukünftigen Reich Christi erst auf dem Sterbebett; die Armen aber gehorchen gerne den Worten des Predigers. Über 40.000 Mann nahmen das Zeichen des Kreuzes, ein Heer, das aber eher durch den Glauben als durch das Schwert hervorstach. Auch Hunyadi hatte noch eine nicht geringe Anzahl von Soldaten unter Waffen.

45

Mehmed kam nun voller Hoffnung und aufgebläht von unglaublichem Hochmut näher und glaubte, ihm stellten sich nun weder Berge noch Flüsse entgegen. Er prahlte bei seinen Leuten: Er erklärte, Ungarn sei praktisch besiegt; der Römische Kaiser – sagte er – sei in der Nähe; und nun, da das Reich der Griechen erledigt sei, werde auch dem der Römer das Ende bereitet; alles werde den Türken gehorchen; er versprach ungeheure Beute; er bot den Soldaten auch Deutschland und Italien zur Plünderung an; den türkischen Waffen liege alles zu Füßen. Aber so prahlerisch auch seine Ankunft war, so schändlich und ruhmlos war sein Abtritt. Er versuchte Belgrad, eine kleine Stadt bei der Mündung der Sava in die Donau, zu belagern, konnte es aber trotz aller Versuche nicht einnehmen. Er durchbrach mit Wurfmaschinen die äußeren Mauern. Seine Armee stürmte in die Stadt ein. Es wurde Tag und Nacht gekämpft. Der Feind schien bald besiegt, bald als Sieger. Zuletzt wurde Mehmed unter seiner Brustwarze verletzt, ließ sein Gepäck zurück und floh[106] hastig mitten in der Nacht. Den Verlauf dieser Schlacht habe ich in meiner Geschichte Böhmens geschildert; also brauchen wir hier nicht näher darauf einzugehen.

---

106 22. Juli 1456.

46

Drei Männer namens Johannes waren für diesen Sieg verantwortlich: der Kardinallegat, unter dessen Führung diese Aktion durchgeführt wurde, Hunyadi und Capistrano, die am Gefecht teilnahmen. In Wirklichkeit aber erwähnte weder Capistrano Hunyadi, noch Hunyadi Capistrano in den Briefen, die sie über den errungenen Sieg an den römischen Papst oder an ihre Freunde schrieben. Jeder behauptete, nur durch sein persönliches Wirken sei es geschehen, dass Gott den Christen den Sieg verliehen habe. Der Mensch ist so begierig auf Ruhm, dass er eher ein Königreich oder sein Geld teilt als seinen Ruhm. Capistrano verachtete den Reichtum, trat Lüste mit Füßen, unterdrückte die Sinnlichkeit, aber den Ruhm zu verachten, das schaffte er nicht. Manche mögen nun vielleicht sagen, er habe sich nicht um seinen persönlichen Ruhm gekümmert, sondern nur um den Ruhm Gottes, der es gewollt habe, dass die Armen und schlecht Bewaffneten die christliche Sache retteten. Ich lasse diese Interpretation gelten, wenn auch Hunyadi gesagt hat, Capistrano sei lediglich ein Gehilfe des Sieges gewesen, nicht sein Urheber.

Man sagt, dass Mehmed seit dieser Zeit niemals mehr an diese Niederlage dachte, ohne sein Kinn und seinen Bart zu streichen, den Kopf zu schütteln und den Tag zu verfluchen, an dem er die Schlacht bei Belgrad schlug.

IX **47**

Anschließend an Thrakien, Richtung Westen und Süden, befindet sich Mazedonien, das einst die ganze Welt regierte. Es liegt zwischen zwei Meeren, dem Ägäischen und dem Adriatischen. Seine Südseite wird von Thessalien und Magnesia beschützt, im Norden grenzt es an Päonien und Paphlagonien, wenngleich auch diese Regionen früher unter mazedonischem Recht standen und zu Mazedonien gehörten. Auch Epirus und illyrisches Gebiet grenzt an Mazedonien, das eine im Süden, das andere im Norden. An der Adria liegt die alte Stadt Durazzo, die ihren Namen von der Halbinsel, auf der sie liegt, bekommen hat; früher hieß sie Epidamnus und ist einst von Korkyra gegründet worden. Nicht weit unterhalb dieses Territoriums liegt Apollonia, eine Stadt mit ausgezeichneten Gesetzen und berühmt als Studienort des Kaisers Augustus, der dort die griechische Literatur studierte. Am anderen Ufer liegt Tessalonike, einst eine mächtige Stadt, einerseits berühmt durch die Briefe des Apostel Paulus, andererseits durch den blinden und unversöhnlichen Zorn Theodosius' des Großen. Weil er empört war über die Ermordung[107] einiger Richter in

---

107 Sportfanatiker hatten einen militärischen Befehlshaber getötet (im Mai 390 n.Chr.).

dieser Stadt, ordnete dieser ansonsten sehr milde Kaiser an, dass die gesamte Bevölkerung hingerichtet werde: 11.000 Menschen sollen getötet worden sein. Ambrosius[108], der Bischof von Mailand, konnte es nicht zulassen, dass ein so grausames Verbrechen ohne Zurechtweisung blieb. Er verbot dem Kaiser, die Kirche zu betreten, und verpflichtete ihn, Buße zu tun, und der mächtige Fürst weigerte sich nicht, sich dem Urteil des Priesters zu fügen. Als Konsequenz wurde daraufhin ein Gesetz erlassen, dass nach der Verurteilung eines Menschen zum Tod 30 Tage bis zur Vollstreckung verstreichen müssten.

Plinius[109] überliefert, dass dies eine freie Stadt gewesen sei. Strabon[110] beteuert, dass ihr Begründer Philipp, der Vater Alexanders, gewesen sei. Beide behaupten, sie gehöre zu Mazedonien. Andronikus, der Sohn Manuels, des Kaisers von Konstantinopel, erhielt sie als Teil seines Erbes und hat sie schließlich, aus Hass gegenüber seinem Bruder Johann, der dem Vater auf den Thron folgte, den Venezianern[111] übergeben; diesen entriss sie Murad, der schon erwähnte Herrscher der Türken. Dieser unterwarf dann auch den Rest von Mazedonien bis zu den Bergen von Päonien und auch das Gebiet, das man heute Albanien nennt, seiner Herrschaft.[112] Wie wandelbar ist doch der Lauf der Dinge und wie wechselhaft der Ruhm der menschlichen Herrschaft: Dies ist dasselbe Mazedonien, das, bekannt durch zwei Könige, Griechenland und Thrakien unterwarf, und seine Herrschaft ausdehnte bis Asien, indem es Armenien, Iberien, Albanien, Kappadokien, Syrien, Ägypten, Taurus und den Kaukasus eroberte, und das gleiche Mazedonien, das den ganzen Osten überwältigt und über die Baktrier, die Meder und die Perser geherrscht hat. Und nachdem er Indien in Besitz genommen hatte, trug Alexander seine Siegeszeichen bis zu den Fußspuren von Pater Liber und Herkules. Und eben dieses Land zahlt in unserem Zeitalter, dem so schmutzigen Volk der Türken unterworfen, Tribut und wird gezwungen, dieses furchtbar elende Joch zu ertragen. Die Türken haben in unserer Zeit auch Magnesia und Thessalien mit ihren Waffen besetzt. Die berühmten Berge, der Olymp von Pieria und Ossa, zusammen mit Pyndus und der Othris, früher der Wohnsitz der Lapithen (die einst – gemäß Plinius[113] – aus 70 Städten bestanden) gehorchen den Türken. Den Türken gehört der gesamte Flusslauf des Peneus, unter den Flüssen Thessaliens der berühmteste. Dieser Fluss entspringt bei Gomphi und fließt über ein bewaldetes Tal zwischen Ossa und Olympus hinab, er durchläuft hier ca. 500 Stadien und ist auf der Hälfte

---

108 Bischof von Mailand 374–397 n.Chr.
109 Plinius, Naturkunde (Winkler 1988), 138 (IV, 36).
110 Strabon, Geografika (Radt 2003), 322 (VII, 7,4).
111 1423.
112 1430.
113 Plinius, Naturkunde (Winkler 1988), 134 (IV, 30).

dieser Strecke schiffbar. In dessen Verlauf nennen sie eine Strecke von ca. 5 Meilen Länge „Tempe", wo sich zur Rechten und zur Linken sanft ansteigende Hügel bis über die menschliche Sicht hinaus erheben und alles mit ihrem Licht grün erscheinen lassen. Hier fließt der Peneus entlang, grün mit seinem Kies, geschmückt mit grasigen Ufern, und wohlklingend vom Gesang der Vögel. Er nimmt den Fluss Orkus auf, ohne ihn zu absorbieren, nein, dieser fließt auf seiner Oberfläche wie Öl weiter (wie es bei Homer heißt), und weigert sich nach kurzer Strecke, sein Wasser weiter zu transportieren, will nicht, dass sich sein eigenes silbriges Wasser mit dem Wasser der Verdammung mischt, das für die Furien geschaffen wurde. Das erzählt Plinius[114] über den Peneus. So viele Wunderdinge haben die Waffen der Türken den Christen entrissen, obwohl ich dafür eher noch unsere eigene Untätigkeit verantwortlich machen möchte.

48

In Thessalien soll es einen König namens Graecus gegeben haben, von dem der Name Graecia stammt. Auch ein Helenus soll an eben diesem Ort regiert haben, von dem Helena ihren Namen erhielt. Homer[115] benannte die Thessalier mit drei Namen: Myrmidonen, Helener und Achäer. Hier befindet sich auch der Engpass der Thermopylen[116], berühmt durch das Blutbad der Perser. Obwohl sie damals den Vormarsch des Xerxes aufhalten konnten, versagten die Heutigen völlig, den Übergang der türkischen Armee zu verhindern.

x 49

Neben Thessalien liegt Böotien, das sich von Ost nach West erstreckt und das Euböische Meer und den Golf von Krisa berührt. Und es wird wegen des großen Ruhms der Stadt Theben bei fast allen Historikern erwähnt. Hier ist der Geburtsplatz der Musen im Hain von Helikon, hier sind die Lichtungen von Cytheron, der Fluss Hismenus und die Quellen von Dirke, Arethusa und Aganippe. Dies war einst die Heimatstadt des Pater Liber und des Herkules und sie hat den tapferen Epaminondas hervorgebracht, war nicht weniger berühmt als Athen. Heute ist Theben ein

---

114 Plinius, Naturkunde (Winkler 1988), 120 (IV, 8).
115 Homer, Ilias (Rupé 1966), 39 (II, 684).
116 Schlacht der Griechen gegen die Perser 480 v.Chr.

kleines Kastell und vor einigen Jahren von den Türken, zusammen mit dem Rest von Böotien, besetzt[117] worden.

50   XI

Daneben liegt Hellas, das unsere Landsleute Griechenland nennen; die Alten nannten es Akte (das heißt Küste) und dann, durch eine Veränderung des Namens Attika[118].

Homer bezeichnete alle Einwohner Attikas als Athener, solange Megara noch nicht erbaut war. Attika erstreckt sich mit seinem Teilstück, das Megaris genannt wird, bis zum Isthmus von Korinth. Nahe am Isthmus war tatsächlich eine Säule mit der folgenden Inschrift Richtung Peloponnes: „Dies ist die Peloponnes und nicht Ionien[119]." Und auf der anderen Seite, die nach Megara blickte: „Dies ist nicht die Peloponnes, sondern Ionien." Die Attiker und die Ionier waren nämlich identisch. Nachdem sie sehr oft mit den Peloponnesern über ihre Grenzen gestritten hatten, einigten sie sich schließlich doch und errichteten diese Säulen. Und obwohl Attika sehr steinig und unfruchtbar ist, haben es doch sehr viele Leute mit außerordentlichen Lobeshymnen erhöht und für den Wohnsitz der Götter und der heroischen Ahnherren erklärt, die diese Orte in Besitz genommen hätten. In Attika war einst die Stadt Athen die vornehmste, sie bedurfte keiner Empfehlung durch einen Herold: so groß war ihr überschwänglicher Ruhm. Heute bietet sie das Bild einer kleinen Stadt. Auf dem Felshügel allerdings, auf dem der sehr alte Tempel der Minerva[120] war, ist eine Burg, bekannt in ganz Griechenland, sowohl wegen der Größe des Bauwerks, als auch wegen ihrer Unangreifbarkeit. Diese übergab ein gewisser Florentiner[121] an Mehmed, als er die Latiner um Hilfe bat und keiner sie ihm gewährte. Als Belohnung dafür erhielt er ein Landgut, wo er nun ein unwürdiges Leben führt.

51   XII

Die Peloponnes ist mit Attika verbunden, einst hieß sie die Burg von Griechenland; denn neben der Vortrefflichkeit der dort wohnenden Völker bestimmte sie schon

---

117 1446.
118 Strabon, Geografika (Radt 2004), 4 (IX, 1,3).
119 Strabon, Geografika (Radt 2004), 8 (IX, 1,6).
120 Parthenon.
121 Franco Acciainoli, der letzte Florentiner Herzog von Athen, gab die Akropolis im Juni 1458 auf.

allein ihre Topographie zur Vorherrschaft und zur Macht. Sie weist viele Buchten und Vorgebirge auf und bedeutende, sehr große Halbinseln, interessant allein schon durch die Vielfalt der Landschaften. Man sagte, dass ihre Form dem Blatt einer Platane gleiche, der Länge und der Breite nach fast gleich, vom Westen nach Osten misst sie 400 Stadien; nach Polybios ist der Gesamtumfang, wenn man die Buchten unberücksichtigt lässt, 4.000 Stadien. Artemidor fügt 400 hinzu und Plinius[122] scheint damit einverstanden, indem er sich Isidor[123] als Gewährsmann anschließt. Eben dieser sagt, dass zwei Meere dieses Land bespülen, das Ionische und das Ägäische.

52

Der schmale Landstreifen, wo die Peloponnes beginnt, heißt Isthmus und ist 5 Meilen breit. Sowohl der König Demetrius[124] als auch der Diktator Caesar, die Kaiser Caligula und Nero haben versucht, einen Kanal durch diesen Landstreifen zu graben, ein unheilvolles Unternehmen, wie der Ausgang all ihrer Versuche bewies. Hier befand sich die noble Kolonie Korinth.

Nachdem die Herrschaft der Türken nach Europa vorgedrungen war, haben die griechischen Machthaber eine Mauer über den Landstreifen errichtet, der die Peloponnes vom übrigen Griechenland trennte; sie nannten diese Mauer Hexamilion[125]. Die Latiner nennen diese Provinz heute Morea. Sie umfasst Achäa, Messenien, Lakonien, Argolis und Arkadien, das im Zentrum der Halbinsel liegt. Nachdem Murad Thessaloniki erobert, Böotien und Attika (außer Athen) unterworfen hatte und bis zum Hexamilion vorgedrungen war, zerstörte er[126] diese Mauer zum Schrecken aller Griechen und verpflichtete die Bewohner der Peloponnes, nachdem sie sich ergeben hatten, einen jährlichen Tribut zu zahlen.

Aber als die Ungarn von Kardinal Giuliano Cesarini überredet wurden, gegen die Türken die Waffen zu ergreifen, und sie in einigen Gefechten siegreich waren, bedrängten sie die Feinde etwas intensiver. Konstantin, der später Kaiser von Konstantinopel wurde, wie schon erwähnt, wurde als Statthalter dieser Provinz übermütig und wagte es, den Türken den Tribut zu verweigern und das Hexamilion

---

122 Plinius, Naturkunde (Winkler 1988), 122 (IV, 9).
123 Isidor Characenus, schrieb 25 n.Chr. ein geographisches Werk.
124 Demetrius I. Poliorketes (337–263 v.Chr.).
125 Das Hexamilion (ein Wall von 6 Meilen Länge) wurde 1415 von Kaiser Manuel II. Palaiologos erbaut.
126 Zerstört 1423 und 1431.

wieder aufzubauen. Deswegen wurde er später mit einer hohen Geldstrafe belegt und das Hexamilion wurde von neuem zerstört[127].

53

Als der Sieger Murad bei Varna die Ungarn vernichtet und auch Konstantinopel völlig besiegt hatte, griffen die Albaner, von denen damals schon ziemlich viele die Peloponnes bewohnten, zu den Waffen und bemühten sich, Demetrius und Thomas, die Brüder von Konstantin, vom Thron zu stürzen und einen unbedeutenden griechischen Adeligen[128] auf den königlichen Thron zu setzen. Beide Parteien baten Mehmed um Unterstützung; diesem schien die vornehmere Partei eher gerechtfertigt; deshalb unterstütze er Demetrius und seinen Bruder mit Verstärkung gegen die Albaner. Die Albaner wurden unterworfen und mussten ihrem früheren Herrn gehorchen, außerdem eine Abgabe von 15.000 Goldstücken an Mehmed zahlen. Und obwohl Thomas sich nach ererbtem Recht Kaiser nennen könnte, weil eine lange Reihe seiner Vorfahren über alles, was sich Griechenland nannte, geherrscht hatte, verzichtete er trotzdem aus Angst vor Mehmed auf diesen Titel. Als Papst Kalixt am Anfang seines Pontifikats die christlichen Herrscher aufforderte, gegen die Türken zu ziehen, glaubte Thomas, dass das Reich der Türken nun zweifellos zusammenbrechen werde und verweigerte Mehmed den Tribut. Sobald er aber merkte, dass auf so großartige Worte keine Taten folgten, hat er seinen Tribut wieder bezahlt, noch Geschenke hinzugefügt und sich mit Mehmed versöhnt. Jetzt aber, wenn das Gerücht stimmt, das uns in den letzten Tagen zu Ohren gekommen ist, wurde er wegen seines Treuebruchs zu einer härteren Strafe verurteilt und ist nun dem Mehmed vollkommen untertan. Die ganze Peloponnes wurde jetzt dem Reich der Türken zugefügt.[129]

54

Wenn man die Peloponnes über den Isthmus verlässt und das restliche Griechenland betritt, kommt man gemäß Strabon und Plinius in Attika[130] an, gemäß Ptolemaios[131] in Achaia, dessen Grenzen er folgendermaßen beschreibt: Im Westen

---

127 Wieder aufgebaut 1443, zerstört 1446.
128 Manuel Kantakuzenos, ein Urenkel des Kaisers Johannes VI.
129 1458.
130 Strabon, Geografika (Radt 2004), 8 (IX, 1, 6); Plinius, Naturkunde (Winkler 1988), 130 (IV, 23).
131 Ptolemaios, Handbuch der Geographie (Stückelberger/Graßhoff 2006), 355 (III, 15, 1).

liegt Epirus, im Norden Mazedonien und ein Abschnitt des Ägäischen Meeres; den Osten begrenzt eben dieses Meer bis zum Kap Sunion. Im Süden das Adriatische Meer bis zu der Küste, wo der Fluss Achelous in den Golf von Korinth mündet. Wenn das so ist, dann umfasst Achaia Attika, Böotien, Phokis, Thessalien, Magnesia, Ätolien und Akarnien. Allerdings behauptet Ptolemaios[132] an anderer Stelle, wo er die Binnenstädte der Peloponnes auflistet, dass Elis, Buris, Pellene und Pherae in Achaia liegen und, genaugenommen, Achaia auf der Peloponnes liege. Was nun uns betrifft, da wir, gemäß unserem Vorhaben, die Fakten der Peloponnes und von Attika kurz behandelt haben, so wollen wir uns nun wieder Richtung Westen bewegen.

XIII 55

Der erste Ort, zu dem man kommt, ist Akarnien, das zwischen Epirus und Böotien liegt und mit Ätolien verbunden und vermischt zu sein scheint. Heute nennt es sich Herzogtum Akarnien. Giovanni Ventimiglia, ein Sizilianer, gab seine Tochter dem Despoten[133] von Akarnien zur Frau. Als die Türken Akarnien heimsuchten und seinen Schwiegersohn belagerten, überquerte Giovanni mit einer kleinen Truppe von Reitern das Meer, stürzte sich auf die Belagerer und richtete ein Gemetzel an, an das man sich noch lange erinnerte; denn er jagte mit seiner kleinen Mannschaft gewaltige Truppen in die Flucht und rettete seinen Schwiegersohn. Dieser ging dann trotzdem kurz darauf den Türken in eine Falle und verlor sein Reich. Man sagt allerdings, dass Epirus noch in seinem Namen regiert wird.

XIV 56

Epirus beginnt an seiner westlichen Grenze bei den akrokeraunischen Bergen und erstreckt sich im Osten 1300 Stadien weit bis zu dem Golf von Arta. Ptolemaios[134] berichtet, dass der nördliche Teil von Epirus Mazedonien berührt, dass es im Osten an Achaia bis zur Mündung des Flusses Acheloos grenzt; im Westen, sagt er, grenzt es an die Ionische See. Strabon[135] nennt dieses Meer Ausonische See. Theopomp[136] behauptet, im Epirus habe es 14 Völker gegeben, deren bekannteste die Kaoner und

---

132 Ptolemaios, Handbuch der Geographie (Stückelberger/Graßhoff 2006), 371 (III, 16, 15).
133 Carlo II. Tocco (gest. 1448).
134 Ptolemaios, Handbuch der Geographie (Stückelberger/Graßhoff 2006), 335 (III, 13, 1).
135 Strabon, Geografika (Radt 2003), 330 (VII, 5).
136 Theopomp von Chios (4. Jh. n. Chr.).

die Molosser waren; das Königreich nämlich behaupteten früher einmal die Kaoner, später die Molosser, Blutsverwandte der Äakiden durch königliche Erbfolge, die ihre Macht in erstaunlicher Weise erweiterten; das alte und bekannte Orakel von Dodona stand während ihrer Regierungszeit in Blüte. Man überlieferte, dass die Seeküste dieses Landes reich und fruchtbar gewesen sei und dass es in Epirus einst viele Städte und bestens befestigte Ortschaften gegeben habe. Aber wegen Aufständen unter diesen Völkern, die sie mit den Römern in Konflikt brachten, wurde das Land verwüstet. Wie Plinius berichtet, wurden 70 Städte von Aemilius Paullus vollständig zerstört[137], nachdem er die Mazedonier besiegt und den König Perseus überwunden hatte. Die meisten waren Molosser, und 150.000 Menschen wurden versklavt. Plinius aus Verona lastet diese Niederlage den Mazedoniern an und fügt noch zwei Städte der Zahl der zerstörten hinzu[138]. Weil die Mazedonier auch noch die Herrschaft über Epirus ausübten, glaube ich, dass Plinius die beiden Völker unter einem Namen zusammengefasst hat.

In Epirus wurde die bekannte Schlacht von Aktium geschlagen, in der Kaiser Augustus den Marcus Antonius zusammen mit Kleopatra, der Königin von Ägypten (denn auch sie war bei dieser Schlacht dabei), in einer Seeschlacht besiegte[139]. Aus diesem Grund gründete der Sieger Augustus im Golf von Arta eine Stadt und nannte sie Nikopolis, das heißt Stadt des Sieges. Die Mündung des Golfs von Arta ist etwas breiter als vier Stadien und ihr Umfang beträgt etwa 300 Stadien. An all ihren Ufern kann man gut anlegen.

Früher begegneten einem, wenn man von rechts kam, die griechischen Akarner und ein Tempel Apollos auf einem Hügel nahe der Mündung. Darunter liegt eine Ebene mit einem heiligen Hain und ein Dock, wo der Kaiser 19 Schiffe liegen hatte, als 10ten Teil der Beute, angeordnet nach der Zahl ihrer Ruderbänke, angefangen von einer bis zu zehn. Linker Hand sind Nikopolis und Cassope, eine Kolonie der Epiroten. Heute heißt der Epirus Arta. Vor einigen Jahren verfolgte, stellte und verbrannte ein Admiral der königlichen Flotte (im Dienste Alfonsos von Neapel), Bernat de Villa Marina, an dieser Küste einige venezianische Galeeren. An eben dieser Küste endet, gemäß Strabon, die Adria bei den Akrokeraunischen Bergen und es beginnt das Ionische Meer. Bei Strabon scheinen[140] das Ausonische und das Ionische Meer identisch zu sein, weil er feststellt, dass Epirus am Ausonischen Meer liegt.

---

137 168 v. Chr.
138 Plinius, Naturkunde (Winkler 1988), 140 (IV, 39).
139 2. September 31 v. Chr.
140 Strabon, Geografika (Radt 2003), 306 (VII, 5,8).

Was heute Albanien genannt wird, war einst der westliche Teil Mazedoniens. Wie schon erwähnt, lagen dort Durezzo und Appolonia – Städte, die im Altertum einen guten Namen hatten. Ihre Sprache verstehen weder die Griechen noch die Illyrer. Ich glaube, dass dieser Menschenschlag einst aus demjenigen Albanien gekommen ist, welches neben Kolchis im asiatischen Skythien gewesen sein soll. Denn oft haben Wellen barbarischer Eindringlinge die Provinzen Griechenlands und Italiens überschwemmt. In diesem Land war Camusa an der Macht. Obwohl von christlichen Eltern geboren, hielt er sich doch nicht fest genug an den katholischen Glauben, lehnte aber auch den Wahnsinn Mohammeds ab; jedoch wie unbedacht er auch Christus verließ, so oberflächlich verachtete er die Religion Mohammeds. Aber obwohl er beide Religionen geringschätzte und sich zu keiner bekannte, kehrte er doch zum Gesetz seiner Ahnen zurück und wollte lieber als Christ und nicht als Türke sterben. Kurz nach dem Fall Konstantinopels nämlich wurde er krank und starb.

Georg[141], ein Mann vornehmer Herkunft, übernahm seine Erbschaft. Er verbrachte fast sein ganzes Leben unter Waffen im Kampf für den Namen Christi. Er besiegte und zerstörte viele und große Heerscharen der Türken im Krieg. Man kann sagen, dass er fast allein dafür sorgte, dass diese Gegend noch an das Wort Christi glaubt, obwohl man heute feststellen muss, dass sie – so oft von feindlichen Waffen angegriffen – zum großen Teil schon wieder abgefallen ist. König Alfonso sandte oft Soldaten nach Albanien und verteidigte die Stadt Kruja, nachdem er sie eingenommen hatte, gegen die Türken. Als Skanderbegs Neffe[142] brüderlicherseits sich der türkischen Seite anschloss und einen Anschlag gegen seinen Onkel plante, wurde er von diesem gefangen und zu Alfonso geschickt, der ihn ins Gefängnis warf. Auch Papst Kalixt schickte Skanderbeg nicht unerhebliche Hilfsmittel.

Vlore ist eine kleine Stadt in Albanien, gelegen an einem Hafen, von wo aus die Überfahrt nach Italien ganz kurz ist. Bayazed war der erste der Türken, der sie besetzte; als sie dagegen rebellierte, eroberte Murad sie wieder. Ich bin mir nicht sicher, welches Übel Italien von dort aus droht.

---

141 Georg Skanderbeg (ca. 1404–1468).
142 Hamza Castriot (Beg).

58   XVI

Hinter Albanien, Richtung Osten und Norden, wohnen Illyrische Stämme. Heutzutage heißt dieser Menschenschlag Slawen, einige heißen Bosnier, andere Dalmatiner, andere Kroaten, wieder andere Istrier und Karnier. Bosnien erstreckt sich
landeinwärts nach Norden Richtung Pannonien. Die anderen Völker grenzen ans
Meer bis zu den Quellen des Pado, gegenüber Ausonia auf der einen Seite, Pannonien auf der anderen. Der Pado[143] mündet in den obersten Golf des Adriatischen
Meeres; Strabon berichtete, dass man ihn die Mutter des Meeres nannte.

59

In Bosnien bekannte sich der König dieses Volkes namens Stefan[144] (so nämlich
nennen sie gewöhnlich ihre Könige) zwar zur christlichen Religion, ließ sich aber
lange Zeit nicht taufen. Aber letztes Jahr rief er den Kardinal Juan Carvajal, den wir
schon oft erwähnt haben, zu sich, der ihn mit dem Wasser der Taufe begoss und ihn
in unsere Glaubensgeheimnisse einweihte. Daraufhin erklärte er den Türken, obwohl er mit ihnen vertragsmäßig verbunden war, den Krieg. Nun aber soll er schon
wieder ein wenig in seiner Treue zu uns wanken.

In dieser Gegend haben Häretiker, die man Manichäer nennt, einen sehr großen Einfluss, eine ganz üble Sorte von Menschen. Sie behaupten, es gebe zwei
Prinzipien der Realität, eines der schlechten Dinge, eines der guten. Und sie erkennen den Primat der römischen Kirche nicht an und glauben auch nicht daran,
dass Christus gleich und wesensgleich mit dem Vater sei. Ihre Klöster sollen in
abgelegenen Bergtälern sein, wo kranke Ehefrauen Gott ein Gelöbnis ablegen, dass
sie, wenn sie geheilt werden, den heiligen Männern für bestimmte Zeit dienen
wollen. Wenn sie tatsächlich gesundet sind, lösen sie mit Erlaubnis ihrer Ehe-
männer das Gelübde ein und leben für eine bestimmte Zeit gemeinsam mit den
Mönchen. Diese Unsitte konnte bisher kein Dekret des apostolischen Stuhls, kein
bewaffnetes Eingreifen der Christen beseitigen. Gott lässt es zu, dass diese Häretiker
ihr Unwesen treiben, um uns damit zu prüfen.

---

143 Strabon, Geografika (Radt 2003), 12 (V, 1,8).
144 Stefan Tomaš (Reg. 1443–1461).

XVII 60

In Dalmatien fügte Stefan[145], der das Herzogtum von Bosnien und Dalmatien befehligte und der mit dem Gift der Manichäer infiziert war, den Einwohnern von Dubrovnik schlimme Niederlagen zu. Obwohl dieser Mann oft Christen durch Hinterhalt gefangen genommen und an die Türken verkauft hatte, schämte er sich nicht, Gesandte nach Rom zu schicken und den Heiligen Stuhl um Unterstützung zu bitten. Er bat also die Christen um Hilfe für die Kosten dieses Krieges, den er gegen die Christen führte. Und es gab sogar Leute, die solch ruchlosen Worten ihre Ohren öffneten.

In Kroatien gab es eine österreichische Frau, die, obwohl von niedriger Geburt, wegen ihres ausgezeichneten Charakters und ihres eleganten Aussehens für würdig gefunden wurde, den Grafen zu heiraten. Während sie von einer Burg zur anderen ritt, um sich zu zerstreuen, wurde sie unvermutet von Türken überfallen, gefangen genommen und für einige Zeit behalten. Schließlich aber, weil der Gemahl es nicht mehr ohne sie aushielt, wurde sie mit einer großen Geldsumme zurückgekauft[146].

61

Vielleicht fragt sich jemand, wo wir Liburnien gelassen haben, durch welches – wie ein berühmter Dichter erzählt – Antenor[147] auf seinem Weg nach Italien gezogen ist. Die Grenzen der einzelnen Länder sind recht unklar und es ist schwierig, den aktuellen Stand zu erkunden, ganz zu schweigen davon, dass man die ganz alten Angaben nur schwer entziffern kann. Plinius sagte, dass Liburnien endet, wo Dalmatien anfängt, und dass dort auch Traù liege, bekannt für seinen Marmor, sowie die Kolonie von Salona, die 112 Meilen von Zara entfernt sei, und dass es von Zara nach Pola[148] 160 Meilen seien. Daraus wird klar, dass die Liburner ihre Wohnsitze zwischen Kroatien und Dalmatien hatten. Es ist auch möglich, dass die Kroaten – der moderne Name für dieses Volk – ins Gebiet der Liburner eingefallen sind. So viel an Information mag genügen. Wenn jemand Genaueres erfahren möchte, soll er bei den alten Autoren nachforschen. Ptolemaios hat Liburnien, Dalmatien und Illyrien als Einheit behandelt und gesagt, dass Illyrien im Norden an Pannonien

---

145 Stjepan Vukčić Kosača (reg. 1435–1466).
146 Enea Silvio Piccolomini, Briefwechsel (Wolkan 1912), 69.
147 Vergil, Aeneis (Götte 1994), 20 (I, 244).
148 Plinius, Naturkunde (Winkler 1988), 102 (III, 140).

grenze, im Osten an Mysien, im Westen an Istrien, im Süden an Mazedonien und das Adriatische Meer[149].

62   XVIII

Die Alten haben Istrien zu Italien gezählt. Dazu gehören Poreč, Pula und Justinopolis, das man Capo d' Istria[150] nennt. Aber es zu Italien zu zählen, ist nicht angebracht, weil es durch den Adriatischen Golf davon getrennt und wie eine Halbinsel vom Meer umgeben ist, da wo es sich ans Festland anschließt. Dahinter liegt eine felsige und bergige Region, die die Alten Albia nannten. Plinius[151] sagte, dass Istrien an Liburnien anschließe, woraus klar wird, dass die Kroaten an die Stelle der Liburner rückten. Man sagt, Istrien wurde nach dem Fluss Hister benannt, von dem man fälschlicherweise behauptet, dass er von der Donau in die Adria fließe. Diesem Irrtum sind sowohl Pomponius Mela[152] als auch Nepos, der am Po wohnte, verfallen. In Wirklichkeit fließt kein Fluss von der Donau in den Po. Sie ließen sich beide von der Geschichte der Argonauten täuschen, die angeblich den Hister (d.h. die Donau) hinauf vom Schwarzen Meer nach Istrien gesegelt sind. Es ist aber ganz klar, dass sie flussaufwärts von der Donau in die Sava gesegelt sind und von dort auf den Fluss Nauportus (der, wie ich glaube, heute Ljubljana heißt), dessen Sümpfe Strabon Lugeum[153] nennt. Ihr Schiff gelangte an die Adria, indem sie es auf den Schultern vom Fluss Nauportus über die Berge getragen haben. Heutzutage sind die Istrier Slawen, obwohl man in den Küstenstädten auch italienisch spricht und die Leute dort beide Sprachen beherrschen. Der bessere Teil dieser Provinz liegt an der Küste, unter der Herrschaft von Venedig, das Binnenland wird vom Haus Österreich beherrscht. Der Ort Sankt Veit an der Glan gehört den Wallseern und liegt am Fluss Theiß. Von dort nach Aquileia sind es 1000 Stadien, wie Tuditanus behauptete, der die Istrier unterworfen hat. Als Überlieferung gilt, dass der Fluss Mursia die Grenze Italiens sei.

Es ist uns nichts Erwähnenswertes berichtet worden, das zu unserer Zeit in diesem Gebiet passiert wäre, obwohl Österreich und Venedig dort erbitterte Grenzstreitigkeiten ausfochten und die Untertanen beider Parteien mit Waffen gegeneinander kämpften. Um diesen Streit zu schlichten, wurde ich einst vom

---

149 Ptolemaios, Handbuch der Geographie (Stückelberger/Graßhoff 2006), 249 (II, 16, 1).
150 Heute: Koper.
151 Plinius, Naturkunde (Winkler 1988), (III, 129).
152 Pomponius Mela, Kreuzfahrt durch die alte Welt (Brodersen 1994), 112 (II, 63).
153 Strabon, Geografika (Radt 2003), 296 (VII, 5,2).

Kaiser dorthin geschickt, und obwohl ich einen Waffenstillstand erreichte und neue Grenzen festsetzte, konnte ich dennoch den Streit als solchen nicht schlichten.

IXX 63

Die Krainer, zu denen auch die Iapiden zählen, wohnen neben den Istriern, sind aber gleichwohl Slawen, deren Sprache in dieser Region vorherrscht. Man teilt die Krainer in zwei Hälften ein und sagt, dass es die Krajina doppelt gibt. Die eine trocken und ohne Wasser, wo man die Istrier und die Krainer ansiedelt, die die Berge zwischen Ljubljana (Laibach) und Triest bewohnen und sich bis zum Fluss Timavus ausdehnen. Die andere, wo der Fluss Sava entspringt und auch der Nauportus – der heute Ljubljana heißt – und viele andere Flüsse. In diesem Land schlossen sich der Graf Ulrich von Cilli und Albrecht, der Bruder des Kaisers Friedrichs, während dieser sich in Aachen[154] um die deutsche Königskrone bewarb, zusammen und schlossen die berühmte Stadt Ljubljana, die nach dem Fluss, an dem sie liegt, benannt ist, durch eine Blockade ein[155] und bestürmten sie lange Zeit durch Belagerungsmaschinen aller Art. Aber sie wurden von den Soldaten Friedrichs nicht ohne große Verluste zurückgeschlagen und verloren ihre wertvolle Ausrüstung, nachdem ihr Lager erobert wurde. Die Slawen und die Italiener nennen diese Stadt Ljubljana nach dem Sumpf von Lugea.

XX 64

Kärnten ist eine bergige Gegend, schließt sich an Krain an, östlich und nördlich grenzt es an die Steiermark, westlich und südlich an die italienischen Alpen und Friaul. Es gibt dort viele Täler und Hügel, mit Weizen bewachsen, viele Seen, viele Flüsse, deren wichtigster die Drau ist, die nicht kleiner ist als die Sava und durch die Steiermark und Pannonien fließend in die Donau mündet. Die Österreicher haben die Herrschaft über diese Provinz und nennen den, der in dieser Region regiert, Erzherzog.

Sobald ein neuer Herrscher die Leitung des Staates übernimmt, befolgen sie eine Zeremonie, die ich noch nirgends sonst gehört habe. Nicht weit von der Stadt St. Veit an der Glan kann man die Überreste einer alten Stadt besichtigen, deren Namen im Laufe der Zeit verloren gegangen ist. Auf den nahegelegenen weiten Wiesen

---

154 Krönung am 7. Juni 1442.
155 Albrecht griff Ljubljana im Frühling 1442 an.

erhebt sich ein Marmorstein. Diesen besteigt ein Bauer, dem durch Erbfolge seines Geschlechts dieses Amt zusteht. Zu seiner Rechten steht ein dürrer schwarzer Stier, zu seiner Linken eine hässliche Stute, ebenso abgemagert, um ihn herum die Leute und die gesamte ländliche Bevölkerung. Dann schreitet der Fürst, von der gegenüberliegenden Wiese heran, die Purpur bekleideten Adeligen umgeben ihn. Vor ihm werden sein Banner und die Insignien seiner Herrschaft hergetragen. Der Graf von Görz, der die Geschäfte des Palastes führt, geht inmitten von zwölf kleineren Bannern voran. Die übrigen Beamten folgen. Niemand im ganzen Gefolge scheint dieser Ehre nicht würdig zu sein, außer dem Herrscher selbst, der wie ein Bauer aussieht. Er trägt einen bäuerlichen Kittel, bäuerliche Mütze und Schuhe, sein Stab in der Hand weist ihn als Schäfer aus. Wenn der Bauer auf dem Stein ihn herankommen sieht, schreit er auf Slawisch (die Kärntner selbst sind nämlich Slawen) „Wer ist dieser Mann, den ich hier so stolz einherschreiten sehe?" Die Umstehenden antworten, es komme der Herrscher dieses Landes. Dann jener: „Ist er ein gerechter Richter, bedacht auf das Wohl des Vaterlandes, ein freier Mann, würdig dieser Ehre? Ist er ein Anhänger des christlichen Glaubens und dessen Verteidiger?" Alle Antworten: „Er ist es und wird es immer sein". Dann wieder jener: „Ich frage also, mit welchem Recht er mich von diesem Platz entfernen will." Es antwortet der Graf von Görz: „Wir kaufen dir diesen Platz für 60 Denare ab und diese beiden Tiere werden dir gehören. Auch wirst du die Kleider des Fürsten, die er vor kurzem ausgezogen hat, erhalten, und dein Haus wird frei sein und keine Steuern bezahlen." Nach diesen Worten gibt der Bauer dem Herrscher eine leichte Ohrfeige und befiehlt ihm ein guter Richter zu sein. Er erhebt sich, nimmt die Tiere mit sich und geht weg. Der Herrscher aber besteigt den Stein, schwingt sein blankes Schwert nach allen Seiten und verspricht dem Volk gerechte Justiz. Man sagt, dass er auch eiskaltes Wasser trinkt, das ihm aus einer Bauernmütze serviert wird, als ob er den Genuss von Wein ablehne. Dann geht es weiter zur Kirche von Maria Saal, die auf einem nahen Hügel liegt und nach der heiligen Maria benannt ist. Einst soll dort ein Bischofssitz gewesen sein. Nach dem Gottesdienst legt der Prinz die bäuerliche Kleidung ab, zieht einen Feldherrnmantel an, und nachdem er glänzend mit den Vornehmen getafelt hat, kehrt er auf die Wiese zurück, wo er zu Gericht sitzt, Recht spricht und Lehen bestätigt.

65

Man erzählt, dass im Jahre 790 nach Christus unter der Regierung Karls des Großen der Herzog dieses Stammes mit dem Namen Ingo ein riesiges Gelage für die Bevölkerung gegeben habe und dabei den Bauern, die zu ihm hereingelassen wurden, mit goldenem und silbernem Geschirr, den Adeligen aber und den Großen, die weiter weg von ihm platziert wurden, mit tönernem Geschirr aufwarten ließ. Gefragt, warum er das tue, soll er geantwortet haben, dass die, welche Städte und Paläste bewohnen, nicht so sauber seien, wie die, die Äcker bestellten und einfache Häuser hätten. Die Landbewohner, die das Evangelium Christi angenommen hätten, besäßen, durch das Wasser der Taufe gereinigt, weiße und glänzende Seelen, die Adeligen und Mächtigen dagegen, die der Unflätigkeit der Götzenbilder verfallen seien, hätten schmutzige und pechschwarze Seelen. Er aber habe sein Gelage nach der Qualität der Seelen organisiert. Die Adeligen, durch diesen Rüffel zurechtgewiesen, verlangten darauf in Scharen das Wasser der heiligen Taufe und bekehrten sich alle in kürzester Zeit unter Virgil und Arno[156], den Bischöfen von Salzburg, zum christlichen Glauben. Deshalb wurde dann auch die Ehre, den Prinzeps zu investieren, den Bauern überlassen.

Der Herzog von Kärnten war auch der oberste Jäger des Reiches, bei dem alle Prozesse der Jäger landeten. Wenn er in Gegenwart des Kaisers vor Gericht aufgerufen wurde, war er angehalten, den Klägern ausschließlich in slawischer Sprache zu antworten. Man sagt, dass diese Provinz viel Glanz besessen habe und auch viele Privilegien. Das kann man leicht glauben, da ja kein Zweifel darüber besteht, dass Kaiser Ludwig dieses Herzogtum seinem erstgeborenen Sohn, Arnulf[157], übertragen hatte.

66

Es gibt dann noch einen anderen Brauch in einer Stadt dieser Provinz, die Klagenfurt[158] heißt, ein Brauch, der sich mit aller Härte gegen Diebe richtet. Wenn jemand dort des Diebstahls verdächtigt wird, wird er sofort verhaftet und mit dem Strick hingerichtet. Drei Tage nach Vollzug der Strafe wird über den Verdacht geurteilt. Wenn sie den Getöteten für schuldig befinden, lassen sie den ehrlosen Kadaver hängen, bis er sich von selbst auflöst und herunterfällt; wenn sie ihn aber für nicht schuldig halten, nehmen sie ihn ab und beerdigen ihn auf dem Friedhof, indem sie ihm aus öffentlichen Mitteln ein ordentliches Begräbnis finanzieren und eine Leichenmesse für seine Seele halten.

---

156 Virgil, Bischof seit 767; Arno, Bischof seit 785.
157 Arnulf (reg. 887–899), der illegitime Sohn von Ludwig dem Deutschen, wurde 880 Kaiser.
158 Klagenfurt: lateinisches Wortspiel: *furtum* – Diebstahl.

67

In dieser Provinz weckte Heinrich[159], der Graf von Görz, ein Mann, verdorbener als eine Frau, seine minderjährigen Söhne mitten in der Nacht auf und zwang sie aufzustehen und (Wein) zu trinken, indem er sie schalt, weil sie beim Schlafen keinen Durst bekamen. Er verkehrte öfter mit Schäfern und Ochsenknechten als mit Adeligen. Als Greis spielte er noch mit den Knaben auf dem Eis[160]. Er badete häufig mit ordinären Huren. Selten speiste er am Hof. Er ging allein in die Küche und schlang dort ein paar Bissen hinunter. Er trug billige, verschmierte Kleidung und zeigte seine nackte Brust. Seine Augen tränten pausenlos. Als Kaiser Friedrich einmal vom Fenster aus bemerkte, dass er zu ihm kommen wollte, ließ er mich rufen: „Los, schau dir diesen Prinzen einmal an, der da zu uns kommt! Wenn du je jemand sauberer und schöner gesehen hast, sag es mir!" Nachdem ich den Prinzen und seine Spießgesellen lange genug betrachtet hatte, wurde mir seine hässliche Plumpheit bewusst, die zwar in einem Herrscher steckte, aber seinen adeligen Stand zur Sklaverei machte. Seine Frau, eine Ungarin von herausragender Schönheit und Tapferkeit, mehr als man einer Frau zutraut, hat ihn einmal gefangen gesetzt. Er wurde aber bald wieder mit Hilfe des Grafen Ulrich von Cilli befreit und trieb darauf seine Frau aus dem Haus. Kurz darauf starb er und hinterließ das Erbe seinen Söhnen, jungen Leuten von guter Anlage und ihrer Mutter[161] ähnlicher als ihrem Vater.

68   XXI

Die Steiermark, die meines Wissens einst Valeria genannt wurde, grenzt im Osten an Pannonien, ihre Nordgrenze blickt Richtung Österreich, westlich und südlich grenzt sie an Krain und Kärnten. Auch diese Provinz ist sehr bergig, obwohl sie im östlichen Teil einige ziemlich weite Ebenen aufweist. Die Flüsse Drau und Mur bewässern dieses Gebiet, die Mur entleert sich in die Drau, jene in die Donau. Die Bevölkerung der Städte ist zum größten Teil deutsch. Die Slawen, die das Land diesseits der Drau bebauen, erkennen die Herrschaft des Hauses Österreich an. Es gibt hier auch eine alte Stadt namens Cilli; einige sagen, sie hieß einst Syllaceum und sei von Lucius Sulla gegründet worden; jedoch konnten wir darüber nichts erkunden. Man kann dort Ruinen von hohem Alter besichtigen, und marmorne

---

159 Heinrich von Görz (reg. 1415–1454), verh. mit Ulrich Cillis Tochter Elisabeth.
160 Evtl. war Enea während seines Aufenthalts in St. Veit Augenzeuge, Enea Silvio Piccolomini, Briefwechsel (Wolkan 1909), 248–290.
161 Katharina von Garai, Ulrich Cillis Cousine, heiratete Heinrich 1438.

Grabsteine tragen die Namen römischer Adeliger. In dieser Provinz herrschte zu unserer Zeit Graf Friedrich[162]. Dieser Mann war ein großer Lüstling und in Liebe entbrannt zu einer Konkubine namens Veronika. Seine legitime Gattin[163], mit kroatischem Grafentitel, brachte er eigenhändig um. Die Konkubine allerdings ließ sein Vater Herrmann[164], wie es den Mächtigen als Gerechtigkeit erscheint, in einem Strom ertränken. Friedrich seinerseits nahm den Ehemännern reihenweise die Frauen weg, verschleppte ganze Scharen von Mädchen in den Palast, hielt die Bevölkerung wie Sklaven, raubte Kirchengüter und rief Geldfälscher, Giftmischer, Wahrsager und Totenbeschwörer von überall her zu sich.

Im Jahr des Jubiläums (1450), als er schon 90 Jahre alt war, ging er nach Rom, um einen Ablass zu erhalten, er schien aber bei seiner Rückkehr um keinen Deut geläutert. Befragt, was ihm Rom genützt habe, da er doch in die alten Unsitten zurückgefallen sei, antwortete er: „Auch mein Schuhmacher blieb, nachdem er Rom gesehen hat, bei seinen Leisten."

69

Diesem folgte nach seinem Tod sein Sohn Ulrich, der dem Vater in allem glich, ihn aber an Begabung und Redegewandtheit übertraf. Als dieser (wie schon erwähnt) umgebracht[165] wurde, gab es 24 Männer, die das Erbe beanspruchten. Der Mann also, der schon zu Lebzeiten überall Kriege angefacht hatte, sorgte auch als Toter noch für Aufruhr. Aber die Obersten beschlossen, dass dem Kaiser Friedrich der Besitz dieses Landes übereignet werden solle, unter der Bedingung allerdings, dass er die Rechte der anderen Bewerber gemäß den in dieser Provinz gültigen Vorschriften gerichtlich bestätigen müsse. Die Witwe Ulrichs beschloss, ihren Besitz mit Waffen zu verteidigen. Nachdem Friedrich mit einer starken Mannschaft einige Kastelle in Cilli eingenommen hatte, wurde er endlich akzeptiert, wobei Johan Witowecz, ein Böhme, ihm die Burgen der Region auslieferte. Obwohl dieser vom Grafen dereinst als dessen militärischer Befehlshaber eingesetzt worden war, nahm er vom Kaiser Geld an und ließ Ulrichs Witwe allein. Aber bald, von Reue erfasst, wagte er eine schlimme und unverzeihliche Untat, als ob man ein Verbrechen durch ein anderes wieder gut machen könnte. Er griff den Kaiser, der sich schon sicher fühlte und mit ein paar Leuten in Cilli weilte, des Nachts an, als dieser schon schlief. Witowecz hatte nämlich schon viele der Bewohner Cillis bestochen, ihm bei seiner

---

162 Friedrich von Cilli (gest. 1454).
163 Elisabeth (gest. 1422).
164 Herrmann von Cilli (gest. 1435). Veronika, angeklagt der Hexerei, wurde 1429 ertränkt.
165 9. November 1456.

Ankunft einen Teil der Stadt auszuliefern. Zur festgesetzten Stunde wurde er mit 800 Rittern eingelassen und begann, alles mit seinen Waffen aufzumischen. Aber göttlicher Beistand half dem Kaiser Friedrich. Gott riet ihm, diese Nacht, entgegen seiner Gewohnheit in der oberen Burg zu schlafen, die von Natur und durch menschliches Bollwerk bestens geschützt ist. Die Vornehmen, die in der Stadt verblieben waren, wurden alle gefangen genommen; darunter war auch Johann Ungnad[166], der reichste von allen Steirern. Er wurde zusammen mit seinem Bruder Georg abgeführt. Auch Ulrich, der Kanzler von Österreich, wurde nicht geschont, obwohl er Bischof war und in die Kirche geflohen war. So weit schon sind die göttlichen und menschlichen Rechte bei den Menschen unseres Zeitalters an Wert gesunken. Der böhmische Verräter aber, der mit reicher Beute belohnt wurde, hatte von nun an jede Menge Komplizen.

70

Es gibt eine recht weit verbreitete Geschichte, dass bei den Steirern dereinst ein Adeliger gelebt habe, der oft das Verlangen hatte, sich aufzuhängen. Weil er darüber sehr beunruhigt war, wollte er von einem gelehrten Mann ein Heilmittel gegen diese Versuchung erfahren. Dieser habe ihm geraten, in einer einsamen Burg zu bleiben und jeden Tag eine heilige Messe zu besuchen. Der Adelige habe gehorcht, und nachdem er fast ein Jahr durchgehalten hatte, nie mehr die Versuchung gespürt, sich aufzuhängen. Schließlich habe ihn sein Priester gefragt, ob er einem benachbarten Presbyter, der eine Kirche auf einem nahegelegenen Berg einweihen wollte, zu Hilfe kommen könne. Er habe ihm die Erlaubnis gegeben und wollte kurz darauf nachkommen und an der Messe teilnehmen. Aber er sei dann erst viel später aufgebrochen, weil bald das eine, bald das andere dazwischengekommen sei. Schließlich sei er um Mittag abgereist und einem Bauern im Wald begegnet, der sagte, die Messe auf dem Berg sei schon längst vorüber und das gesamte Volk sei schon heimgegangen. Bestürzt durch diese Nachricht habe der Nobelmann gesagt, er sei nun sehr unglücklich, weil er an diesem Tag den heiligen Körper Christi nicht gesehen habe. Der Bauer habe ihn nun trösten wollen. Er könnte, wenn der Adelige sie kaufen wollte, die Gnade, die er sich durch die Teilnahme an der Messe verdient habe, an ihn weitergeben, und als Belohnung erbat er sich den Mantel des Adeligen. Nach Abschluss des Handels sei der Adelige nichtsdestoweniger den Berg hinaufgestiegen und habe in der Kirche gebetet. Als er zurückkam, fand er den Bauern am

---

166 Ungnad war der Kanzler Friedrichs III.

nächsten Baum aufgehängt, aber von da an sei er nie mehr von so schrecklichen Gedanken gequält worden.

71

In dieser Gegend wird Salz eingekocht und in die benachbarten Regionen exportiert. Es gibt auch reiche Eisenvorkommen und Silbergruben von nicht geringem Wert, obwohl wegen der Nachlässigkeit der Herrschenden nicht viel geschürft wird.

XXII **72**

Österreich zu beschreiben, halten wir an dieser Stelle nicht für nötig, da wir darüber ein eigenes Werk herausgegeben haben. Nach dem Tod von Kaiser Albrecht haben sich die Bewohner dieser Provinz Friedrich anvertraut, allerdings unter der Bedingung, dass dieser, wenn die Königin, die schwanger war, einen Knaben zur Welt bringe, dessen Vormund sei; wenn aber ein Mädchen, wäre er der Herr über dieses Land. Als nun Ladislaus, wie schon erwähnt, geboren war,[167] übernahm Friedrich dessen Vormundschaft. Die Soldaten, die unter Albrecht gedient hatten, verwüsteten nun die Provinz mit Raub und Brand, da sie sich um den Sold geprellt sahen. Ihre Plünderungen wurden gegen die Bezahlung von 70.000 Gulden durch Friedrich eingestellt, während die Böhmen und Ungarn weiterhin Streifzüge nach Österreich unternahmen.

73

Die älteste von Ladislaus' Schwestern[168] heiratete den Herzog Wilhelm von Sachsen.

74

Nachdem Johan Hunyadi vergeblich die Krone Ungarns von Friedrich verlangt hatte, rückte er mit 12.000 Soldaten in Österreich ein und verwüstete und verbrannte das ganze Land zwischen Wien und den steirischen Bergen. Als der Kaiser

---

167 22. Februar 1440.
168 Anna (1432–1462) und Wilhelm III. heirateten 1446.

nach Italien reisen wollte, baten ihn die Österreicher, dass er Ladislaus, der schon fast erwachsen war, bei ihnen lasse, damit er das väterliche Erbe antreten könne. Weil ihre Bitte abgeschlagen wurde, griffen sie zu den Waffen und rebellierten auf Veranlassung der zwei Ulriche, der eine der Graf Cilli, der andere Eyzinger,[169] und sie belagerten den zurückkehrenden Friedrich in der Wiener Neustadt. Auch Heinrich Rosenberg, ein Böhme, schloss sich ihnen mit 200 Rittern und 1.000 Mann Infanterie an. Und sie beharrten auf ihrem verbrecherischen Plan, obwohl Papst Nikolaus ihnen befohlen hatte, die Vormundschaft des Kaisers nicht anzufechten. Ja, sie verachteten geradezu die Befehle des apostolischen Stuhles und verlachten die Würde einer so großen Autorität.

75

Die so gelehrte Universität (von Wien) veröffentlichte damals eine höchst ungelehrte Doktrin, die schriftlich festlegte, dass die Gesetze des römischen Papstes durch Anrufung eines zukünftigen Konzils suspendiert werden könnten.

Seit dieser Zeit war die Stadt Wien und ganz Österreich beständig im Kriegszustand, als Strafe für diese religiöse Verfehlung. Friedrich gab dem Wüten des Volkes nach, indem er den noch recht jugendlichen Knaben in die Hände des Grafen Cilli[170] gab, unter der Bedingung allerdings, dass man nach Wien die Verwandten beider Parteien und die Freunde zusammenrufe, und dass eine Entscheidung getroffen werde über die Vormundschaft, über die Burgen und die anderen unter den Fürsten noch offenen Fragen. Ladislaus wurde vom Volk mit großer Begeisterung empfangen und befolgte all die Wünsche des Grafen. Zum für die Versammlung bestimmten Termin kamen die Herzöge Ludwig von Bayern und Wilhelm von Sachsen, die Markgrafen Albrecht von Brandenburg und Karl von Baden, außerdem viele Barone aus Böhmen, mehrere aus Ungarn. Der Kaiser entsandte Legaten, mich eingeschlossen. Lange wurde über die Legitimation der einzelnen Parteien diskutiert, aber da doch alles von der Willkür der Sieger abhing, und der, den keine Waffen schützten, auch von den Gesetzen allein gelassen wurde, ging man ohne Ergebnis auseinander. Alles, was die Österreicher dem Kaiser versprochen hatten, wurde abgelehnt. Was gesagt war, wurde verleugnet, weder Brief noch Siegel galten irgendetwas. Alles lief so, wie man es sich bei der Glaubwürdigkeit von Barbaren vorstellt.

---

169 Ulrich Eyzinger, ein Herrscher in Niederösterreich, stand auf Seiten Albrechts II. (gest. 1439).
170 4. September 1452.

76

In dieser Versammlung erhob Ladislaus den Johan Hunyadi, der ihm das Königreich vor den Türken gerettet hatte, in den Rang eines Fürsten. Man errichtete auf dem großen Marktplatz neben der Karmelitenkirche eine Plattform, und Ladislaus, auf einem goldenen Thron sitzend, angetan mit dem königlichen Umhang und geschmückt mit der Krone, verlieh dem Hunyadi die Grafschaft von Bistritz. Dies hätte er ausgerechnet an diesem Ort nicht tun dürfen, denn der König von Ungarn darf im Amtsbereich des römischen Kaisers seine Majestät nicht demonstrieren. Aber man nimmt ja nur so viel Rücksicht auf die Gesetze, wie viel ihnen durch die Waffen gegeben oder noch übriggelassen wird.

77

Der Graf Cilli, der den König manipulierte, wie er wollte, und die gesamte Kontrolle an sich riss, schätzte den Eyzinger jedoch und die Wiener gering. Seine Konkubine aber, deren Mann er umgebracht und die er dann zu sich genommen hatte, verehrte er mit fast königlichen Würden. Aber schließlich verlor er die Gunst des Königs und wurde auf Betreiben Eyzingers vom Hof vertrieben. Auf seinem Weg ins Exil begleiteten ihn nur vier Ritter, wobei ihm Albrecht, der Markgraf von Brandenburg, bis zum Stadttor Geleit bot, damit er nicht vom Volk aus Erbitterung gesteinigt würde. Aber so hässlich und elend seine Flucht war, so stolz und beglückend war seine Rückkehr; denn nach einem Jahr, als der König aus Böhmen zurückgekehrt war, wurde er auf Anraten der führenden Barone Österreichs zurückgerufen und betrat Wien aufs Neue mit tausend Rittern, die von Gold und Silber glänzten[171]. Der König ging ihm sogar außerhalb der Stadttore ca. tausend Schritte entgegen und der gesamte Adel gratulierte dem Zurückgekehrten. Sogar das Volk, das kurz vorher Schmutz und Steine auf den Fliehenden werfen wollte, zögerte nicht, die Straße, auf der er zurückkam, mit Blumen zu bestreuen, maßlos, wie die Leute heutzutage sind, in beide Richtungen, ob sie nun lieben oder hassen.

78

Da ergab sich eine wundersame Wende der Ereignisse und ein Scherz der gut aufgelegten Fortuna. Eyzinger verlor seinen Einfluss beim König, zog sich auf seine

---

171 Er verließ Ladislaus' Hof 1453, kehrte 1455 zurück.

Burgen zurück und versöhnte sich anschließend mit dem Kaiser, den er so schwer beleidigt hatte. Und nicht viel später verstiegen sich die Anhänger des Königs Ladislaus zu solcher Unverschämtheit, dass sie in die Vorstadt der Wiener Neustadt eindrangen, wo die Kaiserin in Abwesenheit des Kaisers kurz vor der Geburt ihres Kindes[172] war, und die Stadt zu erobern versuchten. Als dies nicht gelang, legten sie die Landstriche, wo sie gerade waren, in Brand und zogen ab. Es gab oft Verhandlungen zwischen dem Kaiser und dem König, immer vergeblich. Graf Cilli glaubte nämlich, solange er noch lebte, dass es seiner Sache nicht zuträglich sei, wenn die Fürsten Österreichs einer Meinung seien. Aber als er dann tot war, und Eyzinger, aus Böhmen kommend, dem Kaiser ein Friedensangebot machte, das für beide Seiten akzeptabel war, und Österreich demnächst zur Ruhe zu kommen schien, da zerstörte die Meldung vom Tod des Königs Ladislaus[173] nicht nur die Eintracht, sondern löschte auch die Hoffnung auf große Unternehmungen aus, die die Christenheit weiterbringen könnten.

79

Die Österreicher fragten den Kaiser und seinen Bruder Albrecht, wie man nun die Regierung festsetzen solle, und sie hielten eine Versammlung der Provinzialvertreter ab, in welcher die Gesandten des Kaisers sagten, die Provinz stehe dem dienstältesten Adeligen Österreichs zu (und das war der Kaiser). Albrecht verlangte in seinem Namen und in dem seines Onkels Sigismund einen Teil der Erbschaft, indem er auf seine missliche Lage und seine Mittellosigkeit hinwies, die sich für einen Mann seines Ranges nicht gehöre, und versuchte damit Mitleid zu erregen. Die Versammlung antwortete, dass die Provinzialen täten, was Recht und Billigkeit vorschrieben. Nachdem die Brüder sich untereinander geeinigt hatten, überquerten Räuber die Donau Richtung Österreich und besetzten am Ufer des Flusses March einen befestigten Platz. Dann begannen sie, all die umliegende Gegend durch Raub und Brand zu verwüsten. Albrecht rückte gegen sie aus, nahm den Ort mit Gewalt ein, machte viele der Feinde im Kampf nieder und führte 550 Gefangene ab, von denen er 80 aufhängen ließ. Ein Heldenstück, das ihm bei den Österreichern viel Ehre und Ruhm eintrug.

Aber nachdem Ulrich Eyzinger den Kaiser Friedrich, auf dessen Seite er stand, in Wiener Neustadt besucht hatte, begab er sich nach Wien. Er wurde von Albrecht gerufen und besuchte ihn, nichts Böses ahnend. Aber er wurde sofort festgenom-

---

172 Christoph (Nov. 1455–März 1456).
173 Gest. 23. Nov. 1457.

men, in Fesseln gelegt und in einem privaten Kerker eingesperrt[174]. Den Bürgern schien das ein sehr schlimmes Vorgehen, sie murrten, verurteilten diese böse Tat, aber keiner kam dem Elenden zu Hilfe.

80

Der Kaiser wurde oft gebeten, nach Wien zu kommen, aber er verschob es immer wieder, weil er Angst hatte, hintergangen zu werden. Inzwischen war Sigismund[175] von Etsch herunter nach Wien gekommen. Daraufhin begab er sich nach Wiener Neustadt, nahm vom Kaiser die Insignien seines Prinzipats entgegen und schwor nach alter Sitte auf die vom Kaiser vorgesprochene Eidesformel. Bei diesem feier-lichen Akt war auch Albrecht zugegen, der sich kurz danach mit Sigismund nach Wien begab. Aber beide verschworen sich nun gegen den Kaiser und versuchten, Österreich zu unterwerfen. Als der Kaiser von ihrem Vorhaben erfuhr, beschloss er, sich nach Wien zu begeben und ließ den Herzog Ludwig von Bayern kommen, einen sehr namhaften Herrscher. Er begab sich also dorthin und die Kaiserin folgte. Als er sich der Stadt näherte, kam ihm das Volk entgegen. Auch Albrecht und Sigismund begrüßten den Kaiser außerhalb der Stadt mit noblem Gefolge. Albrecht hatte un-gefähr 3000 kampfbereite Reiter, die sich nahe bei Wien, auf einem Hügel statio-niert, dem Kaiser zeigten, und ihm große Furcht einjagten. Albrecht vermehrte den Verdacht noch, weil er sich oft zu diesen hinaufbegab und heimlich mit ihnen re-dete, so dass der Kaiser offensichtlich an einen Hinterhalt glaubte. Man erzählt, dass der Condottiere dieser Truppe zu Albrecht gesagt haben soll: „Ohne Problem mache ich dich heute, wenn du es willst, zum Herrn von Wien und Österreich; denn was hindert uns, Friedrich und sein Gefolge gefangen zu nehmen? Du musst nur zu-stimmen; daraufhin wird das Problem der Erbfolge gelöst sein. Dem Sieger gehor-chen die Gesetze und die Menschen." Albrecht habe ein wenig hin und her überlegt und dann geantwortet: „Ich könnte es verzeihen, wenn du irgendetwas Schlimmes ohne mein Wissen gemacht hättest. Aber so etwas Ungeheuerliches in Auftrag zu geben, nein, das kann ich nicht." Nachdem sie die Stadt betreten hatten, wohnten Albrecht und Sigmund gemeinsam in einem Haus, das „Prager Haus" genannt wird. Der Kaiser übernachtete in einem bürgerlichen Privathaus. Die Burg war bewacht im Namen der Provinzialen. Sigismund und Albrecht verschworen sich, die Burg nachts anzugreifen und einzubrechen. Sie bewaffneten also eine Schar von Solda-

---

174 1458.
175 Sigismund (1427–1496), Herzog von Österreich, Friedrich III. war bis 1446 sein Vormund.

ten und machten sich auf den Weg. Und sie verpflichteten sich eidlich, nicht eher nach Hause zurückzukehren, bevor sie die Burg betreten hätten.

81

Die Bürger bemerkten das, griffen zu den Waffen und verstärkten die Besatzung auf der Burg. Man war kurz vor einem Bürgerkrieg und einem blutigen Gefecht vor der Burg. Und es bestand kein Zweifel, dass eine Auseinandersetzung sehr zum Schaden der Fürsten ausgegangen wäre. Für recht lange Zeit schien der Ausgang unklar: Die Bürger hatten den festen Vorsatz, die Burg zu schützen; den Fürsten, die geschworen hatten, sie zu betreten, schien es blamabel, unverrichteter Dinge heimzugehen, und Gewalt anzuwenden schien zu gefährlich. Zuletzt also kam man überein, dass die Fürsten die Burg betreten sollten, ein wenig bleiben, einen Schluck Wein trinken und wieder gehen sollten[176]. Auf diese Weise ist ihr Eid mehr hintergangen als eingehalten worden. Am nächsten Tag ist die Burg dann mit Zustimmung der Provinzialen in drei Teile aufgeteilt worden: zwei für Albrecht und Sigismund, der dritte für den Kaiser. Es wurden Provinziale ausgewählt, die den Bruderstreit schlichten sollten, und man gab ihnen höchste Kompetenz, aber es ist schwierig, gegen die Mächtigen ein Urteil zu vollstrecken: Der Adel und die Kirchenfürsten waren eher auf Seiten des Kaisers, das Volk aber auf Seiten Albrechts; und jeder hatte einen mächtigen Richter um sich zu schützen[177].

82

Vieles gibt es an diesem Kaiser, was man loben kann; ein außergewöhnlicher Körperbau, eine Erscheinung, würdig eines Kaisers; im Innern gelassen und ruhig; ein scharfsinniger Geist, ein überdurchschnittliches Gedächtnis; ein brennender Eifer für die Religion, heiße Sehnsucht nach Frieden und Ruhe. Er schätzt jeden Mensch nach dessen speziellen Fähigkeiten und belohnt ihn dementsprechend. Er lässt glänzende Bauwerke errichten, Gärten allerdings und Edelsteine liebt er über alles. Wenn es zu handeln gilt, ist er etwas langsam und zurückhaltend. Einige klagten ihn an, geizig zu sein und zu sehr auf das Geld bedacht. Schuld an diesem Vorwurf sind seine Vorgänger, die Kaiser Sigismund und Albrecht[178], gegen deren Großzügigkeit

---

176 Juni 1488.
177 Lucan, Bellum civile (Ehlers 1973), 14 (I, 127).
178 Kaiser Sigismund (reg. 1411–1437), Kaiser Albrecht II. (reg. 1438–1439).

jede jetzige Großzügigkeit wie Knauserei erscheinen mag. Im Übrigen hat Friedrich weder sein eigenes Hab und Gut verschleudert, noch fremdes geraubt, gleichermaßen maßvoll in seinen Worten und Taten.

83

Sein Bruder Albrecht[179] ist ganz anders; schnell bei der Erledigung von Dingen, gierig nach Krieg und Ruhm, die Gefahr verachtet er, er ist kühn, hält Strapazen gut aus, ist schnell in Reaktion und Handeln; Geld verteilt er großzügig und verschwenderisch unter seine Freunde. Ein Armer mit all seinem Reichtum, ein Reicher trotz seiner Armut, nichts begehrt er so sehr wie Ruhm.

XXIII 84

Wenn man durch Österreich Richtung Norden geht, kommt man nach Mähren, ein wildes Volk, immer scharf auf Raubzüge, gelegen zwischen Ungarn und Böhmen jenseits der Donau.

Diese Provinz gab in unseren Tagen Kaiser Sigismund seinem Schwiegersohn Albrecht[180] zum Geschenk, der sie später dann auch regierte. Sie rebellierte dagegen und weigerte sich seine Befehle auszuführen, aber Albrecht zwang sie mit Gewalt in die Knie; in einer einzigen Aktion ließ er über 500 Höfe verbrennen, ließ jede Menge Leute umbringen, führte fast ihr gesamtes Vieh weg und zwang so das treulose Volk unters Joch.

In dieser Provinz glauben die Bewohner der Städte und Gemeinden an die römische Kirche und bekennen sich zum katholischen Glauben, die Barone aber sind fast alle von der hussitischen Pest angesteckt. Als hier Giovanni da Capistrano das Wort Gottes predigte und gegen die Irrlehren der Hussiten ganz verwegen loswetterte, konvertierte ein namhafter Baron, der sich Czernahora nannte. Er ließ seinen früheren Irrglauben hinter sich und schloss zusammen mit zweitausend Untergebenen die Wahrheit des Heiligen Römischen Stuhls ins Herz. Sein Sohn[181], ein Mann berühmt durch sein Wissen und seine guten Sitten, erhielt nicht viel später den Bischofssitz von Olmütz, dies ist die einzige Diözese von Mähren.

---

179 Albrecht VI., der Verschwender.
180 Albrecht I., König von Böhmen, Kaiser Albrecht II. (1438–1439).
181 Protasius von Czernahora, Bischof von Olmütz (reg. 1457–1482).

Das Königreich Mähren war einst sehr groß und mächtig, und zwar bis zur Herrschaft des Sohnes von Svatopluk (dessen Schicksal ich in meiner „Historia Bohemia" geschildert habe). Aber als dieser Sohn des Svatopluk die wahre Kirche Gottes zurückwies, wurde diesem Volk die Königswürde genommen, welche später die Römischen Kaiser auf Böhmen übertrugen. In dieser Provinz gibt es sehr viele Städte, reich bevölkert und ziemlich wohlhabend. Unter diesen ist Brünn die wichtigste und Znaim ist bekannt durch den Tod von Kaiser Sigismund[182]. Hier kommt niemand hinein, außer er ist bewaffnet oder sehr mächtig, weil Straßenräuber alle Zugänge verwehren.

Die Leute sprechen ein Gemisch von deutsch und böhmisch. Die Böhmen sind aber in der Überzahl und beherrschen diese Region.

Welche Völker Mähren einst bewohnten, kann man nicht so leicht sagen. Soviel man aus der Lektüre von Ptolemaios erfahren kann, scheinen die Markomannen, die Sudiner und die Quaden[183] Mähren und das Österreich jenseits der Donau bewohnt zu haben.

85   XXIV

Hinter Mähren liegt Schlesien, eine recht bedeutende Provinz, durch welche die Oder fließt, einer der wichtigsten Flüsse Deutschlands. Ihre Quellen sind in Ungarn, das sich östlich an Schlesien anschließt, und sie mündet ins Baltischen Meer. Das Land ist ca. 200 Meilen lang und 80 Meilen breit. Die Hauptstadt heißt Breslau, eine sehr große Stadt am Ufer der Oder, geschmückt mit privaten und öffentlichen Gebäuden. Unsere Ahnen nannten diese Diözese die „goldene", aber die Hussitenkriege haben sie zur „schmutzigen" gemacht. Als Wenzeslaw Böhmen regierte, erhob sich in dieser Stadt ein Aufstand und die Konsuln, die die oberste Macht innehaben, wurden aus den Fenstern des Rathauses auf den Marktplatz geworfen. Dort wurden sie von den Schwertern und Lanzen des Volkes aufgespießt, ein garstiges Spektakel. Kaiser Sigismund hat nach wenigen Jahren die Drahtzieher dieser Untat durch das Beil hinrichten lassen. Die Grafen Schlesiens sind sehr zahlreich, weil das väterliche Erbe immer unter die Söhne verteilt wird. So ist die Provinz in viele Teile gespalten und erlebt jede Menge von Streitigkeiten, ist auch häufigen Raubzügen ausgesetzt. Unter diesen Fürsten soll es einen geben mit dem Namen Bolko[184] von Oppeln, der in Glogau residiert. Er war allen Lüsten und

---

182 1437.
183 Ptolemaios, Handbuch der Geographie (Stückelberger/Graßhoff 2006), 229 (II, 11, 25).
184 Bolko von Oppeln (gest. 1460).

Vergnügungen ausgeliefert und verfing sich so sehr in seinem Wahnsinn, dass er behauptete, es gebe weder Unterirdische noch Überirdische. Und er glaubte, dass die Seelen gleichzeitig mit den Körpern zugrunde gehen. Die Kirche betrat er nie, bzw. höchst selten. Von den christlichen Sakramenten hielt er gar nichts, außer dass er das Ehesakrament missbrauchte: Er verließ seine Gattin[185], weil sie ihm nicht mehr gefiel, und ersetzte sie durch eine andere, die, wie er es wollte, durch eine feierliche Hochzeit mit ihm verbunden wurde, damit sie nicht Mätresse genannt werden konnte.

Die Schlesier sind unter der Herrschaft von Böhmen, neuerdings jedoch weigern sie sich, deren Befehlen zu gehorchen. Sie wiesen ihren neuen König Georg[186] zurück und schlossen sich Herzog Wilhelm von Sachsen an, der wegen seiner Gattin, der Schwester von Ladislaus, dem König von Ungarn und Böhmen, behauptet, das Königreich Böhmen gehöre ihm. Nur das Schwert kann diesen Konflikt lösen.

Die Leute sprechen dort zum größten Teil deutsch, obwohl jenseits der Oder das Polnische überwiegt. Deshalb glaubten viele nicht zu Unrecht, dass die Oder die Grenze Deutschlands sei, obwohl dieser Fluss zu beiden Seiten in Richtung Norden zwischen deutschen Stämmen fließt.

XXV 86

Polen ist ein weites Land, westlich davon liegt Schlesien und es grenzt an Ungarn, Litauen und Preußen. Krakau ist die wichtigste Stadt des Königreichs, dort gibt es auch eine angesehene Schule der freien Künste. Zbigniew[187] regierte in dieser Stadt, ein Bischof, bekannt für seine literarische Bildung und seinen anständigen Lebenswandel, von dem wir viele Briefe erhalten haben, geschrieben mit großem Witz und in elegantem Latein. Ihm verlieh die Römische Kirche wegen seiner besonderen Fähigkeiten das Ehrenzeichen der Kardinalswürde, die rote Kappe.

87

Außer Krakau sind die übrigen Städte Polens nicht besonders stattlich. Sie bauen fast alle ihre Häuser aus Holz und bestreichen sie meistens noch mit Lehm. Die

---

185 Elisabeth von Pilsen.
186 Georg Podiebrad, König von Böhmen (reg. 1458–1471).
187 Zbigniew Oleśnicki (1423–1471), Bischof von Krakau; Enea Silvio Piccolomini, Briefwechsel (Wolkan 1912), 161.

Gegend ist eben und waldreich. Ihr Nationalgetränk ist das Bier, hergestellt aus Weizen und Hopfen. Wein wird nur sehr selten getrunken und der Weinbau ist unbekannt. Die Äcker ergeben viel Weizen. Sie haben zahlreiche Rinder, gehen auch gern auf die Jagd, sie essen das Fleisch von Waldpferden, die wie Hirsche ohne Geweih aussehen. Sie jagen auch Wildstiere, die unsere Vorfahren „Ur" nannten. Fische und Vögel gibt es jede Menge, Silber und Gold dagegen nicht.

Die Steuern für den König sind sehr gering. Die Vorfahren haben das Königreich in vier Teile aufgeteilt. Diese bereist nun der König im Verlauf des Jahres. Und jeder der Teile unterhält dann drei Monate lang den König und seinen Hofstaat. Wenn die Zeit vorbei ist, begibt man sich in einen anderen Teil. Es ist festgelegt, was die Bewohner der jeweiligen Provinz zu leisten haben. Wenn der König über die festgelegte Zeit bleibt, muss er das selbst bezahlen.

Als der König dieses Volkes zur Zeit unserer Vorfahren gestorben war und eine Tochter[188] hinterlassen hatte, heiratete sie Wilhelm, den Herzog von Österreich, und er befehligte dieses Königreich. Aber den Polen gefiel dieser deutsche König nicht. Sie riefen Wladislaw aus Litauen herbei, vertrieben Wilhelm und übergaben dessen Gattin, sowie das ganze Königreich dem neuen König.

Wladislaw[189] war Heide und verehrte Götzenbilder, aber er weigerte sich nicht, zusammen mit dem Königreich auch die Taufe anzunehmen. Zum Christentum konvertiert, erwies er sich als gläubiger Herrscher. Er überzeugte viele Litauer vom Evangelium und ließ so manche Bischofskirche errichten, die Bischöfe hielt er in großen Ehren. Mitten im Reiten, wenn er die Türme einer Kirche erblickte, zog er seine Mütze vom Kopf und neigte sein Haupt in Verehrung vor Gott, der in der Kirche angebetet wurde. Mit den Tartaren, die die Grenzen seines Königreichs verunsicherten, lieferte er sich erfolgreiche Gefechte. Er besiegte die Preußen in einem sehr gewaltigen Krieg, den wir bei unserer Behandlung der preußischen Angelegenheiten besprechen werden. Von seiner ersten Frau, mit der er nicht in legaler Ehe verheiratet war, hatte er keine Kinder. Von der zweiten[190] wurden ihm, obwohl er schon fast 90 Jahre alt war, zwei Söhne geboren, Wladislaw und Kasimir.

88

Nach seinem Tod erhielt Wladislaw das Königreich Polen, Kasimir[191] bekam das Herzogtum Litauen. Als ersterem auch das Königreich Ungarn angeboten wurde,

---

188 Jadwiga (gest. 1399), Tochter von König Ludwig I. von Polen und Ungarn.
189 Władysław Jagiełło, König von Polen (1386–1434).
190 Sophia von Kiew; er war 70 Jahre alt.
191 Großherzog von Litauen und König von Polen (1447–1492).

fiel er im Krieg gegen die Türken, wie schon erwähnt[192]. Als die Adeligen von Polen dies erfuhren, waren sie besorgt wegen eines Nachfolgers und baten Friedrich[193], den Markgrafen von Brandenburg, der seine Jugend in ihrem Königreich verbracht hatte und auch ihre Sprache und ihre Sitten kannte, den Königstitel zu übernehmen. Als Antwort wurde gegeben: „In Kasimir, dem Herzog von Litauen, der des Verstorbenen Bruder ist, gibt es schon einen Erben." Sie sollten seine Meinung erkunden; Friedrich halte es für unter seiner Würde, diesem, wenn er das brüderliche und väterliche Erbe antreten wolle, ein Hindernis in den Weg zu legen. Ähnliche Bescheidenheit hatte auch Albrecht[194], der Herzog von Bayern, gegenüber Ladislaus Postumus, dem Sohn von Albrecht, an den Tag gelegt, als er die ihm angebotene Herrschaft über Böhmen ablehnte. Auch Kaiser Friedrich, als er sowohl von den Ungarn als auch von den Böhmen gebeten wurde, das Erbe des Wladislaw anzutreten, wollte das gar nicht hören, weil er die Rechte seines Cousins[195] nicht beinträchtigen wollte. Er erntete großes Lob dafür in unseren Tagen und man hielt es für ein glänzendes Zeichen des deutschen Charakters, obwohl ich nicht weiß, ob es nicht Leute gibt, die es nicht so sehr dem Gerechtigkeitssinn als eher der Feigheit zuschreiben, wenn einer die Herrschaft über ein fremdes Königreich ablehnt. Ich für meinen Teil muss so etwas unbedingt loben, weil es doch ziemlich gerechtfertigt scheint. Kasimir jedenfalls, wenn auch die Litauer ihn ungern gehen ließen, die ihn als Fürsten bei sich behalten wollten, kam nach Polen und übernahm friedlich die Regierung des Königreiches. Nicht viel später heiratete er die Schwester von Ladislaus. Er führte viele Kriege gegen den deutschen Orden, der sich nach der heiligen Maria nennt, und worüber wir im Kapitel über Preußen berichten werden.

XXVI 89

Litauen, das schon an sich ziemlich weitläufig ist, schließt sich östlich an Polen an, es ist fast überall sumpfig und waldreich. Witold[196] regierte hier, der Bruder des Wladislaw, der den Glauben an die heidnischen Götter aufgab und mit der Herrschaft über Polen in die Kirche Christi eintrat. Gewaltig war die Autorität Witolds zu seiner Zeit. Seine Untertanen fürchteten ihn so sehr, dass sie, falls sie den Befehl erhielten sich aufzuhängen, lieber gehorchten, als dass sie sich beim Fürsten unbeliebt machten. Leute, die seine Herrschaft kritisierten, nähte er in eine Bärenhaut

---

192 Schlacht von Varna 1444; vgl. Kapitel 30–32.
193 Friedrich II., von 1440–1470 Markgraf und später Kurfürst von Brandenburg.
194 Albrecht III., Herzog von Bayern (reg. 1438–1460).
195 Friedrich war der Cousin von Ladislaus' Mutter Elisabeth.
196 Witold (Vytautus), Großherzog von Litauen (reg. 1401–1430).

ein und warf sie lebenden Bären, die er sich zu diesem Zwecke hielt, zum Zerfleischen vor, oder tötete sie mit anderen grausamen Methoden. Zu Pferd hatte er seinen Bogen stets gespannt. Wenn er jemanden erblickte, der einen anderen Weg einschlug, als er es wollte, durchbohre er ihn sofort mit dem Pfeil. Dieser blutgierige Henker tötete auch viele nur zum Spaß. Damit ein gewisser Unterschied im Gesicht zwischen der Bevölkerung und ihm, dem Prinzen selbst, sei, befahl er allen, ihren Bart zu schneiden. Als er damit nicht durchkam, (denn ein Litauer verliert lieber seinen Kragen als seinen Bart) trat er in der Öffentlichkeit rasiert am Kinn und Kopf auf, und es galt als Kapitalverbrechen, wenn einer seiner Untergebenen sich die Haare im Gesicht oder auf dem Kopf schneiden ließ. Er wurde vom Kaiser Sigismund zum König von Litauen ernannt, starb aber, bevor die Gesandten, die das Diadem überbringen sollten, ihn antrafen. Sein Nachfolger Svridrigal[197] zog eine Bärin auf, die es gewohnt war, von seiner Hand Brot zu nehmen, und die oft in den Wäldern herumstreifte; wenn sie zurückkam, standen ihr bis zum Schlafzimmer des Herrschers alle Türen offen. Dort pflegte sie dann zu kratzen und zu klopfen, wenn sie Hunger hatte. Der Prinzeps machte auf und fütterte sie. Da verschworen sich eine Handvoll Jugendlicher gegen ihn und sie wandten den Trick der Bärin an, bewaffneten sich und kratzten an der Tür des Herrschers. Svidrigal glaubte es sei die Bärin und öffnete. Und sofort wurde er von den Eindringlingen durchbohrt und starb. Die Regierung der Provinz ging dann auf Kasimir[198] über.

90

Nach Litauen zu gelangen, ist im Sommer schwierig, weil sumpfiges Gelände den Durchgang fast überall erschwert. Im Winter ist der Zugang möglich, weil die Seen zugefroren sind: Die Händler bewegen sich über das Eis und den Schnee, indem sie Proviant für einige Tage auf ihren Fahrzeugen mit sich führen. Es gibt keine festen Wege, die Sterne zeigen die Richtung, wie auf hoher See. Es gibt nur wenige Städte in Litauen und auch nur einzelne Villen. Ihr Reichtum beruht auf Tierfellen, die heute bei uns Zobel und Hermelin heißen. Geld ist unbekannt, an seine Stelle treten Felle. Die billigeren gelten so viel wie bei uns Kupfer und Silber, die wertvolleren werden wie geprägtes Gold gehandelt.

Die adeligen Ehefrauen halten sich mit Erlaubnis ihrer Männer Liebhaber; sie nennen diese „Ehehelfer". Für Männer dagegen ist es schändlich, sich neben der offiziellen Gemahlin eine Konkubine zu halten. Ehen werden allerdings sehr leicht

---

197 Svidrigal (reg. 1430–1432).
198 Vgl. Anm. 151.

mit beidseitigem Einverständnis geschieden und man heiratet dann wieder und wieder.

Es gibt bei ihnen auch Wachs und Honig, produziert von den Wildbienen in den Wäldern. Wein trinken sie nur sehr selten und ihr Brot ist ganz schwarz. Rinder sind ihr Lebensunterhalt und sie trinken jede Menge Milch. Ihre Sprache ist slawisch; diese Sprache ist nämlich sehr weit verbreitet und in viele Zweige aufgeteilt. Von den Slawen sind einige römisch-katholisch, wie die Dalmatier, die Kroaten, die Karnier und die Polen. Andere folgen dem falschen Glauben der Griechen, wie die Bulgaren die Ruthener und viele von den Litauern. Andere haben ihre eigenen Häresien erfunden, wie die Böhmen, die Moravier und die Bosnier, von denen ein großer Teil an den Unsinn der Manichäer glaubt. Andere sind noch im blinden Heidentum verfangen, wie z. B. viele von den Litauern, die noch Götzenbilder anbeten. Aber von ihnen ist ein großer Teil zum Christentum bekehrt worden, nachdem Wladislaw, ein Mann dieses Volkes, den Thron[199] von Polen bestiegen hat.

91

Ich kenne persönlich Hieronymus[200] von Prag, einen Experten der heiligen Schriften, einen Mann, bekannt durch seinen tadellosen Lebenswandel und seine einzigartige Beredsamkeit, der über 20 Jahre lang in einem Kamaldulenserkloster im etruskischen Apennin Buße tat. Als sich die Häresie der Hussiten in Böhmen verbreitete, gelangte er, auf der Flucht vor diesem unheilvollen Virus, nach Polen. Hier erhielt er ein Empfehlungsschreiben von König Wladislaw und kam dann bis nach Litauen zum Prinz Witold, um das Evangelium Christi zu predigen. Und gestützt durch den Einfluss Witolds bekehrte er viele Völker zum heilbringenden Glauben an unseren Gott. Schließlich kam er auch noch zum Konzil von Basel, berufen vom Kardinal von Sant'Angelo, als man die Probleme in Böhmen besprach.

Er erzählte hier viele Geschichten über die Litauer, die schier unglaublich klangen. Ich habe öfters auch von anderen seine Aussagen gehört und konnte nicht dazu gebracht werden sie zu glauben. So beschloss ich den Mann persönlich aufzusuchen und die Geschichten von ihm selbst zu hören. Meine Begleiter waren Niccolò Castellano, der damals dem Haushalt von Kardinal Giulio Cesarini vorstand, Bartolomeo Lutiniano, der Schreiber des Erzbischofs von Mailand, und Pietro da

---

199 Krönung 1386.
200 Hieronymus von Prag (ca. 1370–1440), Prämonstratenser, Missionar in Litauen, Enea traf ihn in Basel 1432.

Noceto[201], der Sekretär des Kardinals[202] von Fermo, alles besonnene und gebildete Männer. Wir trafen den Mann in seiner Zelle des Karthäuserklosters jenseits des Rheins an, und seine Erzählung ist die folgende.

92

Die ersten Litauer, die er antraf, verehrten Schlangen. Jeder Familienvater hatte seine eigene Schlange, die er fütterte und der er an ihrem Plätzchen im Heu Opfer brachte. Hieronymus befahl, sie alle zu töten, aufs Forum zu bringen und öffentlich zu verbrennen. Eine Schlange aber fand sich, größer als die anderen, die, obwohl sie oft ins Feuer gehalten wurde, auf keine Weise verbrannte.

Als nächstes fand er Leute, die ein heiliges Feuer verehrten, und es „ewig" nannten, die Priester des Tempels sorgten dafür, dass das Brennmaterial nie ausging. Sie wurden über den Zustand kranker Angehöriger von deren Freunden befragt. Die Priester näherten sich nachts dem Feuer und am Morgen gaben sie den Ratsuchenden Auskunft, indem sie sagten, dass sie den Geist des Kranken in dem heiligen Feuer gesehen hätten, der, als er sich wärmte, ihnen Hinweise auf Tod oder Leben gegeben habe: Wenn er dem Feuer sein Gesicht zeigte, weissagte er, dass der Kranke leben werde, wenn aber seinen Rücken, dass er sterben werde. Sie rieten also, das Testament zu machen, und alles Erforderliche zu regeln. Hieronymus bewies, dass dies ein Schwindel sei. Er überzeugte das Volk, zerstörte den Tempel, löschte das Feuer und führte das Christentum ein.

Als er weiter ins Inland vordrang, fand er ein Volk vor, das die Sonne verehrte und mit besonderer Ehrfurcht einen eisernen Hammer von außergewöhnlicher Größe anbetete. Als er die Priester fragte, was denn diese Verehrung sollte, antworteten sie, dass einst für mehrere Monate die Sonne nicht gesehen wurde, weil ein sehr mächtiger König sie im Verließ eines sehr gut befestigten Turmes gefangen gehalten habe. Ein Riese sei dann der Sonne zu Hilfe gekommen, habe mit einem ungeheuren Hammer den Turm zerschlagen und den Menschen die befreite Sonne zurückgegeben. Deshalb sei das Werkzeug, mit dem die Menschen das Licht wiedererhalten hätten, der Verehrung würdig. Hieronymus lachte über ihre Einfalt und bewies, dass die Geschichte verlogen sei. Er zeigte ihnen auf, dass die Sonne und der Mond und die Sterne Kreaturen seien, mit denen unser allmächtiger Gott den

---

201 Pietro da Noceto, enger Freund Eneas seit 1431, vgl. Enea Silvio Piccolomini: Briefwechsel (Wolkan 1909), 153, 173 und öfter.
202 Domenico Capranica.

Himmel ausgeschmückt hat, und denen er befohlen hat, zum Nutzen der Menschen mit ewigem Feuer zu leuchten.

Zuletzt traf er auf Völker, die einen heiligen Wald verehrten, und je höher ein Baum war, für desto verehrungswürdiger hielten sie ihn. Er predigte vor diesem Volk für einige Tage und eröffnete ihnen die religiösen Geheimnisse unseres Glaubens, schließlich befahl er ihnen, den Wald zu fällen. Als das Volk nun mit den Äxten da war, gab es keinen, der es wagte, das heilige Holz mit dem Eisen zu berühren. So griff nun Hieronymus als erster zu einer Doppelaxt und fällte einen riesigen Baum. Danach schloss sich die Menge im eifrigen Wettkampf an, und die einen streckten mit Schwertern, andere mit Brechäxten, wieder andere mit Beilen den Wald nieder. Man kam nun voran bis zur Mitte des Waldes. Dort war eine uralte Eiche, heiliger als alle anderen, weil sie ihrer Meinung nach Sitz eines sehr mächtigen Gottes war. Für lange Zeit wagte es niemand auf sie einzuschlagen, schließlich, weil einer mutiger sein wollte als die anderen, schrie er auf seine Gefährten ein, warum sie Angst hätten, ein Holz, eine gefühllose Sache, zu durchschlagen. Er holte mit seiner Doppelaxt zu einem Riesenschlag aus und traf, während er den Baum zu fällen wähnte, sein Schienbein und fiel ohnmächtig auf den Boden. Die Menge ringsum fing bestürzt an zu weinen, sie klagten den Hieronymus an, weil er sie überredet hatte, den heiligen Sitz des Gottes zu verletzen. Und es gab nun keinen mehr, der sein Beil zu schwingen wagte. Daraufhin beteuerte Hieronymus, dass es Täuschungen der Dämonen seien, die die Augen des betrogenen Volkes betörten, und befahl dem Mann, der, wie gesagt, verwundet niedergefallen war, sich zu erheben. Und er zeigte, dass er völlig unverletzt war. Daraufhin schlug er seine Axt in den Baum und mit Unterstützung der Menge streckte er das riesige Ding mit gewaltigem Krach zu Boden. Dann rodete er den ganzen Wald.

93

Es gab eine Reihe von Wäldern in dieser Gegend, die genauso heilig waren. Als Hieronymus daran ging, auch diese zu fällen, wandte sich eine ungeheure Schar von Frauen jammernd und wehklagend an Witold. Sie beklagten sich, dass der heilige Hain gefällt und Gott seiner Wohnstätte beraubt worden sei, wo sie göttliche Hilfe zu erflehen gewohnt waren; von dort hätten sie Regen, von dort Sonnenschein erhalten. Sie wüssten jetzt nicht mehr, wo sie Gott um Hilfe anflehen sollen, da ihm doch seine Wohnstätte weggenommen sei. Es gebe noch einige kleinere Haine, wo die Götter auf ihre Bitten hören könnten, auch diese wolle Hieronymus nun zerstören, der irgendwelche neuen religiösen Bräuche einführe und den väterlichen Glauben zerstören wolle. Sie bäten ihn nun inständig, dass er die Zerstörung der althergebrachten Religion nicht zulasse. Auch die Männer schlossen sich den

Frauen an und beteuerten, dass sie einen neuen Kult nicht ertragen könnten. Sie würden lieber ihr Land verlassen und ihre väterlichen Wohnsitze, als die von den Alten ererbte Religion aufgeben. Witold war davon sehr bewegt, und weil er einen öffentlichen Aufstand befürchtete, zog er es vor, dass die Bevölkerung lieber Christus, als ihn im Stich lasse. So zog er die Schreiben zurück, die er den örtlichen Befehlshabern gegeben hatte, in denen er befohlen hatte, Hieronymus zu gehorchen, und befahl ihm die Provinz zu verlassen.

Dies erzählte uns Hieronymus unter Eid mit strenger Miene und ohne zu zögern. Dass man es glauben kann, dafür bürgt der Ernst seiner Rede, seine Gelehrsamkeit und sein religiöser Geist. Wir geben, was wir gehört haben, unverändert wieder, wir übernehmen keine Gewähr für den Wahrheitsgehalt. Aber ich und meine Gefährten waren überzeugt davon, als wir uns von ihm verabschiedeten.

94   XXVII

Die Ruthener, die bei Strabon[203] scheinbar Roxaner heißen, grenzen an die Litauer, ein barbarisches und ungepflegtes Volk. Bei ihnen hat Kardinal Isidor[204], den wir vorher erwähnt haben, eine reiche Diözese erhalten. In diesem Land soll eine riesengroße Stadt sein, namens Nowgorod, zu der die deutschen Kaufleute nur unter großen Mühen gelangen. Das Gerücht geht, dass es dort großen Reichtum gibt und viel Silber und wertvolle Felle. Zum Kauf und Verkauf bedienen sie sich gewogenen Silbers, keiner geprägten Münzen. In der Mitte des Forums steht ein quadratischer Stein. Wer ihn besteigen kann, ohne heruntergeworfen zu werden, erhält die Herrschaft über die Stadt. Diese Probe wird sogar mit Waffen ausgefochten, und man sagt, dass an einem Tag auch mehrere hinaufsteigen wollten, so dass es oft im Volk zu Aufständen kam.

95   XXVIII

Daran schließt sich Livland, die äußerste der christlichen Provinzen, es grenzt an den Norden Rutheniens. Tartaren fallen oft hier ein und haben jüngst auch heftige Niederlagen einstecken müssen. Der Deutsche Orden, der sich nach der Seligen Maria nennt, hat dieses Land mit Waffen erworben und gezwungen, den christli-

---

203 Strabon, Geografika (Radt 2003), 278 (VII, 3,4).
204 Isidor von Kiew, konvertierte und wurde 1439 Kardinal, 1452 römischer Patriarch von Konstantinopel.

chen Glauben anzunehmen. Vorher war es heidnisch und betete Götzenbilder an. Seine Westküste bildet das Baltische Meer, das viele von den Alten für den Ozean hielten. Denn der Norden war den Griechen und Römern noch nicht so bekannt wie heute. Die christliche Religion hat uns diesen Teil der Welt bekannt gemacht, hat diese so wilden Völker von ihrer Barbarei befreit und ihnen eine angenehme Lebensweise aufgezeigt. Der Baltische Meerbusen erstreckt sich so weit in die Breite, dass bei manchen seine Größe noch nicht bekannt zu sein scheint. Er fängt an am Britischen Meer (Nordsee), das auch Deutsches Meer genannt werden kann, denn es bespült einen großen Teil von Deutschland. Seine Mündung ist im Westen nicht weit entfernt von der Kimbrischen Halbinsel, die man heute Dänemark nennt. Er läuft dann weiter nach Osten und erstreckt sich daraufhin nach Norden, wobei er große Inseln umgibt. Das nördliche Ufer besetzen die Norweger. Im Norden sollen halb wilde Menschen wohnen, mit denen die Seefahrer keine sprachliche Verständigung haben; mit Zeichensprache und Nicken – sagt man – tauschen sie ihre Waren aus. Das südliche Ufer gehört den Sachsen und Preußen, das östliche, wie schon erwähnt, ist besetzt von den Livländern.

Zwischen Livland und Preußen soll ein kleines Land liegen, ungefähr eine Tagesreise breit, dass die Massageten bewohnen, ein Volk weder heidnisch noch echt christlich, regiert von Polen, und von dort aus erstreckt sich das Reich der Polen bis zum Meer und zum Baltischen Seebusen, wie schon erwähnt.

XXIX 96

Wenn man von Livland entlang der Baltischen See nach Deutschland zurückkehrt, sind nach den Massageten die nächsten die Preußen, die beide Ufer der Weichsel bewohnen. Sie ist die Grenze zwischen Sarmatien und Deutschland. Sie entspringt in den Bergen, die zwischen Polen und Ungarn liegen, und durchfließt einen Teil Polens. Preußen durchläuft sie in ganzer Länge von der Stadt Thorn bis nach Danzig, wo sie dann ins Baltische Meer mündet. Manche nennen diesen Fluss Weichsel, wie wir es getan haben und wie es dem modernen Sprachgebrauch entspricht, andere „Justula", noch andere „Istula"[205]. Was jenseits des Flusses liegt, war unter sarmatischer, was diesseits liegt, unter deutscher Gerichtsbarkeit. Gegen Osten und Süden bebauen Massurer und Polen das Land, der Westen ist besetzt von Sachsen und im Norden ist die Baltische See die Grenze.

Diese Gegend bringt viel Getreide hervor, ist gut bewässert und voll von Ortschaften. Es gibt dort viele eindrucksvolle Städte, und viele gewundene Meeres-

---

205 So bei Jordanes *Gotengeschichte*.

buchten tragen zur Schönheit des Landes bei. Es gibt jede Menge Schafe, ertragreiche Jagd, rentable Fischerei. Jordanes berichtet, dass dieses Land einst von den Ulmerigen bewohnt war, zu der Zeit, als die Goten von der Insel Skandinavien aufs Festland strömten und in das Land der Ulmerigen über die Justula, wie jener sie nennt, eindrangen. Ptolemaios[206] andererseits sagt, dass die Amaxobier, die Alauner, die Wenden und die Gitonen am Fluss Weichsel wohnten.

97

Dies war ein wildes Volk und betete bis zur Zeit Friedrichs[207], des zweiten dieses Namens, noch Götzenbilder an. Als unter dessen Regierung die Christen die Stadt Akkon[208] in Syrien verloren hatten, wurden die Ritter vom Deutschen Orden, die sich, wie gesagt, nach der Heiligen Maria benannten, von dort vertrieben und kehrten nach Deutschland zurück, noble und kriegserfahrene Männer, die, weil sie nicht durch Nichtstun erschlaffen wollten, sich an Friedrich wandten und ihm sagten, dass die an Deutschland angrenzenden Preußen die christliche Religion verachteten; oft würden Leute dieses Volkes die Sachsen und die übrigen Nachbarn überfallen; sie würden ungeheure Mengen von Vieh und Menschen mit sich wegschleppen. Die Ritter hätten nun die Absicht, dieses wilde Volk zu zähmen. Der Kaiser solle lediglich zustimmen und den Deutschherren diese Provinz zu ewigem Besitz überschreiben, wenn sie sich diese mit Waffen aneigneten. Die Herzöge von Masuren[209], die behaupteten, früher die Herren dieses Landes gewesen zu sein, hätten schon ihre Rechte an den Ritterorden abgegeben. Dieses Angebot gefiel Friedrich. Er lobte den Vorschlag, den die Ritter machten, und gab sein Einverständnis in einer goldenen Bulle[210]. Diese also griffen zu den Waffen und besetzten in kurzer Zeit alles, was diesseits der Weichsel unter preußischem Recht stand. Darauf überquerten sie den Fluss und befestigten den Platz um eine alte und weitausladende Eiche wie ein Kastell[211], indem sie nahe dem Ufer Bollwerke aufstellten. Dort stationierten sie eine Einheit und begannen dann die Preußen auf der anderen Seite zu heimzusuchen. Um die Eiche wurde des Öfteren gekämpft, eine große Anzahl von Heiden wurde in die Flucht geschlagen oder vernichtet. Der Krieg zog sich über mehrere Jahre hin. Zuletzt lachte das Kriegsglück den Rittern zu und

---

206 Ptolemaios, Handbuch der Geographie (Stückelberger/Graßhoff 2006), 303 (III, 5, 19).
207 Kaiser Friedrich II. (reg. 1220–1250).
208 1291.
209 Herzog Konrad (1206–1247).
210 März 1226.
211 Kastell Thorn.

sie unterwarfen ganz Preußen. Die barbarischen Nationen wurden besiegt und unterjocht.

98

Ab diesem Zeitpunkt wurde dort die deutsche Sprache eingeführt und der Bevölkerung der christliche Glaube verordnet. Auch Pontifikalkirchen wurden jenseits der Weichsel errichtet, und zwar in Pomesanien, Kulm, Samland und Ermland. Als der dortige Bischof Franz[212] starb, wollten die Kanoniker meine Wenigkeit als Nachfolger. Papst Kalixt vertraute uns die Diözese an, unter Zustimmung des apostolischen Senats. Dies ist die einzige Kirche in dieser Gegend, die nach ihrem eigenen Recht lebt und nicht vom Deutschen Orden abhängig ist. Die übrigen Bischöfe müssen das Ordensgewand tragen. Wo, wie gesagt, die befestigte Eiche stand, dort ist eine noble Stadt erbaut worden, die Marienburg[213] heißt, und auch eine edle und sehr weiträumige Burg. Hier ist der Sitz des Hochmeisters, der allen Brüdern, die in Preußen leben, voransteht. Es gibt in diesem Orden noch zwei andere Meister: der eine regiert als Landmeister Livland, der andere regiert als Deutschmeister des Konvents Deutschland. Die Deutschen waren die Gründer dieses Ordens und deshalb wird niemand in ihm aufgenommen, wenn er kein Deutscher ist, geboren von adeligen Eltern, und der den Vorsatz hat, zum Schutz des Evangeliums Christi gegen die Feinde des heilbringenden Kreuzes mit Waffen zu kämpfen. Deshalb tragen sie auch weißes Gewand mit einem eingenähten schwarzen Kreuz. Alle tragen sie Bärte bis auf die, die am Altar dienen. Als Stundengebete rezitieren sie das Gebet des Herrn und sie legen keinen Wert auf Bildung.

99

Sie besitzen reichliche Mittel und nicht weniger Macht als Könige. Oft kämpften sie gegen die Polen um die Grenzen des Reiches, wobei sie teils Niederlagen einsteckten, teils austeilten. Und sie schreckten auch nicht zurück, das Kriegsglück auf volles Risiko zu erproben. Als es gegen Wladislaw ging, den Vater Kasimirs, der noch regiert, zogen beide Parteien sehr schlagkräftige und zahlreiche Truppen zusammen. Mit den Polen waren die Litauer und die Tartaren verbunden, die Witold anführte. Die deutschen Brüder hatten Streitkräfte aus ganz Deutschland zusammengerufen.

---

212 Franz Kuhschmalz (Bischof 1424–1457).
213 Ordenssitz seit 1309.

Als sich die beiden Heere nun im Abstand von ca. 20 Stadien befanden, voll von Hoffnung und nicht bereit eine Verzögerung hinzunehmen, schickte der Hochmeister[214] der Preußen einen Unterhändler, der dem König den Krieg erklären sollte, und auch zwei Schwerter, die den Sieg entscheiden sollten, und er gab dem König die Möglichkeit, das zu wählen, welches er wollte; das andere wolle er zurückhaben. Wladislaw empfing den Unterhändler höflich, gab ihm eine Belohnung, behielt ein Schwert und schickte das andere zurück. Dann wurden die Soldaten zu den Waffen gerufen und man gab das Zeichen zum Kampf[215].

Ich finde in den Unterlagen, dass auf beiden Seiten je 60.000 Reiter gewesen seien. Wladislaw befahl zuerst den Tartaren und Litauern ins Gefecht einzugreifen, aus den Polen bildete er seine Reserven. Der Preuße andererseits hielt seine Hilfstruppen ganz hinten, platzierte das Prachtstück seiner Truppe, die Ritter des Deutschen Ordens, an der Spitze der Front. Als es zum Kampf kam, wurden die Tartaren und Litauer in einem Riesengemetzel zerfetzt, als ob sie waffenlos gewesen wären. Aber sie drängten trotzdem immer weiter nach vorne und drehten nicht um, weil sie die hinter ihnen befindlichen Polen fürchteten. Eine wilde Schlacht entfachte sich über den Körpern der Gefallenen und der Preuße erschien so erpicht darauf, Wunden auszuteilen, wie der Tartar, sie einzustecken. Die Schlacht zog sich ziemlich in die Länge, es gab ein Riesengemetzel. Die Litauer und die Tartaren wurden wie Schafe geschlachtet. Und als immer neue Feinde auftauchten, konnten die Deutschen, ermüdet von so viel Morden, ihr Schwert kaum noch schwingen und kämpften schon etwas lahmer. Als Wladislaw das bemerkte, dann erst schickte er die schlagkräftigen und eisenbewehrten Truppen der Polen ins Gefecht. Sie stürzten sich sofort hinein und der Kampf begann von neuem. Und die Deutschen konnten dem erneuten Angriff nicht standhalten. Es war ein unfairer Kampf zwischen frischen und erschöpften Soldaten. Bald wandten die Deutschen sich zur Flucht, auf ihren Rücken schlugen die Polen ein. Als der Ordensmeister sah, dass die Seinen wichen, und er merkte, dass seine Hilfstruppen keinen Wert mehr hatten, warf er sich, mit einer ausgewählten Schar von Soldaten gegen den Feind und wurde getötet. Und diese Flucht war nun noch schändlicher, die Deutschen hörten nicht auf zu fliehen, die Polen nicht auf sie zu verfolgen. In dieser Schlacht wurden viele Tausende auf der Seite der Deutschen Brüder getötet, unter ihnen vorzügliche Männer, die sie „Kommendatoren" nennen, Männer von ritterlichem Rang, einschließlich der Meister selbst ca. 600 Mann. Auch für die Polen war es kein unblutiger Sieg, von den Tartaren und Litauern sind fast alle gefallen. Diese Schlacht wurde geschlagen im Jahr 1410 unseres Retters Jesus Christus.

---

214 Ulrich von Jungingen (Hochmeister 1408–1410).
215 Schlacht von Tannenberg 15. Juli 1410.

100

Preußen verlor wegen des Kriegsglücks des Königs (von Polen) alles bis auf Marienburg, aber durch Intervention von Kaiser Sigismund ist immerhin ein Frieden[216] zustande gekommen zwischen dem Deutschen Orden und den Polen und ein Vertrag wurde geschlossen: der Pole erhielt Geld und Preußen wurde dem Orden zurückgegeben. Von da an bis zur Zeit des Friedrichs, der jetzt herrscht, konnte der Orden ungestört sein Land besitzen. Aber unter dessen Regierung schlossen die Bewohner, weil sie das Joch des Ordens als zu belastend empfanden, ein Bündnis untereinander ungefähr folgenden Inhalts; Sechzehn Männer sollten jährlich an bestimmten Orten zusammenkommen, um sich die Beschwerden der Bevölkerung über den Orden anzuhören, und sie sollten nicht zulassen, dass irgendjemand ungebührlich gequält werde. Vier dieser Leute sollten vom Orden kommen, vier von den Prälaten der Kirchen und eine gleiche Anzahl von den Adeligen und den Städten; und sie wollten, dass alle diesen Männern gehorchten.

101

Zu dieser Zeit war der Orden in zwei Parteien gespalten: Die einen schlossen sich dem Großmeister an, die anderen einigen Kommendatoren, die die Regierung des Großmeisters ablehnten. Um die Bevölkerung für sich zu gewinnen, billigte der Großmeister oben genanntes Abkommen, ohne die Brüder darüber zu informieren. Auch Kaiser Friedrich bot dem Vertrag seine Unterstützung, allerdings unter der Klausel, dass durch seinen Brief die Rechte des Ordens nicht geschmälert werden durften. Als allerdings dieser Großmeister, der das Abkommen gebilligt hatte, gestorben war, und ein neuer auf seinen Posten nachrückte, schickte Papst Nicolaus einen Legaten, der die Provinz Preußen inspizieren sollte. Nachdem er durch dessen Bericht über die dortigen Zustände informiert war, verurteilte er das Abkommen der Bevölkerung und drohte, wenn sie nicht davon abrückten, mit unbegrenzter Exkommunikation. Als diese dann noch hartnäckiger darauf bestanden, wurde mit Einverständnis beider Parteien der Rechtsstreit an Kaiser Friedrich übergeben. Nachdem dieser die Sachlage geprüft hatte, wurde den Preußen befohlen, dem Orden wieder Gehorsam[217] zu leisten, der diese Provinz den Heiden mit Waffen entrissen und dabei viel Blut vergossen habe. Als den Städten dies gemeldet wurde, griff die Bevölkerung sofort zu den Waffen gegen die Ordensleute, von

---

216 1411.
217 1454.

denen viele gefangen und getötet wurden. Ihre Burgen wurden zerstört, ihre Zitadellen von Grund auf niedergerissen. 55 Städte verschworen sich zu dieser Rebellion. Aber weil sie glaubten, ihre Aktion gegen den Orden sei nicht sicher genug ohne Hilfe von außen, holten sie Kasimir, den König von Polen, als ihren Befehlshaber, einen Blutsfeind der Ordensbrüder, die das Kriegsglück seines Vaters schon kennengelernt hatten. Dieser kam mit seinem Heer in die Provinz und übernahm die Kontrolle über die Städte, die sich ihm ergaben. Und die Ordensbrüder kämpften lange gegen ihn mit wechselndem Kriegsglück.

102

Es gab so manches Gefecht, das denkwürdigste aber war jenes, das bei der Stadt Konitz stattfand.[218] 18.000 Polen, darunter auch König Kasimir, hielten diesen Ort belagert. Sie schleppten Belagerungsmaschinen herbei und bestürmten die Stadt Tag und Nacht. Rudolf, der Fürst von Zagorje, einer der Herzöge von Schlesien, befehligte damals das Heer des Ordens. Dieser wollte den Belagerten helfen und zögerte nicht mit 7.000 Soldaten den König anzugreifen. Der Kampf wurde vor den Augen der Stadtbevölkerung ausgefochten, man kämpfte mit höchster Kraft und Wut auf beiden Seiten, viele Opfer gab es hüben und drüben. Als Rudolf merkte, dass die Seinen zurückwichen, schalt er ihre Feigheit, drohte ihnen den Tod an und brachte so die Linie zum Stehen. Er stürzte sich dann mit einer Schar frischer Leute mitten in die Schlacht und das scharfe Kämpfen begann aufs Neue. Die einen warf er vom Pferd, die anderen durchbohrte er. Die Lage änderte sich nun plötzlich: Weil Rudolf nachdrängte, wichen die Polen zurück. Kasimir hielt die Seinen auf, mischte sich selbst ins Schlachtgetümmel und es ging gleichsam von vorne los mit hartnäckigem Kampfesmut. Rudolf fiel in der Schlacht, Kasimir wurde vom Pferd geworfen. Die besten auf beiden Seiten starben. Zuletzt ergriffen die Polen, weil sie glaubten, ihr König sei gefallen, und am Sieg verzweifelten, die Flucht. Dem König wurde von Freunden geholfen und er wurde vom Kampf herausgeholt. Rudolf hat durch seinen Tod dem Orden den Sieg verschafft. Von den Polen sollen über 6.000 Mann gefallen sein, von den Ordensbrüdern starben auch nicht wenige. Nach dieser Niederlage begann das Ansehen der Polen bei den Preußen zu sinken, weil das Volk sich ja immer dem zuneigt, dem das Kriegsglück folgt. Aber trotzdem ist hier noch alles offen, und man wartet auf das nächste Urteil des Kriegsgottes.

---

218 1454.

103

Man erzählt, dass in diesem Orden, als einst der Meister gestorben war und man einen Nachfolger suchte, es einen gab, der auf die Bitte, einen zu wählen, der seiner Meinung nach für den Orden nützlich sei, sich selbst ausgewählt habe, weil er keine falsche Wahl treffen wolle: Er kenne seine eigenen Gedanken, die der anderen aber nicht. Wenn man ihm die Verwaltung übergebe, sei er sicher, dass dem Gemeinwesen gedient sei. Bewegt durch seine Worte hätten die übrigen ihm die Verwaltung anvertraut, die dann auch tadellos funktioniert habe.

XXX **104**

Hinter den Preußen beginnt das Land der Sachsen, ein starkes und weitverbreitetes Volk, dessen Westgrenze die Weser bildet. Manche glaubten, Sachsen erstrecke sich bis zum Rhein. Im Norden geht es bis nach Dänemark und zur Baltischen See, im Süden liegen die Franken, die Bayern und die Böhmen, die Ostgrenze bilden die Schlesier zusammen mit den Preußen. Innerhalb dieser Grenzen sind nun Thüringer, Brandenburger, Meissner, Lausitzer und Pommern wohnhaft, die alle das sächsische Recht akzeptieren. Man sagt allerdings, dass die Thüringer sich vor den Sachsen in diesem Land angesiedelt hätten, und man behauptet, dass die Sachsen griechischen Ursprungs, aus Mazedonien per Schiff angekommen seien und die Thüringer, nachdem sie sie durch viele Gefechte erschöpft hatten, schließlich von den väterlichen Äckern vertrieben hätten. Dies kommt mir aber nicht sehr wahrscheinlich vor. Denn der Name Sachsen ist in Deutschland schon sehr lange bekannt und alle alten Autoren erwähnen ihn. Von Thüringen spricht keiner von denen, die die deutschen Stämme aufzählen. Bei der ersten Ankunft der Franken, die zur Zeit des Kaiser Valentinian[219] nach Deutschland kamen, finde ich eine Erwähnung des Namens Thüringen. Deshalb kann es historisch nicht wahr sein, dass die Thüringer vor den Sachsen in Deutschland waren. Ich will trotzdem einräumen, dass die Grenzen Sachsens einmal enger, einmal weiter gewesen sind. Denn wie bei allen großen Reichen, so ändern sich auch bei Provinzen die Grenzen von Zeit zu Zeit. Karl der Große[220] führte viele Kriege mit den Sachsen, bevor sie sich zum Christentum bekehrten, und er verpasste ihnen gewaltige Niederlagen. Nachdem aber das Geschlecht Karls des Großen bei den Franken ausgestorben war, gelangte das Römische Imperium an die Ostdeutschen, die Bedeutung der Sachsen wurde größer.

---

219 Kaiser Valentinian regierte 364–375.
220 Kriege von 772–804.

Aus ihrer Mitte kamen mehrere Kaiser von großer Klugheit und berühmt durch den Glanz ihrer Taten, hauptsächlich die drei Ottonen, die aufeinander folgten und sich um die römische Kirche sehr verdient machten. Und ich zweifle nicht im Geringsten daran, dass durch deren Wirken sich die Grenzen Sachsens erweitert haben.

105

Bei den Pommern, die im Osten Sachsens wohnen, befinden sich erwähnenswerte Städte wie Wismar, Stralsund, Greifswald, Stettin und Rostock, wo es eine nicht zu verachtende Schule der freien Künste gibt. Und weil sie alle nahe am Meer liegen, wohnen dort viele und begüterte Kaufleute. Weiter im Inland liegt dann Cammin, eine Bischofsstadt, deren Diözese sehr groß ist und vermutlich nicht kleiner als die von Mainz. Der Bischof dieser Stadt untersteht nur dem Papst. Brandenburg ist in zwei Marken geteilt, deren eine die alte, die andere die neue genannt wird. Die alte Mark wird von der Elbe durchflossen, an deren Ufer die Stadt Stendal liegt, außerdem Gardelegen, Salzwedel und Osterburg; durch die neue Mark fließt die Oder, nicht viel kürzer als die Elbe. An ihrem Ufer liegen Frankfurt, ein reicher Marktplatz, und die Stadt Lebus. Auch die Spree bringt dieser Provinz Wasser, ein Fluss wie der Tiber. An dessen Ufer liegt Berlin. Und es gibt noch einen anderen Fluss, Havel genannt, der die Stadt Brandenburg, nach welcher diese Mark benannt wurde, in zwei Teile teilt, die alte und die neue Stadt. Dort befinden sich der Bischofsitz und der Gerichtshof der Markgrafen. Am Ufer des gleichen Flusses liegt auch Havelberg, ein Bischofsitz, und um dieses herum eine bekannte Gegend, die Prignitz heißt, voll mit Städten und bevölkert von einem kriegerischen Menschenschlag. Die Hauptstadt der Meißener heißt Meißen, woher diese Region ihren Namen hat. Auch sie liegt an der Elbe. Hier gibt es eine mächtige Burg und eine Kathedrale. In dieser Gegend sind ebenfalls viele Städte mit einer wehrhaften Bevölkerung und außerdem liegt dort Martinsstadt, von den Alten gegründet zu Ehren von Mars[221], heute heißt es Merseburg.

106   XXXI

In Thüringen ist die berühmte Stadt Erfurt, die Hauptstadt dieser Region, dem Mainzer Bischof untertan, berühmt durch die Universität[222] der freien Künste.

---

221 Wahrscheinlich zu Ehren des Hl. Martin.
222 Universität Erfurt, gegründet 1392.

Dann gibt es die kleine Stadt Naumburg unter der Herrschaft des Herzogs von Sachsen. Sie alle leben nach dem sächsischen Recht, sprechen deren Sprache und haben die gleichen Sitten. Andererseits werden die Einwohner von Magdeburg zweifellos für wahre Sachsen gehalten, ebenso wie die von Bremen, Halberstadt, Verden, Braunschweig, Lüneburg und Lübeck. In Magdeburg ist der Sitz eines Erzbischofs und es besitzt eine prachtvolle Kirche aus gehauenem Stein, zu Ehren des heiligen Moritz, ein vornehmes Bauwerk der Ottonen, in welchem sich auch die Gebeine des heiligen Florian befinden. Man glaubt auch, dass sich dort einer von den sechs Krügen befinde, in welchen nach der Überlieferung unserer Evangelisten unser Herr, der Retter, Wasser in Wein verwandelte[223]. Man zeigt diesen auch dem gemeinen Volk. Er ist aus marmorähnlichem Material und sehr durchsichtig, kann so viel Wein fassen, wie ein Pferd tragen kann; ein anderer etwas kleinerer Krug soll in Hildesheim sein. Die Fahne des heiligen Moritz wird hier einmal pro Jahr ausgestellt. Der Magistrat der Stadt bewahrt mit großer Hochachtung ein gekürztes Exemplar des römischen Zivilrechts in sächsischer Sprache auf, das auf Veranlassung Karls des Großen ratifiziert wurde,[224] und die benachbarten Stämme berufen sich darauf bei der Entscheidung von Rechtsfällen. Die Bremer rechnen es sich zur Ehre an, dass sie die Dänen zum Christentum bekehrt haben.

107

Man darf nicht übergehen, was man von Halberstadt erzählt. Durch diesen Ort fließt die Holtemme; ungefähr in der Mitte erhebt sich ein Hügel, auf dessen Gipfel sich eine Ebene befindet, ca. 2 Stadien lang; an deren äußersten Rändern befinden sich zwei Kirchen, die erste eine Bischofskirche[225], die andere der seligen Jungfrau[226] geweiht; in der Mitte macht sich ein Platz mit großartigen Bauwerken des Klerus breit, von allen Seiten befestigt. Und nur dieser Komplex nennt sich „Stadt"; was unterhalb des Hügels liegt heißt Unterstadt; auf dem Berg dürfen keine Laien wohnen. Karl der Große wird für den Gründer dieser Kirche gehalten, dessen Fest[227] jährlich begangen wird. Es soll hier 12 geistliche Würdenträger, 24 Pfründen und über 20 Erzdiakone geben. Jedes Jahr wird aus dieser Diözese ein Mann aus dem Volk ausgewählt, von dem man glaubt, dass er mit den schwersten Sünden befleckt ist. Diesen bekleiden sie mit einem Trauergewand, führen ihn am ersten

---

223 Joh. II, 1–11.
224 Im Jahre 802.
225 St. Stephansdom, erbaut 1230–1486.
226 Liebfrauenkirche, erbaut um 1200.
227 28. Januar (Karls Todestag).

Fastentag mit bedecktem Haupt in die Kirche und werfen ihn nach dem Gottesdienst wieder hinaus. Er wandert nun all die 40 Tage (der Fastenzeit) barfuß durch
die Stadt, geht um die Kirche herum, aber betritt sie nicht und spricht niemand an.
Er wird von den Kanonikern abwechselnd zum Essen eingeladen und isst, was ihm
aufgetragen wird. Nach Mitternacht ist es ihm erlaubt, auf einem Strohbett zu
schlafen. Am heiligen Gründonnerstag wird er nach der Weihe des Öls in die Kirche
eingelassen und nach einer Predigt werden ihm seine Sünden erlassen. Das Volk
gibt ihm dann Geld, das er aber der Kirche überlassen muss. Sie nennen diesen
Mann Adam und glauben, dass er nun von aller Schuld frei sei.

Um Halberstadt herum liegt ausgezeichnetes Ackerland, das Weizen trägt;
wenn das Korn reif ist, sind die Ähren höher als ein Mann auf einem Pferd.

108   **XXXII**

Braunschweig ist eine in ganz Deutschland bekannte Stadt, groß und volkreich,
befestigt mit Mauern und Gräben, Türmen und Bollwerken. Großartige Bauten,
blitzsaubere Plätze, große und reich dekorierte Kirchen. Es gibt fünf Tribunale, fünf
Gerichtsgebäude und ebenso viele Konsuln, die den Bürgern Recht sprechen. Nach
dieser Stadt benennen sich die Herzöge von Braunschweig. Sie sind in ganz
Deutschland die vornehmsten Nachkommen der Ottonen, obwohl deren Ruhm und
Macht im Laufe der Zeit schon etwas verblasst ist. Auch Lübeck ist eine sehr
mächtige Stadt, ohne deren Hilfe der König Dänemarks seine Untertanen kaum
beherrschen könnte. Zwölf Männer stehen hier der Stadt voran, man nennt sie
Konsuln, sie haben ihr Amt lebenslang und stehen im Rang von Rittern. Die Bevölkerung hat kein Mitspracherecht bei der Regierung der Stadt, außer wenn zur
Versammlung gerufen wird, trotzdem scheint sie nicht unterdrückt zu sein. Jedermanns Besitz ist garantiert, und sie haben die Freiheit, so zu leben, wie sie wollen,
solange sie die Gesetze einhalten. Die Konsuln sprechen gleiches Recht für alle, und
wenn sie davon abweichen, appelliert man an den Kaiser[228].

109

Derzeitig werden die Brüder Friedrich und Wilhelm als Herzöge von Sachsen bezeichnet.[229] Der eine davon hat den Titel Kurfürst, der andere beansprucht das

---

228 Lübeck wurde 1226 Reichsstadt.
229 Friedrich II. von Sachsen (1411–1464) und Wilhelm III. von Sachsen (1425–1482).

Königreich Böhmen, wie oben schon erwähnt[230]. Es gab eine Meinungsverschiedenheit wegen der Wahl mit den Bürgern von Braunschweig, Kaiser Sigismund schlichtete den Streit; die Entscheidung begünstigte, wie es oft passiert, den mächtigeren. Der eine der beiden Brüder, der ältere, war ein recht kräftiger Jäger, der andere, der jüngere, war kriegslüstern und waffengeübt. Grausame Kriege entzündeten sich zwischen den beiden um die väterliche Erbschaft[231]. Man sprach zwar oft von Frieden. Aber, weil Apollonius (Apel Vitzthum)[232] und viele andere Mächtige von diesem Zwiespalt profitierten, ging jede Verhandlung ins Leere. Aber als schon alle Äcker in der ganzen Provinz verwüstet waren, ging Apollonius, der Urheber dieses Bruderstreits, zum Jubeljahr nach Rom. Da bat Friedrich seinen Bruder, ihn in Leibnitz zu besuchen, um über den Frieden zu verhandeln. Wilhelm stimmte zu. Als er sich auf den Weg machte, sagten seine Ratgeber, dass man ihm und seinen Begleitern eine Falle stellen wolle; er solle aufpassen, dass er nicht selbst zu Grunde gehe und die Seinen ins Verderben führe. Jener antwortete: „Gerne will ich sterben, wenn ich vorher erlebe, dass ihr tot seid, die ihr den Bruderzwist noch verstärkt". Er sprach so und befahl denen, die ihn liebten, ihm zu folgen; er gab dem Pferd die Sporen und eilte im Galopp weiter. Man schickte alle Berater weg und er schloss augenblicklich Frieden und besiegelte den Pakt. Ein großer Mann, der sich freiwillig in die Macht seines Feindes begab; groß auch der andere, der seinen ihm entfremdeten Bruder wieder als Bruder und Freund aufnahm. Apollonius, der inzwischen aus Rom zurückgekehrt war, und seine Anhänger wurden aus Thüringen, wo sie sehr viele Städte besaßen, vertrieben. Er verschanzte sich eine Weile in Coburg, einer Stadt in Franken, aber als er dort keine Chancen mehr sah, floh er, auf niemands Hilfe mehr vertrauend, mit all seinen Schätzen heimlich nach Böhmen. Seit dieser Zeit haben die Sachsen ihre Ruhe, obwohl die Böhmen, die einige Kastelle von ihnen zurück wollten, oft mit Krieg drohten. Bis zum heutigen Tag hielten beide Seiten den Waffenstillstand. Nun aber scheint ein größerer Konflikt zu drohen, da Wilhelm, des Königs Schwager, auf die böhmische Krone zu spekulieren scheint, obwohl die Adeligen dieses Landes sich einen anderen König[233] gesucht hatten.

110

Hier ist vielleicht der Platz, um von dem tollkühnen Verbrechen eines Mannes zu berichten. Ein gewisser Konrad von Kaufes (von Kaufungen), ein nobler Mann,

---

230 Kapitel 85.
231 1446–1451.
232 Sächsischer Ritter (ca. 1400–1474).
233 Georg Podiebrad (reg. 1458–1470).

geboren in Sachsen, erfahren im Kriegsdienst, schnell zur Hand und ohne jegliche Hemmungen, wurde seiner Meinung nach zu Unrecht von Herzog Friedrich vertrieben und seines väterlichen Gutes beraubt. Daraufhin beging er ein für unser Zeitalter unglaubliches Verbrechen. In Meißen ist eine Burg, auf einem hohen Berg gelegen, mit steilen Felsabhängen an allen Seiten; die Einheimischen nennen sie Altenberg. Am Fuß des Berges liegt eine bestens befestigte und volkreiche Stadt. Auf der Burg wurden die beiden jungen Söhne Friedrichs, Ernst und Albrecht[234], erzogen. Hierher kam nun Konrad mitten in der Nacht, so schnell wie möglich mit wenigen Spießgesellen, legte Leitern an, wobei der Pädagoge ihm half, betrat die Burg, ergriff die schlafenden Knaben im Schlafzimmer und drohte ihnen mit dem Tod, falls sie einen Laut von sich gäben, fesselte sie mit Stricken und zog sie weg. Ohne Zweifel wollte er sie nach Böhmen bringen und von dort für großes Lösegeld zurückgeben, scheinbar um das, was ihm angetan wurde, durch diese spektakuläre Aktion zu rächen. Er war schon bis zum Böhmerwald, der Böhmen von Sachsen trennt, gekommen, und glaubte schon, alle Hürden überwunden zu haben, als der jüngere der Gefangenen, von der Anstrengung und vom Hunger erschöpft, eine Ruhepause und etwas zu essen verlangte. Durch dessen Bitten bewegt, machte der Räuber den Umweg zu einem Köhler und befahl diesem, Brot und Bier zu besorgen. Inzwischen erhob sich in Altenburg großes Geschrei, als man diese Tat entdeckte. Erschüttert griffen die Bürger sofort zu den Waffen. Und in der Absicht, die wertvolle Beute wieder heimzuholen, stürzten sie sich jählings auf die Spur des Räubers. Das Glück war ihnen hold, denn als sie den Wald betraten, riet ihnen Fortuna, von den vielen Pfaden genau den zu wählen, der geradewegs zu dem Köhler führte. Dort wurde nun Konrad, gerade als er dem Knaben das Essen reichte, ganz unverhofft gefangen genommen, dem Herzog vorgeführt und für sein tollkühnes Verbrechen mit dem Tode bestraft. Friedrich empfing fast zur gleichen Zeit die beiden Meldungen, erstens dass seine Söhne gefangen und entführt wurden, zweitens, dass sie wiedergefunden und nach Hause gebracht wurden.

111

Den Herzögen von Sachsen gehorcht in Wirklichkeit nur ein kleiner Teil von Sachsen; es gibt nämlich in der Provinz viele andere Fürsten; viele Städte nennen sich Reichsstädte, viele Bischöfe besitzen ihr eigenes Territorium. Meißen allerdings, der Großteil von Thüringen und die meisten Städte in der Lausitz und in Franken gehören diesen Herzögen. Das Recht jedoch, den Kaiser der Römer zu

---

234 Albrecht III. von Sachsen (1443–1500).

wählen, sagt man, beruhe auf der Herrschaft über ein kleines Gebiet, das zwischen Meißen und Schlesien liegt und dessen Hauptstadt Wittenberg ist, das heißt Weißer Berg.

112

Bei Goslar in Sachsen entdeckte Kaiser Otto I. Silberminen, deren Ertrag sehr groß war. Dort wurde auch mit großem Aufwand ein Palast erbaut. Sachsen hat auch bittere Quellen, aus denen weißes Salz abgekocht wird, das dann an die benachbarten Stämme verkauft wird. Ergiebige und reiche Salinen gibt es bei Lüneburg, mit deren Ertrag viele Äbte der Klöster und Prälaten der Diözese ihren Lebensunterhalt zu bestreiten pflegten, denn der Gewinn aus der Salzproduktion war enorm. Diese Salinen haben nun die Lüneburger mit Gewalt an sich gerissen, deshalb wurden sie sowohl von Papst Nikolaus als auch vom Kaiser Friedrich III. verurteilt. Der Stadtrat, den man dafür verantwortlich machte, wurde vom apostolischen Stuhl exkommuniziert. Aber durch Intervention des Herzogs Bernhard[235] von Braunschweig wurde er kurz darauf wieder rehabilitiert, und Mitglieder des neuen Stadtrates wurden ins Gefängnis geworfen. Die schlesische Stadt, die sich an Kirchengütern vergriffen[236] hatte, wurde dann mit dem Interdikt belegt. Aber es gibt immer noch Pfarrer, die bei ihnen die Messe lesen. So groß ist schon in unseren Zeiten die Verachtung der kirchlichen Autorität, sowohl beim Volk als auch beim Klerus.

113

In der Mark Brandenburg gibt es eine nicht besonders bedeutende Stadt namens Havelberg, ganz von Wasser umgeben. In dieser Diözese ist in rauer und wüster Landschaft ein kleiner Ort namens Wilsnack. Dort werden drei Hostien aufbewahrt, aus denen von allein Blut geflossen sein soll. Deswegen ist dort ein großer Zulauf von Leuten, und Seeleute lösen dort ihre Gelübde ein; volkstümlich nennt man den Ort „Zum heiligen Herzen"[237].

---

235 Nach der Ermordung seines Bruders Friedrich (1357–1400) wurde Bernhard Herzog von Braunschweig (1400–1434).
236 Bekannt als „Prälatenkrieg" (1445–1462).
237 Die „Wunderhostien" von Wilsnack waren recht umstritten.

114

Wir geben nun die Methode auf, die wir in Sachsen praktiziert haben, dass wir alle Orte namentlich benennen. Wir taten dies, weil die alten Autoren über Deutschland nur sehr wenig Information gegeben haben. Als ob diese Nation außerhalb des Erdkreises läge, scheinen sie irgendetwas zu faseln, wenn sie über Deutschland berichten. Deshalb wird man es mir verzeihen, vielleicht sogar hoch anrechnen, wenn ich bei der Beschreibung Deutschlands etwas ausführlicher war und in der Absicht, dieses Land augenfällig zu beschreiben, den vorgegebenen Rahmen etwas überzogen habe.

115   XXXIII

An diesem Punkt angelangt, da ja Dänemark an Sachsen angrenzt, will ich einiges Erwähnenswertes über das Königreich Dänemark selbst und die im Norden daran angrenzenden Regionen berichten, bevor ich mich mit dem Rest von Deutschland beschäftige. Drei Königreiche, miteinander zusammenhängend, schließen sich im Norden (an Sachsen) an: Dänemark, das man heute Dakien nennt, Schweden und Norwegen.

Dänemark (oder Dakien, wenn wir der heutigen Gewohnheit folgen wollen) ist ein Teil von Deutschland und hat die Form einer Halbinsel. Einst herrschten hier die Kimbern und von hier kam diese Überflutung durch Barbaren, die Marius aus Arpino[238] völlig vernichtete, als sie nach Italien zogen und das römische Reich umzustürzen[239] drohten. Poseidonius vermutet, wie Strabon[240] berichtet, dass die Kimbern in ihren überall umherschweifenden Raubzügen bis zum Asowschen Meer vordrangen; nach ihnen nämlich, glaubt er, werde der Bosporus „Kimerien" genannt, weil auf Griechisch die Kimbern Kimerier heißen.

Schweden ist von allen Seiten vom Meer umgeben und weist viele Inseln auf, von denen Skandinavien bei den Alten[241] am öftesten erwähnt wird. Auch von hier hat eine ungeheure Anzahl von Völkern einst ganz Europa mit einer fürchterlichen Reihe von Kriegen überzogen; denn die Goten, die die Hunnen im Krieg besiegt hatten, besetzten Pannonien, Mysien, Mazedonien und ganz Illyrien, verwüsteten Deutschland, Italien und Frankreich und ließen sich schließlich in Spanien nieder.

---

238 Gaius Marius (158/157–86 v.Chr.).
239 Schlacht bei Vercellae 101 v.Chr.
240 Strabon, Geografika (Radt 2003), 244 (VII, 2,2).
241 Plinius, Naturkunde (Winkler 1988), 182 (IV, 96), Pomponius Mela (Brodersen 1994), 165 (III, 54).

Norwegen, dessen Namen sich vom Wort Norden ableitet, wird mit dem Kontinent durch Ruthenien[242] verbunden, es erstreckt sich Richtung Nordpol und grenzt an unbekanntes Gebiet bzw. an einen Ozean aus Eis, wie einige fabulieren. Gegen Osten und Süden wird es von der Baltischen See begrenzt, im Westen grenzt es an das Britische Meer.

116

Dakien nennen die Deutschen heute Dänemark, und deren Sprache ist den Deutschen unbekannt. Sie glauben, dass die Leute, die das Land der Kimbern besetzt haben, aus Norwegen gekommen sind. Zur Zeit unserer Väter regierte[243] dort Waldemar, in Schweden Magnus und Haakon in Norwegen, der ein gottgleicher Mann gewesen sein soll, angebetet von der Bevölkerung mit unglaublicher Liebe und Hingabe. Seine Frau war Margareta, die Tochter Waldemars, deren Sohn dann Olaf[244] war, der Nachfolger seines Vaters. Der lebte allerdings nur sehr kurze Zeit, die Regierung fiel dann an seine Mutter[245]. Und sie erbte auch das Königreich ihres Vaters Waldemar, als dieser starb.

Aber als Magnus in Schweden das Zeitliche gesegnet hatte, übernahm Albert[246], der Herzog von Mecklenburg, auf Initiative des Volkes die Krone. Dieser hatte wenig Respekt vor der Regierung seiner weiblichen Nachbarin und begann Dänemark und Norwegen zu belästigen. Margareta kam ihm mit all ihren Truppen entgegen. Man kämpfte auf einem weiten Gelände, und es sah so aus, als ob man ihr den Mut eines Mannes, ihm den einer Frau eingeimpft hätte. Albert wurde besiegt, gefangen genommen, im Triumph vorgeführt, und er verlor sein Königreich. Als er endlich frei gelassen wurde, verbrachte er sein schmachvolles Alter im Haus seines Vaters[247]. Margareta aber, diese hochberühmte Frau, herrschte nun über drei Königreiche und regierte ihre Untertanen bis ins hohe Alter großartig und glaubenstreu. Schließlich, vom Greisenalter geschwächt, als sie die Regierung nicht mehr ganz allein erledigen konnte, adoptierte sie an Sohnes statt den vierzehn-jährigen Herzog

---

242 Russland.
243 Waldemar, König von Dänemark (reg. 1340–1375); Magnus Eriksson, König von Schweden und Norwegen (reg. 1319–1363); Haakon, König von Norwegen (reg. 1355–1380) und Mitherrscher von Schweden (1362–1363).
244 König von Dänemark (reg. 1375–1387) und König von Norwegen (reg. 1380–1387).
245 Margareth I. (1353–1412).
246 Albert von Mecklenburg regierte Schweden von 1363–1384.
247 Besiegt, gefangen genommen 1389, befreit 1395.

Erich[248] von Pommern und übergab ihm die Königreiche. Sie verheiratete ihn mit Philippa, der Tochter[249] des Königs von England. Als seine Gattin kinderlos gestorben war, wollte er nicht wieder heiraten, und nachdem er schon 55 Jahre regiert hatte, wurde er unter der Herrschaft Friedrichs durch einen Volksaufstand abgesetzt, und Christoph[250], der Herzog von Bayern, sein Neffe schwesterlicherseits, übernahm seine Stellung. Der erlaubte seinem Onkel während der zehn Jahre, die er selbst regierte, dass er auf der Insel Gotland herrschte. Nachdem aber Christoph das Zeitliche gesegnet hatte, empfing Christian[251] die Krone von Dänemark und Norwegen.

117

Die Schweden jedoch waren bei der Wahl ihres Königs verschiedener Meinung, die einen wünschten sich Karl, einen bedeutenden Ritter, die anderen Knut[252], seinen jüngeren Bruder. Während der Wahlausgang noch unklar war, ließ Karl heimlich Soldaten in die Stadt Stockholm kommen, wo der Regierungssitz ist, und besetzte sie. Knut griff mit seinen Freunden die Burg an. Daraus entwickelte sich nun ein Krieg der Brüder um die Königsherrschaft, und der Ausgang war lange unklar, wobei es auf beiden Seiten viele Opfer gab. Schließlich gab es einen Waffenstillstand, unter der Bedingung jedoch, dass das Recht, den König zu wählen, dem Volk vorbehalten sei, der Adel war ausgeschlossen. Weil aber Karl beim Volk beliebter war, wurde ihm die Königswürde übertragen. Knut verbrachte sein Leben als Privatmann. Karl jedoch, aufgeblasen und unverschämt durch die neue Königswürde, vertrieb mit einer Kriegsflotte Erich, einen vom Alter schon gezeichneten Mann, der niemandem weh tat und nur für sich selbst lebte, aus Gotland. Der soll heute noch am Leben sein und in Pommern, wo er herkommt, ein genügsames Leben führen. Er beweist mit seinem Leben, wie unsicher und unzuverlässig es für die Sterblichen hier ist. Er, der aus drei Königreichen vertrieben wurde, konnte trotz seines hohen Alters nicht einmal auf einer kleinen Insel, auf der er sich zehn Jahre lang versteckt hatte, bis zu seinem Tode bleiben. Aber auch die Verbrechen Karls blieben nicht ungestraft, denn während er noch die christliche Kirche verfolgte, die Religion verachtete, Priester ausraubte, Festtage zu feiern verbat, göttliches und menschli-

---

248 Erich von Pommern (1382–1459), König von Norwegen, Dänemark und Schweden 1396.
249 Philippa (1394–1430), Tochter des englischen Königs Henry IV.
250 Erich verlor Dänemark 1438, Schweden 1439, Norwegen 1442 an Christoph III. von Bayern.
251 Christian I. von Oldenburg wurde König von Dänemark (reg. 1448–1481) und Norwegen (reg. 1450–1481).
252 Karl Knutsson Bonde (gest. 1470) wurde 1448 König von Schweden (Karl VIII.).

ches Recht missachtete, wurde er von Johann, dem Bischof von Uppsala,[253] dem Sohn des Benedikt, einem beherzigten und regsamen Mann, der den ganzen Adel des Königsreichs hinter sich gebracht hatte, in einem großen Gefecht niedergerungen, aus dem Königreich vertrieben und verbringt nun auf einer kleinen Insel nicht weit von der Mündung der Weichsel sein Exil. Christian, ein Mann, der frommer und gerechter war als Karl, übernahm seine Stelle und vereinigte die drei Königreiche wieder zu einem. Auch Gotland, einst der Sitz und die Heimat der Goten, ist ihm untertan.

XXXIV 118

Die geographische Logik würde nun erfordern, die Taten der Böhmen und die Lage dieses Landes zu behandeln, das im Süden an Sachsen grenzt. Viele erwähnenswerte Ereignisse sind dort in unserer Zeit passiert, viele Schlachten geschlagen worden, viel Blut ist vergossen, Städte sind von Grund auf zerstört worden, die Religion wurde verachtet und mit Füßen getreten, es erhob sich die Häresie der Hussiten, der Wahnsinn der Adamiten[254] griff um sich, die Heere der Taboriten und der „Waisen" tobten. Die zwei „Blitzeschleuderer des Kriegs" Ziska[255] und Prokop, verwüsteten die Provinzen nach ihrem Gutdünken. Johannes Hus[256] und Hieronymus von Prag betrogen das Volk und wurden schließlich während des großen Konzils von Konstanz auf dem Scheiterhaufen verbrannt.

Jacobellus[257], Koranda, Rokycana und Peter der „Engländer", die das Evangelium falsch ausgelegt haben, wurden gleichsam als Verkünder der Wahrheit angesehen. Vier Königen ist es nicht gelungen, das pesterregende Virus zu vernichten: Wenzeslaus[258], Sigismund, Albrecht und Ladislaus, der angeblich bei ihnen durch Gift beseitigt wurde. Schließlich wurde Georg Podiebrad[259] König, von dem man annimmt, dass er durch das hussitische Gift infiziert ist, übrigens ein großer Mann und berühmt durch seine Kriegstaten. Aber all dies steht in unserer „Böhmischen

---

253 Jöns Bengtsson Oxenstierna, Erzbischof von Uppsala (reg. 1448–1467).
254 Adamiten, radikaler Zweig der Hussiten.
255 Jan Jiškra und Prokop Holý waren militärische Anführer der Hussiten.
256 Johannes Hus (1369–1415) und Hieronimus von Prag (1365–1416) wurden als Häretiker auf dem Konzil von Konstanz verbrannt.
257 Jacobellus von Mies, Nachfolger von Hus auf der Universität von Prag; Václav Koranda von Pilsen, Prediger; Jan Rokycana, Erzbischof von Prag; Peter Dayne, Hussit, kam aus Oxford.
258 Wenzeslaus, König von Böhmen; Kaiser Sigismund; Kaiser Albrecht von Habsburg; Ladislaus Postumus.
259 Jorg Podiebrad, Regent in Böhmen 1444–1471; Enea besuchte Prag im Jahre 1451, um im Hussitenstreit zu vermitteln.

Geschichte", die wir vor einiger Zeit herausgegeben haben. Dort haben wir, soweit wir es vermochten, die Topographie der Gegend und die regionalen Sitten beschrieben. Deshalb sollte alles, was in diesem Werk nicht über die Zustände in Böhmen steht, dort nachgelesen werden. Wir nehmen den Faden wieder auf und werden die Provinzen des unteren Deutschland beschreiben, dann werden wir zu den oberen Regionen zurückkehren.

119   XXXV

Die Friesen leben am Ozean, im Osten grenzen sie an Sachsen und im Süden an Westfalen, im Westen an das Gebiet von Utrecht, wenngleich die Utrechter nach vielen Gewährsleuten selbst Friesen sein wollen, so auch bei Otto[260], dem Bischof von Freising, der eine lesenswerte Geschichte Deutschlands geschrieben hat. Albrecht, der Bischof von Mainz, der das Kloster von Fulda[261] erbaute, wurde bei dem Versuch, die Friesen vom Glauben an Christus zu überzeugen, von ihnen umgebracht und wurde zum Märtyrer gekrönt.

Das Volk dort ist wild und waffengeübt, von robustem und hohem Körperbau, selbstbewusst und furchtlos, es rühmt sich seiner Freiheit. Und obwohl Philipp[262], der Herrscher von Burgund, sich Herr dieses Landes nennt, ist Friesland in Wirklichkeit frei, hat seine eigenen Bräuche, duldet es nicht, Fremden zu gehorchen und will nicht untertan sein.

Ohne weiteres nimmt der Friese für seine Freiheit den Tod in Kauf. Militärischer Rang ist diesem Volk verhasst, einen ehrgeizigen Mann, der sich über die anderen erhebt, können sie nicht leiden. Sie wählen jährliche Magistrate, die den Staat nach gleichem Recht verwalten sollen. Weibliche Seitensprünge ahnden sie mit schweren Strafen. Auch haben sie nicht gerne unverheiratete Priester, damit diese nicht fremde Betten beschmutzen; denn der Mann, so glauben sie, kann sich nur schwer beherrschen und das sei auch gegen die Natur.

All ihr Reichtum beruht auf dem Vieh. Ihre Felder sind eben und sumpfig, Getreide wächst reichlich. Holz gibt es kaum; sie feuern ihre Herde mit bitumenhaltigem Erdreich und mit getrocknetem Kuhmist.

Cornelius Tacitus[263] berichtet, dass zur Zeit Neros zwei Gesandte dieses Stammes nach Rom gekommen seien, Veritus und Malorix. Sie betraten das Theater des Pompeius, und als sie sahen, dass ein paar Leute mit fremder Kleidung zwischen

---

260 Otto von Freising, Chronik (Schmidt 2011), 473 (VI, 31), 526 (VII, 16).
261 Gegründet 754 von Bonifaz, nicht von Albrecht. Piccolomini irrt sich hier.
262 Herzog Philipp III. von Burgund (reg. 1411–1467).
263 Tacitus, Annalen (Heller 1997), 624 (XIII, 54).

den Senatoren saßen, und sie vermuteten, dass dies Gesandte anderer Länder seien, die durch Tapferkeit und Bündnistreue mit Rom einen Ehrenplatz verdienten, riefen sie, dass unter den Sterblichen niemand die Deutschen, was die Waffen und Bündnistreue betrifft, überrage, gingen hin und setzten sich neben die Senatoren. Und deshalb beschenkte Nero sie beide mit dem Bürgerrecht.

XXXVI 120

Auch Holland ist eine deutsche Provinz und liegt an der Nordsee; der Rest davon wird wie eine Insel von den Mündungen des Rheins abgegrenzt. Es ist sumpfig, mit vielen Wiesen, und es gibt dort viele Seen und Meeresbuchten. Einige behaupten, dass die vornehme Stadt Utrecht in Holland liegt. Uns scheint das nicht sonderbar, dass Utrecht einmal Friesland, ein andermal Holland zugerechnet wird, da doch oft die Grenzen durch die wechselnden Herrscher geändert werden. Heute aber gehört es weder zu Friesland noch zu Holland. Das Fürstentum der Kirche von Utrecht ist nur dem Kaiser verpflichtet und hat einen riesigen Grundbesitz, der von den verschiedenen Rheinarmen eingeschlossen wird. Friesland schließt sich im Osten an, Westfalen im Süden, Holland im Norden, im Westen liegt das Herzogtum Gelderland, von dem wir an passender Stelle sprechen werden, getrennt von Utrecht durch den Rhein. Recht ahnungslos (um nicht zu sagen ausgesprochen falsch) berichten einige Zeitgenossen, als es um die Wahl des Bischofs ging, dass Utrecht eine französische Stadt sei. Denn wie können wir Utrecht zu Frankreich rechnen, durch zwei Rheinarme davon getrennt, da doch auch die Leute, die diesseits des Rheines wohnen, die Menschen von Köln und Kleve, Deutsche sind? Die geographische Lage, die Gebräuche und die Sprache der Utrechter sind deutsch. Utrecht ist eine reiche Stadt mit großer Bevölkerung, der Bischof der Stadt stellt 40.000 Soldaten auf die Beine, wenn es nötig sein sollte. Die Männer und Frauen schauen alle sehr gut aus. Sie sind geschützt vor Angriffen von außen durch ihre Wasseranlagen und durch ihre eigene Tapferkeit. Das Nationalgetränk ist Bier, Wein beziehen sie durch Händler.

121

In dieser Stadt gab es in letzter Zeit viele Auseinandersetzungen, weil die eine Partei den Bischof, den die andere gewählt hatten, ablehnte. Das Episkopat des Desiderius[264] verlief einige Zeit ohne Störungen. Dann aber wurde er von den Bürgern vertrieben und er erflehte sich Hilfe vom Papst und den benachbarten Fürsten gegen die rebellischen Untertanen. Jene (die Bürger) wählten sich einen gewissen Diepholt[265] gegen jegliches Recht zu ihrem Bischof. Papst Martin exkommunizierte sie. Aber diese obstinaten Menschen ignorierten den Spruch der Kirche. Man musste zu den Waffen greifen. Zahlreiche Soldaten des Herzogs von Burgund und der benachbarten Fürsten wurden gegen Utrecht aufgeboten, aber sie kämpften unglücklich. Das siegreiche Volk, störrisch wie es war, missachtete die Befehle der Kirche sieben Jahre lang. Desiderius starb im Exil. Die Kanoniker, die seinetwegen aus der Heimat vertrieben waren, wählten Walram[266] von Moers, den Bruder des Erzbischofs von Köln, zu seinem Nachfolger. Der Fall wurde auf dem Basler Konzil behandelt. Die Wahl wurde bestätigt. Zum zweiten Mal wurde die Rebellion der Utrechter auf dem Konzil verurteilt, zum zweiten Mal kämpfte man vergebens. Schließlich wurde von Papst Eugen Jean[267], der Bischof von Conserans, der später die Kardinalswürde von Thérouanne erhielt, als Legat geschickt. Als dieser zurückmeldete, die einzige Möglichkeit, die Provinz zu befrieden, sei, dem Diepholt zu verzeihen und ihm den Bischofsstuhl dieses Volkes einzuräumen und den Walram auszuschließen, wurde diesem Verlangen des rebellischen Volkes nachgegeben. Wirklich sonderbar gelaufen: Für den Besiegten gibt es überhaupt kein Recht und die pure Macht siegt über heilige Statuten. Auch die Amtsgewalt des Papstes Kalixt wollten die Utrechter verhöhnen, indem sie sich weigerten, den nach dem Tod von Diepholt ihnen vom Papst gegebenen Bischof zu akzeptieren. Durch das Waffenaufgebot und die Macht des Herzogs Philipp von Burgund erschreckt und bei den ersten Gemetzeln unterlegen, gehorchten sie schließlich und ließen ab von ihrer Kampfeswut[268].

122

Die Holländer sind von den Deutschen am weitesten entfernt, ein Inselvolk jenseits der Rheinmündungen; die Einwohner von Dordrecht werden unter ihnen besonders hoch eingeschätzt. Diese Stadt ist bestens befestigt, sehr reich und für den Handel besonders begünstigt. Aber ein Großteil der Stadt soll im letzten Jahr ver-

---

264 Desiderius von Cullenborch, Bischof von Utrecht 1425–1433.
265 Rudolph von Diepholt, Bischof von Utrecht 1430–1455.
266 Walram von Moers, Bischof von Münster 1450–1456, Bruder von Dietrich von Moers, Kurfürst und Erzbischof von Köln (1414–1463).
267 Jean le Jeune (1411–1451), Kardinal seit 1439.
268 1448.

brannt[269] sein. Man muss dies sicherlich der Nachlässigkeit der Bürger ankreiden, wenngleich man auch allerlei Wundergeschichten erzählt, die ich übergehen will, weil sie nicht hundertprozentig bezeugt sind. Eine andere Stadt namens Brielle ist nicht unbedeutend, und auch dort legen viele Kaufleute mit ihren Schiffen an.

123

Ich will jetzt nicht den Rhein überschreiten, um die deutschen Stämme, die dort wohnen, zu beschreiben. Über diese wird an geeigneter Stelle die Rede sein.

Ich werde also fortfahren mit der Beschreibung der Völker des alten Deutschland, die sicher dazu gehörten und Utrecht und im Süden die Friesen zu Nachbarn haben. Westfalen hat den Rhein als Westgrenze, und die Visurga, die man heute die Weser nennt, als Ostgrenze; im Norden grenzt es an Friesland und das Territorium von Utrecht; im Süden endet es bei den Hessischen Bergen, die Ptolemaios Anobische Berge[270] zu nennen scheint. Hier entspringt die Ems, die an Paderborn und Münster, zwei nicht unbedeutenden Städten, vorbeifließt und das Land fast in der Mitte durchschneidet, dann durch Friesland fließt und sich ins Meer ergießt. Auch der Fluss Lippe bringt Wasser nach Westfalen. Als Drusus Germanicus im Gebiet zwischen diesem Fluss und dem Rhein Krieg führte, besiegte er die Feinde zwar, starb aber als Sieger.[271]

124

Wie aber die Bewohner dieses Landstrichs im Altertum hießen, ist schwer zu sagen, weil die Meinungen weit auseinander gehen. Strabon scheint die Bevölkerung nahe am Rhein in dieser Gegend Sugambrier[272] zu nennen, die unter ihrem Anführer Melo[273] Krieg mit den Römern führten. Sie wurden geschlagen, stellten Geiseln und hielten dann Frieden, obwohl sie den Vertrag mit Füßen traten, ihre Geiseln verrieten und rebellierten. Ptolemaios berichtet auch, dass, am Rhein beginnend, am äußersten Norden Deutschlands die Bussatoren wohnten, auch „Kleine" genannt, die Sigambrier, die Oquener und die Langobarden[274]. Bei Strabon finde ich, dass in

---

269 1457.
270 Ptolemaios, Handbuch der Geographie (Stückelberger/Graßhoff 2006), 227 (II, 11, 9).
271 9 v.Chr.
272 Strabon, Geografika (Radt 2003), 238 (VII, 1, 4).
273 17/16 v.Chr., Markus Lollius war der Anführer der Römer.
274 Ptolemaios, Handbuch der Geographie (Stückelberger/Graßhoff 2006), 229 (II, 11, 8).

der Nähe der Ems die Brukterer gewohnt haben, die Drusus in einer Seeschlacht besiegte.[275] Diese Brukterer allerdings hätten sich nach dieser Niederlage vom Süden Richtung Norden bis zum Ozean zerstreut. Deshalb können wir jetzt die Vermutung wagen, dass sie es sind, die heute Preußen heißen, nördliche Völker, von denen wir vorher gesprochen haben; denn leicht verändert sich sprachlich „Brukterer" in „Prutener".

125

Karl der Große focht viele Gefechte mit den Westfalen, verpasste ihnen jede Menge Niederlagen[276], und zwang sie, den christlichen Glauben anzunehmen, die Götzenbilder aufzugeben. Aber weil sie dies öfter ablehnten und ihren gegebenen Eid nicht einhielten, setzte er heimliche Richter ein, um den Rebellen durch die Furcht vor Strafe Einhalt zu gebieten. Diesen gab er die Erlaubnis, dass sie, sobald sie von jemand erfahren hatten, dass er einen Meineid geschworen habe, sein Treuewort gebrochen habe oder irgendeine andere Schandtat begangen habe, diesen sofort bestrafen konnten, sobald man ihn fasste, ohne ihn vorzuladen und ohne ihm das Recht einzuräumen, sich zu verteidigen. Er wählte aber vertrauenswürdige Männer aus, die das Recht liebten und von denen man kaum annehmen konnte, dass sie Unschuldige aufknüpften. Dieses Verfahren schreckte die Westfalen und zwang sie endlich zum Gehorsam, da man nun im Wald öfters Adelige und einfache Leute aufgehängt sah, ohne dass man vorher von einer Anklage gehört hätte. Als sie sich dann nach dem Grund erkundigten, fand man als sicher heraus, dass sie das Wort gebrochen oder irgendein anderes schweres Verbrechen begangen hatten und man sie deshalb getötet hatte. Diese Art Gerichtsbarkeit gibt es bis heute noch und sie wird „Feme" genannt. Deren Vorsitzende werden Schöffen genannt, und es gibt die Tendenz, diese Gerichtsbarkeit über ganz Deutschland auszudehnen. Sie haben geheime Riten und gewisse geheime Methoden, mit denen sie Übeltäter ausfindig machen. Und es ist bis heute noch niemand gefunden worden, der diese Methoden für Geld oder aus Furcht ausgeplaudert hätte. Auch ist ein Großteil dieser Schöffen anonym. Sie fahren in der Provinz hin und her, notieren sich die Verbrechen, benennen sie dem Gericht, klagen sie an und liefern Beweismittel, wie es bei ihnen üblich ist. Die Verurteilten werden notiert und dann untergeordneten Schöffen zur Exekution übergeben. Der Angeklagte weiß nichts von seiner Verurteilung und wird sofort dort, wo er ergriffen wird, hingerichtet. Aber leider ist diese Art der Ge-

---

275 Strabon, Geografika (Radt 2003), 234 (VII, 1, 3).
276 Erstmals 775.

richtsbarkeit auch schon degeneriert: Denn es werden auch einige verachtenswerte Personen als Richter zugelassen und sie dürfen auch Zivilfälle behandeln, während sie eigentlich nur über Kriminalfälle richten dürften.

126

In dieser Provinz fielen in jüngster Zeit die Bewohner von Soest von der Kölner Kirche ab und sie kehrten nicht zur Obödienz zurück, obwohl sie, durch einen langen Krieg[277] bedrängt, öfters geschlagen und hartnäckig belagert wurden. Deswegen kämpften auch Dietrich von Moers, der Erzbischof von Köln (der als der Fürst Westfalens gilt), und Johann, der Herzog von Kleve, mit großem Hass gegeneinander, weil die Bewohner von Soest Hilfe bei denen von Kleve suchten, die Kölner aber die Herzöge von Sachsen und beträchtliche Hilfstruppen aus Böhmen aufbrachten[278]. Bei Münster gab es auch eine heftige Schlacht. Diese Stadt liegt in derselben Provinz, und es ging um die Kirche von Walram, die der Bruder von Dietrich für sich beanspruchte. In dieser Schlacht wurden viele Feinde getötet und einer der Fürsten von Braunschweig, der die Truppen anführte, wurde gefangen und geriet in die Hände des Erzbischofs von Köln.

127

Westfalen ist eine recht kalte Gegend und es wächst dort wenig Getreide. Sie essen schwarzes Brot, trinken Bier. Wein, der auf dem Rhein transportiert wird, ist sehr teuer; nur die Reichen trinken ihn und das nur selten. Das Volk ist kriegerisch und listenreich, deshalb gibt es auch das Sprichwort: „In Westfalen findest du leichter Schurken und Lügner als Dummköpfe".

128

Da hier der Name Dietrich fiel, wird es erlaubt sein, ein paar Worte über ihn zu sagen, ein Mann, dem unter den Koryphäen unseres Jahrhunderts niemand seinen Rang streitig machen dürfte. Er ist ein Spross der Familie von Moers, die beim deutschen Adel in höchsten Ehren stand. Er hatte drei Brüder, die alle über 60 Jahre

---

277 1.–21. Juli 1447.
278 Der Streit dauerte bis 1449.

alt wurden. Heinrich, der älteste, regierte das väterliche Fürstentum, Johann verwaltete die Diözese von Münster viele Jahre bis zu seinem Tod mit höchster Aus-
zeichnung; Walram machte sich vergeblich Hoffnung auf die Diözese von Utrecht,
und als sein Bruder starb, auf die von Münster, obwohl er für Utrecht die Unterstützung des Konzils von Basel hatte und für Münster eine Nominierung von Papst
Nikolaus vorweisen konnte. Dietrich selbst erhielt vom Papst Johannes XXIII.,
während er in Bologna Kirchenrecht studierte, die Diözese von Köln, der er 46 Jahre
voranstand, beliebt sowohl beim Volk als auch beim Adel. Und obwohl er sehr viele
Kriege zur Verteidigung der Kirche mit wechselndem Erfolg führte, in denen er
sowohl die Aufgabe des wackeren Soldaten als auch des tapferen Feldherrn erfüllte,
vernachlässigte er dennoch zu Hause nie die priesterlichen Aufgaben oder die öf-
fentliche Verwaltung. Er hatte einen schönen und überdurchschnittlich großen
Körper, ein großes und freigebiges Herz, und sein Palast stand vornehmen Gästen
immer offen.

129   XXXVII

Zwischen den Westfalen und Franken liegt Hessen, eine bergige Region, die sich
vom Rhein aus nach Norden bis Thüringen erstreckt. Der Herrscher dieses Lands ist
der Landgraf Ludwig, der in unseren[279] Tagen als Kaiser nominiert wurde. Aber er
sagte, er sei der Belastung einer solchen Aufgabe nicht gewachsen und er wolle
lieber dem kleinen Gebiet, das ihm von seinen Eltern hinterlassen wurde, in
nützlicher Weise voranstehen, als ein großes herunterzuwirtschaften. Ein anderer
Hinderungsgrund, die christliche Welt zu vertreten, sei seine geringe Bildung. Er
hielt trotzdem die Gesetze in hohen Ehren, die er sich in seiner Muttersprache
erklären ließ. So oft ein Fall in seiner Anwesenheit verhandelt wurde, hörte man
nie, dass ein ungerechtes Urteil gesprochen wurde. Als er einst ein Kloster besuchte,
das unter seiner Jurisdiktion stand, und auf Einladung mit den Mönchen speiste,
soll ihm angeblich beim Essen Gift in die Speisen gegeben worden sein; denn sowohl
er selbst als auch der Abt, der um die Reform gebeten hatte, sollen kurz darauf
gestorben sein.

---

279 1439.

XXXVIII 130

Dahinter liegt Franken, eine sehr angesehene Provinz und auch ziemlich mächtig, so benannt, nachdem sich die Franken dort angesiedelt haben. Die Franken ihrerseits waren Trojanischen[280] Ursprungs, die nach der Zerstörung Trojas unter Führung von Priamos, dem Neffen schwesterlicherseits des großen Priamos, über das Schwarze Meer und das Asowsche Meer nach Skythien kamen und dort eine Stadt gründeten, die sie Sugambri[281] nannten, wonach sie sich den Namen Sugambrer gaben. Es ist doch bekannt, dass nach der Eroberung und Einäscherung Trojas die Überlebenden, in drei Gruppen geteilt, ins Exil geflohen sind. Die einen haben unter der Führung des Aeneas Italien erreicht, von denen die Bewohner von Alba Longa[282] und später die Römer abstammten, die dann den ganzen Weltkreis unter ihre Herrschaft gebracht haben. Andere entkamen mitten durch Griechenland, und nachdem sie die Buchten Illyriens und das Königreich der Liburnier hinter sich gebracht hatten, kamen sie zum hintersten Winkel des Adriatischen Meeres[283] und gründeten die Stadt Padua, wo – wie überliefert ist – das Grab des Antenor ist. Dieser hatte Flüchtlinge nach Enetum mit sich gebracht. Nach diesen wurden später die Venezianer benannt, die heute ungeheure Macht zu Wasser und zu Land besitzen; die dritten drangen, wie schon gesagt, nach Skythien vor, wo sie zu einem großen Volk heranwuchsen. Als dann viele der Skythen dem römischen Reich unterworfen wurden, zahlten auch sie Tribute und blieben steuerpflichtig bis zur Zeit des Kaisers Valentian, während dessen Regierungszeit die Alanen das Imperium heimzusuchen begannen. Der Kaiser nun erließ ein Edikt, in welchem er denen die Freiheit für 10 Jahre garantierte, die die Brutalität der Alanen zähmen könnten. Verlockt durch diese Prämie griffen die Sugambrer zu den Waffen, besiegten und vernichteten die Alanen[284]. Deshalb wurden sie vom Kaiser für zehn Jahre mit der Freiheit belohnt und änderten ihren Namen in Franken, was auf Griechisch so viel heißt wie „wild" oder „nobel", auf Italienisch heißt „franco" so viel wie „frei"[285].

280 Otto von Freising, Chronik (Schmidt 2011), 90 (I, 25).
281 Otto von Freising, Chronik (Schmidt 2011), 102 (I, 32).
282 Otto von Freising, Chronik (Schmidt 2011), 366 (IV, 32).
283 Vergil, Aeneis (Götte 1994), 18 (I, 242).
284 368, bei Solicinium.
285 Otto von Freising, Chronik (Schmidt 2011), 90 (I,25).

131

Als die 10 Jahre vorbei waren und die Römer die üblichen Tribute forderten, waren die Franken wegen ihrer bisherigen Freiheit übermütig geworden und weigerten sich zu gehorchen. Die Anführer der Franken zu dieser Zeit hießen Priamus und Antenor, genauso kühn wie ihre antiken Vorbilder. Als sie nun ihre Truppen herbeiführten, gab es ein Gefecht mit den Römern, in dem Priamus selbst mit den Edelsten seines Stammes fiel. Die das Gefecht überlebten, verließen Skythien und wanderten nach Deutschland. Sie ließen[286] sich in den Gebieten von Thüringen zusammen mit ihren Anführern, Marcomir und Suno, den Söhnen von Priamus und Antenor, nieder. Suno starb ohne Kinder, des Marcomirs Sohn hieß Faramund, den die Franken zu ihrem König wählten, und er regierte als erster über sie. Sein Sohn hieß Chlodwig, der Langhaarige, nach welchem die Könige der Franken „Langhaarige" genannt wurden.

Zur selben Zeit nahmen sich die Goten, die schon in die Stadt Rom eingedrungen waren, Wohnsitze in Frankreich jenseits der Loire. Die Burgunder wohnten ebenfalls nahe der Rhone und wurden kurze Zeit später auch von Königen regiert. Die Franken aber überquerten den Rhein und vertrieben die Römer, die diese Orte besetzten. Und nach und nach immer mächtiger geworden, griffen sie Mainz, Trier, Köln, Tournai, Cambrai, Reims, Soissons und Orléans an und dehnten so ihr Herrschaftsgebiet von Aquitanien bis Bayern aus. Als Chlodwig starb, folgte ihm sein Sohn Meromech, nach welchem die Franken Merowinger genannt wurden. Nach Meromech erlangte Childerich[287] das Königtum. Da er aber zu verschwenderisch lebte, wurde er von den Seinen vertrieben. Und Aegidius, ein Römer, rückte an seine Stelle. Childerich, vom Königsthron gestoßen, floh zu Bisinus, dem König von Thüringen, dessen Ehefrau[288] er dann sogar durch Ehebruch schändete. Aber nach acht Jahren wurde er zurückgerufen, griff Köln an, vertrieb die Römer von dort und gewann einen großen Teil seines Königreichs zurück. Nach dem Tod des Aegidius regierte dessen Sohn Syagrius in der Stadt Soissons. Aber als die Königin Bisina erfuhr, dass Childerich sein Reich zurückerobert hatte, verließ sie ihren Ehemann und floh zu ihm; sie wurde von ihm aufgenommen, wie eine Ehefrau behandelt und gebar ihm Chlodwig[289], der später das Reich übernahm[290] und als

---

286 Ca. 384.
287 Gestorben 481.
288 Bisina.
289 466.
290 481.

erster Franke zum Christentum bekehrte wurde, getauft[291] vom seligen Bischof Remigius.

132

Es ist aber kaum glaubhaft, was viele überliefern, dass Köln seinen Namen davon hat, dass es von den Franken kolonisiert wurde; denn, bevor die Franken nach Deutschland kamen, wurde es schon Colonia von den Römern genannt, gegründet von Kaiser Claudius[292] und benannt nach seiner Gattin Agrippina. Zwischen Chlodwig und Syagrius kam es zu einigen Kämpfen. Zuletzt wurde Syagrius besiegt und floh zu Alarich[293], dem König der Goten, dem neunten König dieses Namens seit Alarich[294] dem Großen. Chlodwig verlangte die Auslieferung des Syagrius und ließ ihn, nachdem er ihn ausgeliefert bekam, umbringen[295]; auch die letzten in Gallien noch wohnenden Römer wurden verjagt. Chlodwig unterwarf sich die Alemannen, auch den Goten und den Aquitanern erklärte er den Krieg und besiegte sie, nachdem König Alarich umgebracht[296] wurde. Man erzählt, dass er auf dem Weg ins Gefecht dem heiligen Martin, der vor 112 Jahren gestorben war, ein Pferd versprochen hatte, wenn er Sieger bleibe. Nachdem er gewonnen hatte, habe er zwar das Pferd übergeben, wollte es aber für 100 Goldstücke zurückkaufen. Das Pferd bewegte sich nicht, bis er den Preis verdoppelte. Daraufhin soll der König gesagt haben: Martin sei ein guter Helfer, aber ein teurer Geschäftspartner. Chlodwig[297] heiratete Chlodhilde, die Tochter des Königs von Burgund. Obwohl sie Christin war, heiratete sie einen Mann, der damals noch Heide war, und bat ihn inständig, dass er sich taufen lasse, auch taufte sie heimlich die aus dieser Ehe geborenen Söhne. Der Hauptgrund aber, warum Chlodwig zum Christen geworden sein soll, ist, dass er beim Kampf gegen die Schwaben, als er schon fast besiegt war, ein Gelübde abgelegt habe, dass er zum Christen werde, wenn er diese Schlacht überlebte. Deshalb nun wendete sich das Kriegsglück, aus einem Besiegten wurde ein Sieger, er unterwarf die Schwaben und bekannte sich zum christlichen Glauben. Seine Nachkommen regierten in Franken bis zu Pippin dem Kurzen, dem Vater Karls des Großen. Da-

---

291 496.
292 50 n.Chr.
293 Alarich II. (reg. 484–507).
294 Alarich I. (reg. 395–410).
295 486.
296 507.
297 493.

mals wurde der König Childerich II. wegen Feigheit abgesetzt, er wurde geschoren und in ein Kloster[298] gesteckt, Pippin übernahm das Königreich.[299]

133

Es gab damals in Franken sogenannte „Hausmeier", die das Reich regierten. Im Jahre unseres Herrn 710, nachdem Dagobert der Jüngere, der König der Franken, gestorben war, kam sein kleiner Sohn, den manche für den Sohn des Ansegisil hielten, unter die Vormundschaft von Pippin dem Großen und wurde durch Hinterhalt umgebracht. Daraufhin bemächtigte sich Grimoald, der legitime Sohn Pippins des Großen, der Herrschaft, wurde aber von den Blutsverwandten Dagoberts, des gestorbenen Königs, gefangen und starb im Kerker[300]. Zur gleichen Zeit marschierten die Gallier, die zwischen der Seine und der Loire wohnten, gegen die Franken, rückten bis Mainz vor und belagerten diese Stadt. Die Franken, die nun keinen König mehr hatten, wollten Karl Martell auf den Thron heben. Dieser lehnte zwar die Königsherrschaft ab, übernahm aber das Kommando[301] und schlug den Vormarsch der Gallier zurück. Er befahl, das Gebiet zwischen Loire und Seine, das bis dato Gaudina hieß, nach seinem Namen Karlinga zu nennen, was auch später bei den Deutschen lange eingehalten wurde. Dieser Karl war der Sohn Albhaidis, einer vornehmen Konkubine Pippins des Großen, eines berühmten Mannes, der viel Kriegserfahrung besaß und viele Tausende von Sarazenen mit dem Schwert getötet[302] hatte. Er war der Vater Pippins[303] des Kurzen, der mit seiner Ehefrau Berta, die aus Griechenland kam, Karl den Großen[304] zeugte, den weltbekannten Kaiser.

134

Dieses Geschlecht der Franken also, das aus Skythien nach Deutschland gekommen war und sich dort festgesetzt hatte, wurde germanisiert und benannte eben das Land, das es zuerst bewohnte, nach sich „Franken". Aber als das Reich dann wuchs, hat sich auch Franken vergrößert, und zwar so sehr, dass fast ganz Gallien und ein

---

298 Otto von Freising, Chronik (Schmidt 2011), 410 (V, 23).
299 Pippin der Mittlere (635–714).
300 Ermordet 714.
301 Hausmeier 714–741.
302 Schlacht von Poitiers 732.
303 Pippin der Kurze, 714–768.
304 Geboren 742.

großer Teil Deutschlands, von den Pyrenäen bis zu den Grenzen Pannoniens, Franken genannt wurde; denn was immer den Franken untertan war, wurde Franken genannt. Es war in zwei Teile aufgeteilt; was zu Gallien gehörte, wurde Westfranken genannt, was zu Deutschland gehörte, Ostfranken[305]. Und sie dehnten Deutschland so weit aus, wieweit die deutsche Sprache reicht (denn die diesseits des Rheins gelegenen deutschsprachigen Gebiete gehörten zu Ostfranken). Unter Karl dem Großen verdiente sich dieses Volk den Titel „Römisches Imperium". Er befreite den apostolischen[306] Stuhl von seinen Sorgen, als dieser durch den Krieg[307] mit den Langobarden bedrängt war. Karl nämlich, obwohl er die Herrschaft über Gallien gewann, war dennoch Deutscher, in Deutschland geboren und erzogen. Seine Residenz war meist in Aachen, welches eine deutsche Stadt ist. Dort kann man seinen Palast und das Reliquiar seines Kopfes sehen; seine Nachkommen regierten in Gallien und in Deutschland. Als aber die männliche Linie ausstarb, fiel die Herrschaft an die Deutschen (d. h. die Ostfranken) und als erster wurde Otto[308] gewählt. Das Imperium funktioniert aber bei den Deutschen nicht in der Weise, dass ausschließlich ein Deutscher regieren kann; weil aber die Befugnis, den Kaiser zu wählen, den Deutschen übergeben wurde, wird meist ein Deutscher gewählt. Deshalb haben die Deutschen, als die Stellung des Kaisers nach dem Tod von Ludwig[309], dem Sohn von Boso, vakant war, einen Deutschen[310], und zwar einen Franken aus Ostfranken gewählt.

Ich wollte dies vorausschicken, da das Gespräch auf Franken kam. Es gibt nämlich viele Leute, die behaupten, Franken seien nur die Menschen, welche um Paris herum wohnen, und dass ihnen das Imperium gegeben worden sei; diese aber würde man wohl richtiger Franzosen nennen.

XXXIX 135

Franken grenzt heutzutage im Süden an die Schwaben und Bayern, im Westen an den Rhein, im Osten an Böhmen und Thüringen; im Norden ebenfalls an Thüringen und Hessen. Ein nicht unbekannter Strom, den man Main nennt, fließt durch die Provinz. Ptolemaios[311] scheint diesen Fluss Obrinca zu nennen und er sagt, dass er

---

305 Otto von Freising, Chronik (Schmidt 2011), 456 (VI,17).
306 Papst Hadrian I. (772–795).
307 773–774.
308 Otto I., Kaiser von 962–973.
309 Ludwig III., der Blinde, Kaiser 901–905.
310 Konrad I., König 911–918.
311 Ptolemaios, Handbuch der Geographie (Stückelberger/Graßhoff 2006), 209 (II, 9, 5).

die Oberdeutschen von den Niederdeutschen trennt; denn es gibt keinen anderen Fluss, der eben diese Trennung passender als der Main bilden könnte; heute allerdings breiten sich die Niederdeutschen bis zum Main aus, ab dort werden sie Oberdeutsche genannt. Der Main entspringt in den Bergen Böhmens und mündet in der Gegend von Mainz in den Rhein. Deshalb fehlte es nicht an Leuten, die glauben, Maguntia (Mainz) heiße eigentlich Moguntia, abgeleitet von Fluss Moganus (Main). Dieser Main durchfließt nicht wenige Städte, von denen die berühmtesten Würzburg und Frankfurt sind. In Würzburg ist der vornehme Sitz eines Bischofs, der für den Herzog der Franken gehalten wird. Wenn er die Messe hält, hat er auf dem Altar ein blankes Schwert vor sich liegen. In Frankfurt ist ein berühmter Marktplatz, an welchem zweimal im Jahr die Oberdeutschen mit den Niederdeutschen zusammenkommen. Dort wird auch nach altem Brauch[312] der Kaiser erwählt. Schon deshalb ist es offensichtlich, dass das Imperium den Deutschen gehört, da der Kaiser ja bei ihnen gewählt und gekrönt wird, wenngleich er schließlich als Höhepunkt seiner Glorie in Rom dann die Kaiserkrone erhält.

In Franken ist auch die vornehme Kirche[313] von Bamberg, gelegen an der Pegnitz. Kaiser Heinrich II. hat sie gegründet, den die Bewohner hoch verehren und für einen Heiligen halten. Dort ist auch Berengar[314] begraben, der die Königsherrschaft in Italien an sich gerissen hatte, dann aber von Otto I. gefangen[315] und nach Deutschland gebracht wurde, wo er schließlich im Exil starb.

136

Über der Stadt auf einem hohen Berg liegt die Burg, schon von Natur aus und noch zusätzlich durch Menschenhand befestigt, wo wir schon einmal mit dem Bischof[316] des Landes gefrühstückt haben.

Albrecht[317], der höchst edle Graf von Franken und Enkel des Herzogs von Sachsen (über dessen Tochter) flüchtete sich auf diese Burg, nachdem er den Grafen Konrad umgebracht hatte, der ein Sohn des Königs Ludwig gewesen sein soll, und musste einige Zeit die Belagerung durch den König aushalten. Die Erstürmung des Ortes erschien sehr schwierig. Deshalb griff man zu einer List. Otho, der Bischof von

---

312 Die Goldene Bulle von 1356.
313 Kathedrale erbaut 1004.
314 950.
315 952.
316 Antonius von Rotenhan, Bischof 1431–1459.
317 Albrecht von Bamberg tötete 905 Konrad, den „Alten", Haupt einer rivalisierenden Adelsfamilie. Otto von Freising 2011, 452 (VI, 15).

Mainz, wurde als Gehilfe für diesen üblen Streich gefunden. Er begab sich zu Albrecht, sagte, er sei in diesem Streit zum Schiedsrichter erkoren, und bat Albrecht, zum Kaiser ins Lager hinabzukommen, weil er ihm dort entweder den Frieden vermittle oder ihn unversehrt in die Burg zurückbringe. Albrecht glaubte dies, erhielt darüber auch eine eidliche Verpflichtung und folgte dem Otho. Kaum hatten sie die Burg verlassen, da sagte Otho: „Ich befürchte, dass wir ziemlich lange Zeit beim Kaiser verbringen müssen, ich würde also vielleicht anraten, vorher etwas Speise zu dir zu nehmen." Albrecht lobte die Worte des Bischofs, ging in die Festung zurück und frühstückte mit Otho. Nach dem Essen kam er mit ihm zum Kaiser, wo er sofort gefangen gesetzt und zum Tode verurteilt wurde. Als er sich auf das Treuwort des Erzbischofs berief, antwortete dieser recht unfromme Priester, er habe sein Wort erfüllt, da er ihn ja einmal unversehrt zurückgebracht habe, um zu frühstücken; ihn zweimal zurückzuführen, habe er nie versprochen. Der unglückliche Albrecht wurde mit dem Schwert enthauptet.

Da waren die Römer schon anständiger, als sie einen von den Gefangenen, die von Hannibal nach Rom zurückgeschickt wurden, und der den gleichen Betrug versuchte, gefesselt zurückschickten; Betrug nämlich, wie der größte aller Redner[318] sagt, löst einen Meineid nicht auf, sondern erhärtet ihn. Die Besitzungen Albrechts wurden dem Bistum Bamberg zugeschlagen.

137

Franken ist teils flach, teils bergig. Die Berge sind allerdings nicht schwer zu besteigen. Der Ackerboden ist nicht sehr fruchtbar, denn er ist meist sandig. Vielerorts sind die Hügel mit Reben bepflanzt und produzieren einen wohlschmeckenden Wein. Es gibt viel Wald und gute Jagdmöglichkeiten. Das Land ist in viele Herrschaften geteilt. Und obwohl, wie schon erwähnt, man den Bischof von Würzburg Herzog von Franken nennt, besitzen die Bistümer von Mainz und Bamberg hier große Territorien und der Pfalzgraf herrscht ebenfalls über ein nicht unerhebliches Gebiet; auch die Markgrafen von Brandenburg als Burggrafen von Nürnberg haben hier viel Macht. Außerdem stehen bei den Franken viele Reichsstädte in Blüte. Was Nürnberg betrifft, so ist es unklar, ob es zu Franken oder zu Bayern gehört. Der Name heißt nämlich übersetzt „Berg von Noricum". Also war es sicher eine Stadt der Noriker. Aber auf die Noriker folgten die Bayern und der Teil Bayerns, der zwischen Donau und Nürnberg liegt, heißt auch heute noch Noricum. Allerdings gehört Nürnberg zur Diözese Bamberg, die in Franken liegt. Die Nürnberger selbst

---

318 Cicero, De officiis (Gunermann 2007), 246 (III, 32).

wollen weder als Bayern noch als Franken angesehen werden, sondern als ein dritter, sozusagen separater Stamm. Ihre berühmte Stadt ist geschmückt mit großartigen öffentlichen und privaten Gebäuden, durchflossen von der Pegnitz. Weil sie auf unfruchtbarem sandigem Grund liegt, konzentriert sich die Bevölkerung auf Handel und Gewerbe, und fast alle Einwohner sind entweder Handwerker oder Kaufleute. Daher kommt auch ihr ungeheurer Reichtum und ihre große Bedeutung in Deutschland. Die Stadt ist bestens geeignet als kaiserliche Residenzstadt, eine freie Reichsstadt fast in der Mitte von Deutschland gelegen.

Zwischen Bamberg und Nürnberg liegt Forchheim, eine Stadt berühmt für ihr Weißbrot; ihre Bewohner glauben fälschlich, dass hier Pontius Pilatus geboren wurde.

138

Friedrich[319], der Markgraf von Brandenburg, den Kaiser Sigismund zu seinen besten Freunden zählte, hatte in dieser Provinz sehr großen Einfluss. Er hatte vier Söhne, Johann, Friedrich, Albrecht und einen zweiten Friedrich. Johann dem Erstgeborenen, stand eigentlich die Kurwürde des Reiches zu. Aber der Vater bevorzugte nach seinem Urteilsvermögen Friedrich, den zweitgeborenen, der ihm geeigneter schien, die Regierungsgeschäfte zu übernehmen. Bevor er also starb, verteilte er sein Erbe unter seine Söhne. Er ernannte Friedrich zum Kurfürsten[320] und bewies damit ein gutes Urteil; denn Friedrich war bekannt unter den Fürsten Deutschlands für seine Weisheit. Durch seinen Ratschluss sind oft viele Provinzen befriedet worden. Es wurde auch als ein Zeichen seiner Gerechtigkeit und Ehrenhaftigkeit angesehen, dass er sich weigerte, die Herrschaft über Polen anzunehmen, als die Barone ihn dazu erwählen wollten. Er wollte nämlich dem legitimen Erben kein Unrecht zufügen, wie wir ja schon erwähnt hatten. Als Albrecht, sein Bruder, Krieg[321] gegen Nürnberg führte, zog er fast alle Fürsten Deutschland auf seine Seite, die Städte allerdings sandten den Nürnbergern Hilfe. Dieser Krieg war hart und wild, und es kämpften viele konkurrierende Machthaber mit erbittertem Hass zwei Jahre lang gegeneinander. Es soll neun Gefechte gegeben haben, von denen Albrecht acht als Sieger beendete, nur in einer Schlacht unterlag er, aber man schloss keinen Frieden, bevor die kämpfenden Parteien nicht völlig mittellos und ruiniert waren, nachdem die Felder verbrannt waren, die Siedlungen zerstört, die Herden geraubt

319 Friedrich, Markgraf von Brandenburg (1362–1440).
320 1437 ernannte Friedrich I. seinen Sohn zum Kurfürsten Friedrich II.
321 Kurfürst Albrecht Achilles von Brandenburg führte Krieg gegen die freie Reichstadt Nürnberg (1449–1453).

und die Bauern umgebracht waren. Und auch dann wurde der Friede eher nach den Bedingungen Albrechts geschlossen.

Dieser Albrecht nun war schon von Kindheit an, „kaum aus den Windeln", wie man so sagt, mit Waffen erzogen worden und nahm an mehr Gefechten teil, als andere Heerführer gesehen oder darüber gelesen haben. Er leistete Kriegsdienst in Polen, kämpfte in Schlesien, schlug sein Lager auf in Preußen, schlug in Böhmen die Feinde in Flucht, verdingte sich in Österreich, kam mit reicher Beute aus Ungarn, kurz es gibt keinen Winkel auf deutscher Erde, wo er nicht bewaffnet einmarschiert wäre. Er kommandierte unzählige Heere, streckte die wildesten Feinde nieder, eroberte sehr viele Städte. Wenn es zum Kampf kam, ging er als erster ins Gefecht und als Sieger verließ er als letzter das Schlachtfeld; bei der Belagerung von Städten bestieg er oft als erster die Mauer; zum Zweikampf aufgefordert lehnte er nie ab und warf den Feind jedes Mal nieder. Bei den Ritterspielen, in denen man mit der Lanze kämpfte, war er der einzige, der nie vom Pferd geworfen wurde und alle, die gegen ihn anliefen, herunterwarf. Aus den Turnieren ging er immer als Sieger hervor. 17-mal kämpfte er, geschützt nur von einem Schild und einem Helm, der restliche Körper unbedeckt (eine Form des Duells, praktiziert in Deutschland), stürzte sich gegen seine Herausforderer, die genauso bewaffnet waren, mit gezückter Lanze und erlitt dabei nie eine Verletzung und versäumte es nie, seine Gegner vom Pferd zu werfen. Aufgrund dieser Leistungen wurde er – nicht zu Unrecht – der teutonische Achill genannt. Er glänzte nicht nur durch militärische Begabung und die Fähigkeiten eines Feldherrn mit einzigartigem Ansehen, sondern auch durch den Adel seiner Abstammung. Sein perfekter Körperbau, seine Körperbeherrschung und seine beredte Zunge machten ihn zu einer bewundernswerten, ja fast göttlichen Figur.

XL 139

Bayern grenzt an die östliche und südliche Seite von Franken. Es ist ebenfalls ein sehr weiträumiges und reiches Land. Im Süden schließt es an die Alpen Italiens an. Die Schwaben liegen westwärts davon, Österreich und Böhmen in Osten. Ungefähr in der Mitte fließt die Donau. Die Grenze zwischen Österreich und Bayern ist nach einigen Quellen die Enns, nach anderen der Inn. Von den Schwaben trennt sie der Lech. Die Noriker bewohnten einst diese Gegend und ein Teil davon jenseits der Donau wird, wie schon gesagt, Noricum genannt.

140

Es ist nicht leicht zu erklären, woher die Bayern ihren Namen haben und woher sie stammen. Aber wenn man bedenkt, dass die ältesten Codices den Namen „Boiaria" für das heute sogenannte Bavaria verwenden, bin ich fast überzeugt zu glauben, dass die Bayern nach den Boiern benannt wurden und einst ein gallischer (keltischer) Stamm waren. Strabon stützt diese Theorie in seinem fünften Buch, wo er sagt; „Deshalb, wie schon erwähnt, lebten in früheren Zeiten sehr viele gallische Stämme am Fluss (er bezieht sich hier auf den Po), die volkreichsten von ihnen waren die Boier, die Insubrier und die Senonen, die einst zusammen mit den Gesaten die Stadt Rom angriffen und eroberten. Die Römer haben diese in späteren Jahren vollständig vernichtet und die Boier aus ihrem Territorium vertrieben. Sie wanderten also aus und besiedelten zusammen mit den Tauriskern die Gegend an der Donau, wobei sie ständig gegen die Daker[322] Krieg führten." Es steht also fest, dass die Boier sich in Pannonien niedergelassen haben, von wo aus sie leicht im Laufe der Zeit nach Norikum, die benachbarte Region, auswandern konnten. Bei der Beschreibung des Sees, den man heute den „Konstanzer See" nennt, behauptet Strabon, dass die Rätier nur wenig entfernt von ihm wohnen, die Helvetier und die Vindeliker[323] schon etwas weiter weg. Hinter den Vindelikern, sagt er, befindet sich die öde Landschaft der Boier und reiche bis Pannonien[324]. Deshalb sagt er auch, dass das Land der Boiarier von Boiern besiedelt wurde. Eben dieser Strabon fügt noch bei seiner Beschreibung von Deutschland hinzu, dass die Boier vorher den Herkynischen Wald bewohnt hätten, und dass die Kimbern ein Heer gerüstet und sie angegriffen hätten, aber von den Boiern zurückgeworfen[325] wurden. So kann man also sicher davon ausgehen, dass der Name Bayern von den Boiern kommt; denn ihr Gebiet jenseits der Donau umschließt einen großen Teil des Herkynischen Waldes. Sie sind ein deutscher Stamm und ihre Sprache ist Deutsch. Und es ist keine öde Gegend, wie Strabon überliefert, was es aber zu seiner Zeit vielleicht gewesen ist. Heute ist es bestens kultiviert, besitzt große und ehrgeizige Städte und Orte von großer Bedeutung, ich wüsste nicht, ob irgendeine Stadt in Europa sich mit deren Glanz messen könnte. Es hat fünf Bischofsitze, davon einen als Metropole. Diese liegt in Salzburg, das nach dem Fluss benannt ist, an welchem es liegt; im Altertum hieß es Juvavia.

---

322 Strabon, Geografika (Radt 2003), 10 (V, 1, 6).
323 Strabon, Geografika (Radt 2002), 512 (IV, 3, 3).
324 Strabon, Geografika (Radt 2003), 240 (VII, 1, 5).
325 Strabon, Geografika (Radt 2003), 244 (VII, 2, 2).

141

In Bayern führte Ludwig[326], der Sohn von Ludwig[327], ein Mann entstellt durch einen Buckel und Kropf, einen ruchlosen Krieg gegen seinen Vater, einen verehrungswürdigen und respektvollen Mann, der einst das Königreich Frankreich regiert hatte, und er belagerte ihn in einer wohlbefestigten Burg. Aber die Himmlischen forderten Rache für ein so großes Verbrechen und so wurde der Bösewicht, vom Fieber befallen, dahingerafft, bevor er seinem Vater seinen Willen aufzwingen konnte. Dieser geriet später in die Hände von Heinrich, einem Herzog aus derselben Familie, und starb dann nach kurzer Zeit[328]. Und Heinrich lebte dann auch nicht mehr lange. Er verbot seinen Untertannen im Jubiläumsjahr nach Rom zu pilgern, weil er befürchtete, dass sein Land dadurch viel Geld verlieren würde, und gesellte sich dann auf gleiche Weise zu seinen Ahnen. Es folgte ihm sein Sohn Ludwig[329], dessen Mutter die Schwester des Kaisers Albrecht war, ein junger Mann von hoher Gesinnung, begierig nach Ruhm und ein Verächter des Geldes. Er vertrieb alle Juden aus seinem Reich, indem er überall dementsprechende Edikte aushängen ließ. Seine Frau holte er sich aus Sachsen, die Nichte[330] des Kaisers Friedrich. Er schlichtete viele Auseinandersetzungen in Deutschland, obwohl es ihm trotz häufiger und intensiver Versuche nicht gelang, den Kaiser mit dem König Ladislaus zu versöhnen.

142

Albrecht[331], der Fürst dieses Landes und Chef dieser Familie, hat, nachdem sein Vater Ernst eine junge Frau[332], die im Bad (Ihres Vaters) die Aufsicht hatte, in die Albrecht unsterblich verliebt war und die er mit einem Eheversprechen zu sich nahm, bei Straubing in den Fluten der Donau ertränkt hatte, ihr lange nachgetrauert, dann aber, als die Trauer sich gelegt hatte, eine Frau aus dem Hause Brandenburg[333] geheiratet, von der er eine Reihe von sehr schönen Kindern[334] bekam. Während der Regierungszeit Friedrichs litt er an der Gicht, zog sich von

---

326 Ludwig VIII., „der Bucklige" Herzog von Bayern
327 Ludwig VII., „der Bärtige" Herzog von Bayern
328 1447.
329 1450.
330 Amalia, Hochzeit am 21. Februar 1452.
331 Albrecht III., der Fromme (reg. 1438–1460).
332 Agnes Bernauer, gestorben 12. Oktober 1435.
333 Anna, die Tochter des Herzogs Erich von Braunschweig, Hochzeit am 22. Januar 1437.
334 Fünf Söhne, drei Töchter.

allen anderen Verpflichtungen zurück und widmete sich der Musik, indem er sein Gemüt mit ständigem Gesang und schönen Melodien erfreute. Zwischendurch ging er auch manchmal auf die Jagd.

In Salzburg, das – wie schon erwähnt – die Erzdiözese von Bayern ist, gab es drei[335] Erzbischöfe. Der letzte von diesen, mit dem Namen Sigismund, hat, als er noch Probst war, die römische Kirche in großartiger Weise während des wilden Sturms des Schismas unterstützt. Aber als er von Papst Nikolaus V. zum Erzbischof ernannt war, verbot er in seiner Diözese die Veröffentlichung des apostolischen Briefes, der die Rebellen gegen den Kaiser mit dem Blitzschlag der Exkommunikation treffen sollte, sei es, weil er die Macht der Aufständischen fürchtete, oder weil er dachte, dass man eine friedliche Einigung eher erreichen könnte, wenn die Exkommunikation aufgehoben würde. Er reiste selbst nach Österreich und bemühte sich eifrig um eine Lösung dieses Problems.

143

In der Gegend um den Rhein herum, die heute als die schönste von ganz Deutschland angesehen wird, gab es häufige Auseinandersetzungen zwischen Dietrich[336], dem Erzbischof von Mainz, und Ludwig[337], dem Pfalzgrafen bei Rhein. Es kam öfters zu Gefechten und die ganze umliegende Gegend ist durch Plünderung und Brandschatzung verwüstet worden. Dem Bischof von Mainz standen die Markgrafen[338] von Baden und Brandenburg zur Seite, dem Pfälzer der Bischof Jakob[339] von Trier und einige Städte.

Als Pfalzgraf Ludwig[340] starb, der die Witwe des Königs von Sizilien geheiratet hatte, adoptierte Friedrich[341], der Bruder Ludwigs, deren Sohn, der noch ein Kind war, und übernahm mit Zustimmung der Adeligen die Regierung des Landes, so als ob er der Herr wäre. Er nannte sich jetzt Pfalzgraf und versprach lebenslänglichen Zölibat, damit für den adoptierten Sohn nicht durch eine Neuverheiratung seinerseits ein Nachteil entstünde. Papst Nikolaus V. bestätigte, darum gebeten, dieses

---

335 Sigismund von Volkersdorf (reg. 1452–1461).
336 Dietrich Schenk von Ehrbach, Bischof 1434–1459.
337 Ludwig IV., Pfalzgraf von Rhein.
338 Markgraf Jakob I. von Baden (reg. 1431–1453), Markgraf Friedrich II. von Brandenbug (reg. 1440–1470).
339 Jakob I. von Sierk, Erzbischof von Trier 1439–1456.
340 Ludwig, Pfalzgraf von Rhein, heiratete Margareta von Savoyen 1445.
341 Friedrich I. (1425–1476) der Siegreiche, Kurfürst seit 1451.

Verfahren der Adoption, Kaiser Friedrich III. lehnte es aber trotz häufiger und massiver Petitionen ab.

144

In Schwaben kämpfte Albrecht, der Bruder Friedrichs, mit wechselndem Kriegsglück gegen mehrere Städte. Durch eine richterliche Entscheidung erhielt er von Ulm die Grafschaft Rothenburg[342].

XLI 145

In der Markgrafschaft Baden regierte Jakob[343], ein Mann in ganz Deutschland hochberühmt für seine Gerechtigkeit und Klugheit. Weil es ihn ärgerte, dass ihm zum menschlichen Glück lediglich die Kenntnis der Wissenschaften fehlte, sorgte er dafür, dass die Kinder, die er von seiner rechtmäßigen Frau hatte, studierten. Nachdem er die Herrschaft unter die Beiden geteilt hatte und für seinen Erstgeborenen, Karl, einen sehr fleißigen jungen Mann, eine Ehe[344] mit der Schwester des Kaisers arrangiert hatte, starb er, ohne sich viel zu wehren, in der Fülle seiner Jahre.

146

Die Tiroler, die die Täler des Inn und der Etsch bewohnen, beantragten erfolglos, dass man ihnen Fürst Sigismund, der unter der Vormundschaft[345] Kaiser Friedrichs stand, wiedergebe. Sie griffen zu den Waffen und vertrieben die Statthalter der Provinz, die der Kaiser eingesetzt hatte. Als die Bewohner von Trient auf Befehl ihres Bischofs, dessen Untertanen sie waren, treu zum Kaiser hielten, marschierten die Tiroler mit einem Heer dorthin, nahmen die angsterschütterte Stadt durch Verrat ein und erzwangen die Kapitulation der von der Belagerung erschöpften Burg. Es gab dann Verhandlungen mit dem Kaiser und sie erhielten ihren Befehlshaber, wenn auch unter schlechteren Konditionen, als sie erhofft hatten.

---

342 1450.
343 Jakob, Markgraf von Baden (1407–1453).
344 1447.
345 1439–1447.

147

Die Schweizer sind wilde Bergvölker. Als die Züricher aus einem Bündnis, das sie mit ihnen geschlossen hatten, ausschieden, rüsteten sie ein Heer, drangen in deren Gebiet ein und verwüsteten das ganze Land[346]. Züricher, die es wagten, sich mit ihnen im Gefecht zu messen, wurden massakriert. So groß waren die Grausamkeit und das Wüten der Schweizer gegenüber ihren besiegten Feinden, dass sie genau am Ort ihres Sieges[347] Gelage abhielten und aus den Körpern der Gefallenen Tische und Bänke errichteten. Sie schnitten die Leichen der Feinde auf und tranken deren Blut, rissen ihre Herzen mit den Zähnen heraus.

148   XLII

Das Elsass, das einst Helvetien hieß, war einst ein Land mit französischem, jetzt mit deutschem Recht. Als Louis[348], der Dauphin von Vienne, fast das gesamte französische Heer in das Gebiet von Basel führte und dessen Bewohnern ungeheure Furcht einjagte, haben die Schweizer aufgrund eines Bündnisses 4000 Soldaten, alles auserlesene junge Männer, zu Hilfe geschickt. Sobald der Dauphin erfuhr, dass diese näher kamen, stellte er sich ihnen zwischen Basel und den Schweizern mit seinem gesamten Heer entgegen. Und die Schweizer verweigerten ihm nicht den Kampf, obwohl sie zu Fuß kämpfen mussten und sahen, dass eine Front von 30.000 Reitern ihnen gegenüberstand. Beide Seiten kämpften mit höchster Anstrengung. Am Schluss zahlten die Schweizer, weniger besiegt, als durch das Siegen erschöpft, die Rechnung für ein so tollkühnes Risiko. Denn mit Ausnahme weniger, denen es gelungen war zu fliehen, lagen sie alle hingestreckt auf dem Schlachtfeld[349]. Kaum einer jedoch von den Schweizern starb ungerächt. Es gab sogar mehrere von ihnen, die, obwohl schon von Lanzen durchlöchert, sich durch den Speerhagel durchschlängelten, um einen Feind zu töten und so Rache für ihre Verwundung zu nehmen.

---

346 Alter Zürichkrieg, 1440–1446.
347 Schlacht bei Sankt Jakob an der Sihl, 22. Juli 1443.
348 Louis (1423–1483), seit 1461 Louis XI., König von Frankreich.
349 Schlacht bei St. Jakob 26. August 1444.

149

Im Vogtland gibt es eine hochangesehene Stadt Namens Freiburg, die jahrhundertelang unter der Herrschaft von Österreich war. Aber als sie dem Herzog Louis von Savoyen so viel Geld schuldete, dass die Bürger es weder privat noch aus der Stadtkasse bezahlen konnten, da geriet sie schließlich zu unserer[350] Zeit, während der Regierung des Kaisers Friedrich, unter die Rechtsprechung des Hauses Savoyen.

Da hier auch die deutsche Sprachgrenze ist, halten wir es für angebracht, hier mit dem Thema Deutschland abzuschließen und wollen nun die französischen Verhältnisse und hier vor allem die von Savoyen besprechen.

150

Amadeus von Savoyen, der erste Herzog dieses Volkes, hielt nach dem Tod seines Vaters[351] die Lenkung des Landes fast vierzig[352] Jahre lang in der Hand und es erschien den benachbarten Völkern und Herrschern bewundernswert, wie er das väterliche Reich vermehrte, überall Frieden stiftete, und man achtete ihn wegen des Reichtums, den er angehäuft hatte, ein Mann von großer Weisheit. Schließlich verzichtete er auf die fürstlichen Würden und zog sich in eine Einöde[353] zurück, wo er zusammen mit sechs älteren Männern ritterlichen Rangs das Mönchsgewand anlegte, einen Knotenstock benutzte und auf allen weltlichen Pomp verzichtete. Zuletzt wurde ihm vom Basler Konzil die Ehre des höchsten Pontifikats[354] verliehen, während der Epoche des Schismas, einer Sache, die im Himmel wenig Beifall fand. Er schor seinen Bart, den er lange hatte wachsen lassen, übergab das Herzogtum seinem Erstgeborenem, lernte schnell die kirchlichen Zeremonien und die dafür nötigen Gebete. Dann, umringt von einer großen Schar von Adeligen und umgeben von einem edlen Gefolge, erreichte er Basel, wo er von den Leuten, die glaubten, ein allgemeines Konzil darzustellen, vor einer riesigen Menschenmasse, die von überall her für ein so gewaltiges Spektakel herbeigeströmt war, zwischen seinen beiden Söhnen, jungen Leuten von bestem Aussehen, der eine Herzog[355] von Savoyen, der andere Graf[356] von Genf, nachdem die üblichen Feierlichkeiten abgehalten wurden,

---

350 1452.
351 Amadeus VII., gest. 1391.
352 1400 – 1439.
353 16. Oktober 1434.
354 5. November 1439 – 7. April 1449.
355 Louis Herzog von Savoyen, gest. 1465.
356 Philipp, Graf von Genf, gest. 1444.

zum Papst[357] der Kirche gekrönt wurde. Er zelebrierte viele heilige Messen, segnete das Volk, organisierte die kirchlichen Verhältnisse und ernannte Kardinäle von außergewöhnlicher Bildung und Autorität.

151

Amadeus verhandelte mit König Charles von Frankreich, mit König Alfonso von Aragon (der damals ein Gegner des Papstes Eugen war), mit Herzog Filippo von Mailand und vielen anderen wegen der Anerkennung seines Amtes, aber alles war vergebens. Auch Kaiser Friedrich traf ihn in Basel,[358] jedoch nur heimlich und in finsterer Nacht, damit es nicht den Eindruck erweckte, als ob er ein Götzenbild anbete. Die einzigen, die ihn als Stellvertreter Christi anerkannten, waren seine Untertanen und die Schweizer Völker, die Einwohner von Basel und Straßburg und die Untertanen Albrechts, des Herzogs von Bayern; Amadeus hegte nämlich große Hoffnung, auch noch Deutschland dazu zu gewinnen, weil sechs Kurfürsten sich verabredet hatten, dass, wenn Papst Eugen ihre Forderungen ablehnte (sie forderten allerdings vollkommen unakzeptable Dinge) sie ihre Obödienz dem Amadeus, den sie Felix V. nannten, erweisen wollten. Als aber Friedrich ihre Pläne vereitelte und seinen Leuten, die unter dem Vorwand eines Konzils in Basel waren, befahl heimzukommen, glaubte Amadeus nicht mehr an eine Verbesserung seiner Lage und versöhnte[359] sich durch Vermittlung der Diplomaten des Königs Charles von Frankreich mit dem Papst Nikolaus. Er verzichtete auf seinen Papsttitel, blieb immerhin Kardinal[360]. Als solcher starb[361] er nicht lange danach, immer noch anerkannt als anständiger Mensch. Er war ein vom Glück[362] begünstigter Herrscher, der überglücklich gewesen wäre, hätte er sein Greisenalter nicht mit kirchlichem Ehrgeiz befleckt.

---

357 Das Konzil von Basel setzte Eugen IV. ab und wählte Amadeus zum Papst Felix V. Krönung am 24. Juli 1440.
358 6. Januar 1440.
359 7. April 1449.
360 Kardinal von St. Sabina.
361 7. Januar 1451 in Ripaille.
362 Lat. *felix* (sein Papstname).

152

Bolomier[363], der einst sein erster und beliebtester Berater war und der in seinen Diensten große Reichtümer angehäuft hatte, fiel beim Adel in Ungnade, wurde des Verrats angeklagt, zum Tode verurteilt und in den Genfersee geworfen, nachdem man ihm einen großen Stein um den Hals gebunden hatte. Die Adeligen erregten damit den Unmut des neuen Herzogs und flohen zum König von Frankreich, durch dessen Vermittlung sie in ihre Heimat zurückkehren konnten.

153

Juan von Segovia[364], ein Spanier von hervorragendem Charakter, der mit seiner Gelehrsamkeit zu den größten Theologen seiner Zeit gehörte, erhielt von Amadeus, als er sich noch Papst nannte, die Kardinalswürde. Später stimmte er der Reunion zu und wurde von Papst Nikolaus, nachdem er auf den Titel Kardinal verzichtet hatte, zum Vorstand der Kirche von Caesarea berufen. Er zog sich auf die höchsten Berge zurück, zufrieden mit einem kleinen Kloster. Er ließ aus Spanien Lehrer des arabischen Rechts zu sich kommen, übersetzte das Buch, das sie Koran nennen und das nicht so sehr die Mysterien als, besser gesagt, die Hirngespinste des Pseudo- propheten Mohammed enthält, aufs Neue in unsere Sprache und erläuterte dessen Albernheiten durch richtige und lebendige Gedanken und Argumente.

154

In Arles gewann das Grab von Louis[365], dem Kardinal von Santa Cecilia und dem Bischof dieser Stadt, den wir in Basel als Präsident der Versammlung der Väter gesehen haben, großen Ruf als Wunderstätte, und es strömte jede Menge von Kranken von überall dorthin in der Hoffnung zu gesunden.

---

363 Guillaume Bolomier, gest. 1446, Sekretär von Amadeo von Savoyen.
364 Juan von Segovia (ca. 1390–1458), 1440 Kardinal, 1449 Titularbischof von Cesarea.
365 Louis de Aleman (ca. 1390–1450), Erzbischof von Antes und Kardinal, Seligsprechung 1527.

155   XLIII

Als der Graf Jean[366] von Armagnac von inzestuöser Liebe zu seiner Schwester ergriffen wurde und versuchte sie zu heiraten, hielt Charles, der König von Frankreich, es für angebracht, ihn mit Waffengewalt von der väterlichen Erbfolge auszuschließen.

156

Im Königreich Frankreich selbst geschah es in unseren Tagen, dass ein Mädchen aus
Lothringen namens Johanna[367] durch göttliche Eingebung – wie man glaubt – in
Männerkleidung und bewaffnet die französischen Streitkräfte aus der englischen
Umklammerung befreite, indem sie meistens (kaum zu glauben) an vorderster
Front kämpfte.

157

Nachdem Philipp, der Herzog von Burgund, das durch die Ermordung seines Vaters[368] erlittene Unrecht verdrängt hatte und von den Engländern zu den Franzosen
übergewechselt war, entwickelten sich zwischen König Charles und seinem Sohn
Louis, dem Dauphin von Vienne, Spannungen und Feindseligkeiten. Charles von
Anjou, der Onkel des Dauphin, hatte damals ziemlich großen Einfluss beim König.
Weil aber der Herzog Jean von Alençon[369] ihm diese Macht nicht gönnte, und auch
der Fürst von Bourbon und dessen unehelicher Bruder[370] die Herrschaft der Anjou
mit Missgunst betrachteten, rieten sie dem Dauphin vom Vater abzufallen. Denn
dies, so sagten sie, würde den König veranlassen, Charles wegen der Liebe zu seinem Sohn zurückzuweisen, um sein Königreich, das in dessen Händen zugrunde
gehen würde, nach besserem Ratschlag zu regieren. Von diesem Argument überzeugt verließ der Dauphin, ohne ein Wort zu sagen, seinen Vater und kam nach

---

366 Jean V. von Armagnac (reg. 1450–1473), wollte die päpstliche Dispens seines inzestuösen Ver-
haltens. Pius gab ihm die Absolution gegen das Versprechen, am Kreuzzug teilzunehmen. Vgl. Enea
Silvio Piccolomini, Commentarii (Totaro 1984), 711.
367 Jeanne d'Arc (ca. 1412–1431) vgl. Enea Silvio Piccolomini, Commentarii (Totaro 1984), 1089.
368 Johann ohne Furcht, Herzog von Burgund (reg. 1404–1419), wurde 1419 von Anhängern des
Dauphin getötet.
369 Jean II. Herzog von Alençon, (1415–1476).
370 Jean I. von Bourbon (reg. 1410–1434).

Nevers. Als der König dies erfuhr, rüstete er sofort ein Heer und marschierte nach Alençon, wo er ohne Probleme zahlreiche Festungen einnahm und die Kapitulation des Herzogs entgegennahm. Dann marschierte er gegen seinen Sohn. Weil die Städte von Nevers es nicht wagten, den Sohn gegen die Macht des Vaters zu schützen, baten sie ihn wegzugehen. Er zog sich darauf nach Bourbon zurück, wo kurz danach der Herzog von Bourbon, der den Zorn des Königs fürchtete, den Sohn mit dem Vater versöhnte. Dies aber war gar nicht günstig für seinen Stiefbruder; er wurde nämlich kurze Zeit später ergriffen und, weil er sich eingemischt hatte in die Ausübung des väterlichen Rechts gegenüber seinem Sohn, in fließendem Wasser ersäuft und verbüßte so seine Strafe.

158

Nachdem nicht viel Zeit vergangen war, verheiratete René d'Anjou, der aus dem Königreich Sizilien vertrieben[371] worden war, seine Tochter[372] mit König Henry VI.[373] von England, und zwar mit Zustimmung des französischen Königs. Durch diese Hochzeit erreichte er einen mehrjährigen Waffenstillstand mit den Engländern, der ihm und seinem Königreich zugutekam. Nachdem dies ausgehandelt war, fühlte sich der König zu Hause sicher; und damit er Frankreich, das durch Kriegsplünderungen und Feuersbrünste lange Zeit heimgesucht worden war, ein wenig Ruhe gönnte, schickte er den Dauphin mit dem größten Teil seines Heeres in die Schweiz, wie schon oben erwähnt. Er selbst marschierte mit dem restlichen Heer nach Lothringen, wo er die Gegend von Metz und Toul verwüstete und der Kirche von Metz die nicht unbedeutende Stadt namens Épinal entriss, deren Bewohner vor ihm kapitulierten.

159

Daraufhin nahm Francesco von Aragon unversehens die Stadt Fougères[374] ein, die dem Herzog der Bretagne gehörte, und mit diesem Akt schien er den Frieden zwischen den beiden so mächtigen Königen von Frankreich und England gebrochen zu haben. Während in dieser Angelegenheit Gesandte hin und her geschickt wurden

---

371 Die Vertreibung Renés fand 1441 statt.
372 Margareta d'Anjou.
373 Henry VI. (1421–1471).
374 1449.

und man verhandelte, versteckte Floquet, dem der König von Frankreich das Kommando über eine große Truppe von Rittern übergeben hatte, bewaffnete Soldaten in einigen Heuwagen und beauftragte Bauern, die davon Bescheid wussten, diese über den Pont-de-l'Arche[375], der über die Seine führt (die die Grenze zwischen Frankreich und der Normandie darstellt), zu ziehen und mitten auf der Brücke direkt vor dem Tor der Festung anzuhalten. Er selbst hielt sich mit seinen Truppen versteckt und wartete auf das Signal. Nachdem dies ertönt war, die aus dem Heu geschlüpften Soldaten das Tor angegriffen und die Wachen getötet hatten, hielten sie die Stellung so lange, bis Floquet herbeieilte und sowohl die Brücke als auch die Burg in Besitz nahm. Als dies bekannt wurde, führte sowohl der König Charles selbst Truppen über eben diese Brücke in die Normandie als auch von der anderen Seite François, der Herrscher über die Bretagne. Der Herzog Eduard von Somerset regierte dieses Land im Namen des Königs von England. Als dieser wahrnahm, dass sich eine so große Kriegsmaschinerie auf ihn zu bewegte, da befahl er Talbot, einem berühmten Kommandeur und bekannt für seine Heldentaten, bei ihm in Rouen zu bleiben, weil er hoffte, dass durch dessen Erfahrung und seine Waffen die Bürgerschaft, deren Mut, wie er merkte, schon zu wanken begann, wieder zuversichtlicher werden könnte. Allerdings erwies sich diese Hoffnung als trügerisch. Denn als die Leute von Rouen erfuhren, dass der König sich näherte, schickten sie Gesandte zu ihm, die einen Vertrag über ihr Heil und die Rettung ihrer Güter schlossen, versprachen sein Heer in der Stadt aufzunehmen und seine Befehle auszuführen. Der König freute sich über ihre Zugeständnisse, die Gesandten wurden mit militärischem Schutz zurückgeführt und die Stadt dem König übergeben. Talbot zog sich mit dem Herzog und all seinen Leuten in die Burg zurück. Als man nun anfing, sie zu belagern, wurde durch das Eintreten von König René die Vereinbarung getroffen, dass die Engländer sich aus allen Städten, die sie in der Normandie besaßen, zurückzogen und dass der Herzog und Talbot mit ihren Leuten freikamen. Aber als die Präfekten der Städte nicht gehorchten, ließ der Herzog von Somerset Talbot und seine zwei Stiefsöhne zurück und floh heimlich nach England. Die Burg wurde dann eingenommen und Talbot mit den zwei Stiefsöhnen fielen in die Hände des Königs. Talbot allerdings, weil er weltweit so berühmt war, ein Ruf, den er sich nicht durch üble Ränke, sondern durch seine Körperkraft und seine geistige Präsenz in offener Feldschlacht erworben hatte, wurde, nachdem er versprochen hatte, von nun an nie mehr die Waffen gegen Frankreich zu ergreifen, frei gelassen.

---

375 In Rouen.

160

Er (Talbot) kam im Jahr des Jubiläums (1450) nach Rom, angeblich für einen Ablass von seinen Sünden, in Wirklichkeit aber, wie andere glauben, um eine Absolution von dem Eid, den er dem König von Frankreich geleistet hatte, zu erreichen. Ich weiß hier nichts Bestimmtes. Sicher ist, dass Talbot, als er nach England zurückgekehrt war und der König von Frankreich schon die ganze Normandie erobert und auch Bourbon schon unterworfen hatte, von seinem König mit einem ziemlich großen Truppenkontingent in die Gascogne geschickt wurde und Bordeaux zurückerobert[376] wurde. Und auch noch viele andere Kastelle, die von den Engländern abgefallen waren, eroberte er teils mit Gewalt, teils bekam er sie durch freiwillige Kapitulation zurück. Als der französische König das erfahren hatte, stellte er sofort zwei Heere auf, deren einem er unter der Führung seines Schwiegersohnes und des Sohnes[377] des Herzogs von Bourbon, des Herzogs Jean von Clermont, befahl, mit 1500 Kämpfern, die die Elite seiner gesamten Streitkräfte ausmachten, auf kürzestem Weg nach Bordeaux zu marschieren. Das andere, das er selbst befehligte, wurde von seinen Höflingen gestellt – darunter der Graf von Étampes[378] – und war begleitet von 800 handverlesenen jungen Rittern aus der Bretagne. Der König befahl auch diesem Heer voranzugehen, den Grafen behielt er bei sich. Als diese sieben Leuken[379] (wie man dort sagt) von Bordeaux entfernt waren, begannen sie eine kleine Festung anzugreifen, nachdem sie einen Turm, der zwischen Bordeaux und dieser Festung lag, besetzt hatten, und eine Besatzung von Bogenschützen dort gelassen hatten. Als Talbot merkte, dass er jetzt gegen zwei Heere zu kämpfen habe, beschloss er, das eine zuerst anzugreifen, das – wie er glaubte – mit geringerem Aufwand besiegt werden könne. Er machte sich also mit der Elite seines Heeres auf den Weg und kam schon am Abend bei dem Turm an, von dessen Besatzung wir oben gehört hatten. Er nahm ihn im ersten Ansturm[380] und tötete all die Bogenschützen, die er dort erwischte, ungefähr 50 Mann. Am nächsten Morgen brach er wieder auf, und als er erfuhr, dass das Heer des Königs flüchten wolle, und er befürchtete, dass ihm gleichsam die Beute aus den Händen gleite, eilte er, nachdem er befohlen hatte, dass die anderen ihm folgen sollten, mit 500 behelmten Soldaten und 800 Bogenschützen auf die Feinde zu und stürzte sich in ein tumultuarisches Gefecht. Die Feinde waren sich eine Zeitlang nicht sicher, ob sie nicht zurückweichen sollten, aber weil sie sich in Gegenwart des Königs davor schämten, be-

---

376 Oktober 1452.
377 Jean de Clermont (1426–1488).
378 Jean, Graf von Nevers und Étampes (1415–1491).
379 Eine Leuke ist gleich 1500 römische Schritte.
380 Schlacht von Castillion, 17. Juli 1453.

schlossen sie, das Kriegsglück auf die Probe zu stellen. Sie hatten ungefähr drei-
hundert Bronzekanonen, die sie auf Wagen herbeigeschleppt hatten. Und mit diesen
zielten sie auf die Straße, auf der Talbot kommen musste. Sie positionierten auch
noch jede Menge Schleudermaschinen, hier und dort, mit denen die ahnungslosen
Feinde erledigt werden sollten. Als nun die wilde Truppe Talbots auf dem einzigen
Weg, der zum Lager der Feinde führt, vorwärts marschierte, ohne von den Wurfmaschinen zu wissen, da wurde auf einmal das Signal gegeben, und beim ersten
Treffen wurden fast 300 der Engländer durch die Steinkugeln niedergestreckt. Als
Talbot dessen gewahr wurde, bat er seinen Sohn, der ihm gefolgt war, dass er zurückkehre und sich für bessere Zeiten aufspare.[381] Aber als der Sohn sagte, er dürfte
nicht aus einem Gefecht fliehen, in dem das Leben des Vaters in Gefahr sei, da
antwortete er: „Ich, mein Sohn, der ich schon viele Großtaten hinter mir habe, kann
hier weder ruhmlos sterben noch mich ohne Schande zurückziehen. Dir aber, der
du militärisch noch gar nichts geleistet hast, wird weder eine Flucht als Schande
angerechnet, noch wird dich der Tod berühmt machen." Aber der Sohn, den mehr
noch seine Pietät als die väterlichen Worte bewegten, ermahnte seine Leute, dass
sie mit tapferem Herzen sich wieder in die Schlacht stürzen sollten. Er formierte sie
zu einer „Schildkröte" und griff mit großem Mut die Feinde an, die es nie wagten,
sich außerhalb ihrer Befestigung zu begeben, und er machte nicht wenige von ihnen
nieder. Aber der Feind war überlegen, erstens durch die bessere Position, zweitens
durch ihre Artillerie und ihre größere Anzahl. Nachdem Talbots Bein durch eine
Kugel zerrissen war, ist er endlich selbst mit seinen beiden Söhnen – der eine le-
gitim, der andere außerhalb der Ehe geboren – und einem seiner Schwiegersöhne
gefallen. Das war das Ende eines hochberühmten Mannes, der so viele Siege über
den Feind errungen hatte. Es war hauptsächlich die Beharrlichkeit und der Wa-
gemut der Bretonen, die ihn niedergestreckt haben. Bordeaux kam also wieder in
die Hand des französischen Königs.

161

Man sagt, dass der Herzog[382] der Bretagne, der Bruder des Mannes, der jetzt[383] an
der Macht ist, lange Zeit keine Nachkommen bekommen konnte und dann ein
Gelübde abgelegt habe, dass er, wenn die Himmlischen ihm welche gewährten, von
den beiden ersten den einen als Mönch zu den Minoriten, den anderen zu den

---

381 Vgl. Shakespeare, Henry VI., Teil 1, Akt 4, Szene 5.
382 Jean V. (reg. 1399–1442).
383 Arthur III. (reg. 1457–1458).

Dominikanern schicken werde. Als seine Gebete erhört wurden, nannte er seinen Erstgeborenen Franziskus[384], den zweiten Dominikus. Es kam dann noch ein dritter Sohn[385], er schickte ihn zur Erziehung nach England. Als nach dem Tod des Vaters Franziskus regierte, kehrte Gilles aus England zurück, wurde aber von Franziskus eingesperrt und im Gefängnis getötet. Es geht das Gerücht, dass er auf dem Weg zu seiner Hinrichtung die Gottlosigkeit seines Bruders verflucht habe, der, nicht zufrieden damit, das Königreich, das eigentlich ihm gebührt hätte, an sich zu reißen, ihm obendrein noch in verbrecherischer Weise das Leben nehme. Und er prophezeite ihm, dass er sich innerhalb eines Jahres vor dem göttlichen Gericht wegen Brudermords verantworten müsse. Deshalb nun, als Franziskus wirklich innerhalb dieser vorhergesagten Zeit an der Wassersucht starb, glaubte man allgemein – gottesfürchtig wie das französische Volk ist – dass er dem göttlichen Gericht anheimgefallen sei. Dominikus[386] folgte auf den Thron, starb aber im gleichen Jahr kinderlos. Sein Nachfolger wurde sein Onkel Arthur[387], der Befehlshaber des französischen Heers, ein Mann von großer Klugheit und militärischer Erfahrung.

162

Der Herzog Charles von Orléans, der einst von den Engländern nach einer großen Schlacht gefangen genommen[388] wurde, wurde im hohen Alter wieder heimgeschickt[389]. Als der Herzog Filippo Maria starb[390], schmückte Charles sich mit dessen Titel, als ob ihm das Herzogtum Mailand gemäß Erbrecht zustünde.

XLIV 163

In Flandern rebellierten die Einwohner von Gent gegen den Herzog Philipp von Burgund und wurden in mehreren Gefechten geschlagen. Zuletzt, nachdem sie in einer einzigen Schlacht über 20.000 ihrer Bürger verloren hatten, sahen sie ihren

---

384 François (reg. 1442–1450).
385 Gilles, gest. 1450., Freund des König Henry VI. von England, wurde der Spionage angeklagt und hingerichtet.
386 Dominique, (reg. 1450–1457).
387 Herzog Arthur III. (reg. 1457–1458).
388 Schlacht von Azincourt, 1415.
389 1440.
390 1447.

Irrtum ein, begaben sich[391] in die Hände des Herzogs Philipp zurück und nahmen die Gesetze des Siegers an. Derselbe Philipp nahm die Stadt Luxemburg[392], sehr groß und bestens befestigt, die als Mitgift in den Besitz von Sachsen gekommen war, mit Waffengewalt ein, worüber sich der König Ladislaus (Postumus) sehr aufregte.

164

Als der Dauphin von Vienne versuchte, eine wunderschöne und seinem Vater sehr liebe Frau namens Agnes[393] zu töten, wurde der Vater wieder einmal sehr böse auf ihn, und weil der Junge sich nirgends mehr sicher fühlte, floh er an den reichen und blühenden Hof Philipps. Sobald er dort ankam, sagte er: „Hab Erbarmen mit mir, mein Blutsverwandter, der ich ein Königssohn ohne Land bin." Darauf sagte Philipp: „Solange ich selbst Land habe, sag du ja nicht, du seist ohne Land. Denn alle Provinzen, die mir gehorchen, sollen auch deine sein und dir – so will ich es – so wie mir untertan sein." Daraufhin zeigte er ihm die blühenden Ortschaften von Flandern und befahl, dass man ihn in seiner Gegenwart Herrn und Prinz nannte.

165   XLV

Wir sind nun an einem Ort angekommen, von wo aus die Überfahrt nach England sehr kurz ist, denn der Abstand zwischen Flandern und England ist nicht mehr als 30 Meilen auf dem Meer. Nachdem wir also nun Frankreich besprochen haben, scheint es angebracht, die See zu überqueren und so kurz wie möglich die Wechselfälle, die sich in England, das einst Britannien genannt wurde, während der Regierungszeit von Kaiser Friedrich zu erläutern.

In England, das die Alten einmal Albion[394], einmal Britannien nannten, regierte Henry[395], weil er sich nach Einsamkeit und Muße sehnte, das Königreich mehr nach fremdem als nach eigenem Urteil. Der Herzog William[396] von Suffolk nämlich hatte großen Einfluss auf ihn und der König hörte auf ihn mehr als auf alle anderen. Suffolk gab Gesetze nach seinem Gutdünken, sowohl den einfachen Leuten als auch

---

391 1453.
392 1443.
393 Agnes Sorel (ca. 1422–1450), ab 1444 Mätresse von Charles VII.
394 Ptolemaios, Handbuch der Geographie (Stückelberger/Graßhoff 2006), 156 (II, 3, 31); Plinius, Naturkunde (Winkler 1988), 126 (IV, 16).
395 König Henry VI., (reg. 1422–1461 und 1470–1471).
396 William de la Pole (1396–1450), Herzog von Suffolk seit 1448.

den Adeligen: Er unterdrückte die, die er hasste, andererseits erhöhte er die, die er liebte. Aber als die Lage Englands in Frankreich sich verschlechterte und das französische Reich sich zu früherer Größe erhob, kam der Herzog Richard von York, nachdem er eine bedeutende Streitmacht versammelt und nicht wenige Barone um sich geschart hatte, nach London, um des Königs Politik zu ändern und, wie er sagte, die Interessen des Königs und des Königreichs zu wahren. Der Herzog von Suffolk wartete gar nicht auf seine Ankunft, sondern heuerte schnell ein Schiff an und suchte sein Heil in der Flucht, indem er auf der Themse wegsegelte. Aber wer kann schon dem ihm bestimmten Tod entfliehen? Die Leute, die nachgeschickt wurden, ihn einzufangen, kürzten den Weg ab, kamen ihm zuvor, verhafteten ihn auf dem Vorderdeck des Schiffs, mit dem er segelte, und brachten ihn um.

Auch der Herzog von Somerset[397], der nach dem Verlust[398] der Normandie nach England zurückgekommen war und der angeblich beim Herzog Richard großen Einfluss hatte, wurde ins Gefängnis geworfen. Man tötete eine ganze Menge von Adeligen und schonte nicht einmal den Klerus. Unter anderem wurde auch unser Freund Adam Moleynes[399], Verwalter des königlichen Privatsiegels und ein literarisch gebildeter Mann, geköpft, lag verstümmelt auf der Straße. Kurz danach, als der Herzog von York heimgekehrt war, wurde der Herzog von Somerset aus dem Gefängnis entlassen und begann mit Erlaubnis des Königs das Königreich zu regieren; dies war aber auch der Anlass für seinen endgültigen Zusammenbruch. Denn der Herzog von York war über diese Entwicklung empört und eilte mit noch größeren Truppen als vorher nach London. Als der König ihm zusammen mit dem Herzog von Somerset entgegenkam in der Meinung, ihn entweder mit verführerischen Worten zu besänftigen oder mit königlicher Autorität abzuschrecken, erreichte er leider gar nichts. Der Herzog von York nämlich, der ja hochüberlegen war, befahl dem König etwas zur Seite zu gehen, stürzte sich dann auf den Herzog von Somerset und seine Reiterei, nahm ihn gefangen und tötete[400] ihn, indem er ihm den Kopf abschlug.

XLVI **166**

Schottland ist der nördlichste Teil der Insel, auf welcher sich England befindet, durch nicht allzu große Flüsse und ein Gebirge von England getrennt. Ich war

---

397 Edmund Beaufort, Herzog von Somerset (reg. 1448–1455).
398 1449/1450.
399 Adam de Molynes, Bischof von Chichester, gest. 1450.
400 Schlacht bei St. Albans, 22. Mai 1455 (Beginn des Rosenkrieges).

dort[401] während des Winters, als es nicht mehr als drei Stunden pro Tag hell wurde. Es regierte damals König James[402], ein untersetzter Mann mit einem riesigen Bauch, der einst, in England gefangen, elf Jahre in Haft saß. Als er endlich frei gelassen wurde, nahm er eine Engländerin zur Frau und kehrte heim, wo er mehrere Fürsten mit dem Schwert hinrichten ließ. Selbst wurde er schließlich von seinen eigenen Domestiken umgebracht. Sein Sohn rächte sich sodann an diesen und übernahm die Regierung.

167

Ich hörte, dass es in Schottland einen Baum[403] gibt am Ufer eines Flusses, der Früchte in Form von Enten trägt. Wenn sie fast reif sind, fallen sie von selbst ab, die einen auf die Erde, die anderen ins Wasser; die auf die Erde fallen, verfaulen, die aber ins Wasser fallen, werden sofort lebendig, schwimmen aus dem Wasser heraus und fliegen weg, ausgestattet mit Federn und Flügeln. Als ich beharrlich über dieses Thema mehr wissen wollte, erfuhr ich, dass dieses Wunder sich immer weiter weg verschob und dass der berühmte Baum nicht in Schottland, sondern auf den Orkney Inseln wachse.

Die folgende Merkwürdigkeit habe ich allerdings in Schottland erlebt; denn halbnackte Menschen, die vor den Kirchen betteln, bekommen als Almosen Steine und sind, wie wir sahen, ganz glücklich darüber. Diese Steine, die voll Schwefel oder einer anderen fetten Materie sind, verbrennen sie statt Holz, wovon es in dieser Gegend wenig gibt.

168

Nun muss man noch von Irland reden, das von Britannien durch eine kleine Meerenge getrennt ist. Ein Teil davon ist frei und erfreut sich der Freundschaft und des Bündnisses mit Schottland, ein anderer Teil untersteht dem englischen Reich. Aber da in der Zeit, die dieses Buch behandelt, dort nichts Nennenswertes passiert ist, gehe ich nun eiligst auf die Verhältnisse in Spanien über.

---

401 1435: Enea sollte König James zu Übergriffen gegen England überreden.
402 James I. (1394–1437). 1406 wurde er von England gefangen; 1423 heiratete er Joan Beaufort, die Cousine von Henry VI., 1427 kehrte er nach Schottland zurück; 1437 wurde er umgebracht, sein Sohn James II. (reg. 1437–1460) folgte ihm auf den Thron.
403 Eneas Silvio Piccolomini, Commentarii (Totaro 1984), 25.

XLVII 169

Spanien, ein sehr großes Land, mit den besten Ländern zu vergleichen, stark an Männern und Waffen, ist in unserer Epoche in fünf Königreiche geteilt. Zum ersten und größten erklärt man den König von Kastilien. Als nächster kommt der König von Aragon, den dritten Platz nimmt der König von Portugal ein, den vierten der König von Navarra; der König von Granada nimmt den letzten Platz ein, weil er nicht an das Evangelium unseres Heilands glaubt.

170

In Kastilien, einem wohlbekannten und weithin herrschenden Königreich, dessen Könige von den Goten abstammen und sich niemals blutmäßig mit anderen vermischt haben, schmeichelte sich einst Álvaro de Luna[404], ein Aragonese, ein Mann von hoher Abkunft, obwohl außerhalb der Ehe geboren, so sehr bei König Juan[405] ein, dass er allein im Königreich und beim König etwas zu sagen hatte. Als König Juan von Navarra und Enrique[406], der Chef des Militärordens von Santiago, ihn mit ihren Streitkräften zu bedrängen und das Reich zu regieren versuchten, vertrieb er sie mit Waffen. Später allerdings, als die Königin[407] sich gegen ihn stellte und jene zurückkehrten und den König in ihre Gewalt brachten, wurde er vom Hof vertrieben und lebte für einige Zeit als Privatmann auf seinen Besitzungen, ein glücklicher Mann, wenn er es nur verstanden hätte, seine Muße zu genießen. Aber für Leute, die vom Thron gestoßen wurden, gibt es keine Ruhe. Als er also seinen gehobenen Posten, von dem er bald wieder heruntergestoßen werden sollte, wiedererlangen wollte, lud er den König heimlich ein, dass er zu einer angeblichen Jagd in einen Wald in seiner Nähe komme. Er sagte, er werde ihm mit einer kräftigen Mannschaft entgegenkommen. Und es bestehe kein Zweifel, dass die Noblen des Königs dessen Sicherheit garantieren könnten. Es war nicht schwierig ihn zu überzeugen. Der König kam mit nur wenig Begleitpersonal (denn der Name Álvaro war schon fast vergessen), und sobald er an die Stelle kam, wo der Hinterhalt geplant war, ließ Álvaro unter seinen Elitetruppen Kriegsgeschrei ertönen, grüßte den König, sagte, dass er den freien König retten wolle, und führte ihn mit sich weg. Als dies bekannt wurde, wendete sich das Schicksal des Königreichs in wundersamer Weise und die Regierung fiel wieder an Álvaro. Kurz darauf kam es wieder zu ei-

---

404 Álvaro de Luna (ca. 1390–453).
405 König Juan II. von Kastilien-León (reg. 1406–1454).
406 Juan und Enrique waren Söhne Ferdinands I. von Aragon.
407 Isabella von Portugal.

nem schrecklichen Kampf mit Juan und Enrique, bei dem es auf beiden Seiten viele Gefallene gab; Álvaro trug den Sieg davon. Enrique starb nach ein paar Tagen an einer Wunde seiner Hand, die er sich in dem Gefecht geholt hatte. Álvaro übernahm seinen Posten und wurde später sogar als Vater des Königs und Lenker des Königreiches gesehen. Zuletzt aber wurde er doch Opfer einer heftigen Missgunst; denn als er einen Adeligen, der ihm eine ungünstige Botschaft auf Befehl des Königs gebracht hatte, aus dem Fenster seines Hauses stürzen ließ, wurde er gefangen genommen und mitten auf dem Marktplatz zur Todesstrafe verurteilt. Aber er starb nicht wie ein Feigling, sondern zählte all seine Verdienste für den König und das Königreich auf, weinte nicht und jammerte nicht, sondern mit heiterer Miene und, wie wenn er zu einem Gelage käme, bot er dem Schwert seinen Nacken, ein Mann von hoher Gesinnung, zu Hause nicht weniger berühmt als im Feld und einer, der immer Großes im Sinn hatte.

171

Juan regierte daraufhin das Königreich selbst. Als er sein Leben ausgehaucht hatte, übernahm sein Sohn Enrique[408] das Königreich, ein junger sehr strebsamer Mann und bemüht um das Rechte. Er trennte sich von seiner ersten Ehefrau[409], weil sie angeblich unfruchtbar war, und heiratete eine andere[410] aus Portugal, die Schwester der Kaiserin[411]. Er marschierte mit einem Heer ins Königreich Granada, plünderte einen großen Teil des gegnerischen Territoriums und zerstörte es.

Juan[412], der Kardinal von Ostia, ein Mann von höchster Integrität und herausragend durch sein juristisches Wissen, der mir als jungem Mann seine Briefe diktierte, gab, vom Alter gebeugt, in diesem Königreich, wo er auch geboren wurde, Gott seine Seele zurück.

Im Königreich Navarra ergriffen der Sohn[413] gegen den Vater und der Vater gegen den Sohn die Waffen, der Sohn wurde schließlich aus dem Königreich vertrieben und floh zu seinem Onkel Alfonso, König von Aragon und Sizilien, nachdem er vorher durch ganz Frankreich gereist war. Alfonso schickte dann zwei hervorragende Männer, Luis, den Maestre von Montesa, und Juan Fernández, die versu-

---

408 Enrique IV., der Unvermögende (El impotente, 1425–1474).
409 Bianca von Navarra, Trennung 1453.
410 Juana.
411 Leonora.
412 Juan Cervantes, Kardinal von Ostia und San Pietro in Vincoli, gest. 1453.
413 Carlos von Viana, ältester Sohn Juans von Navarra.

chen sollten, den Sohn mit dem Vater zu versöhnen. Joanna[414], die Cousine und Ehefrau König Alfonsos, sprach über viele Jahre hinweg in Abwesenheit ihres Mannes in den Königreichen von Aragon und Valencia Recht über so viele mächtige Städte und über Regenten von höchstem Adel, eine ehrbare und fromme Frau, die es verdient hätte, Alfonso einen Nachkommen zu schenken.

172

In Portugal regierte Pedro[415] mit dem Beiname Infant (so werden dort die Söhne des Königs genannt, bevor sie regieren), ein Herrscher von großem Renommee, der durch fast ganz Europa gereist war und Beweise seiner Tapferkeit geliefert hatte, für einige Zeit noch unter Vormundschaft. Genauso vertrauensvoll übergab er die Regierung an Alfonso, seinen Neffen brüderlicherseits, der auch sein Schwiegersohn war. Schließlich gab es jedoch auf beiden Seiten Meinungsverschiedenheiten. Als sich die Hassgefühle immer mehr steigerten, kam es zum Gefecht. Pedro wurde von einem blindlings abgeschossenen Pfeil getroffen und starb, ein Mann großer Taten, der einst unter Kaiser Sigismund[416] diente und sich nicht geringen Ruhm erfocht im Kampf gegen die Türken.

173

Alfonso, ein sehr zivilisierter Fürst, von hoher Gesinnung und außergewöhnlicher Klugheit (denn noch nie hat das königliche Blut von Portugal Dummköpfe hervorgebracht), erhielt also nach diesen Ereignissen seinem Königreich den Frieden. Als ihm seine hochgeliebte Ehefrau[417], die auch seine Cousine war, verstorben war, konnte er nicht mehr überredet werden, eine andere Frau zu heiraten. Denn all sein Ehrgeiz richtete sich nur darauf, etwas zu unternehmen, was ihm persönlich Ruhm und der christlichen Religion Vorteile verschaffte. Deshalb rief er seine Noblen zu sich, nahm öffentlich das Zeichen des Kreuzes auf sich und versprach den Bau einer Flotte und einen Feldzug gegen die Türken.

---

414 Nicht Joanna, sondern Maria de Castilla, Tochter Enriques III.; Alfonso lebte den größten Teil seines Ehelebens getrennt von seiner Frau in Neapel.
415 Pedro, der Infant, regierte Portugal von 1438–1448.
416 Er diente Sigismund von 1426–1428.
417 Eleonora von Aragon.

174 XLVIII

Nachdem wir nun die äußersten Grenzen Europas durchwandert haben und den Norden soweit durchgegangen sind, wie wir es uns vorgenommen haben, kehren wir endlich in unser Vaterland zurück. Und da es uns nun obliegt, die Neuigkeiten in Italien zu referieren, glaube ich, man müsse zweifellos mit der Stadt beginnen, über deren ständige Umwälzungen sich Ost und West gleichermaßen wundern.

175

Und zwar handelt es sich um Genua, die Herrin und Königin von Ligurien, die, von Bürgerkriegen geschüttelt, in unseren Tagen ihre Seemacht verloren hat. In Genua, nachdem der Herzog Filippo von Mailand vertrieben und sein Gouverneur Opizzino d'Alzate ermordet waren, wurden auf Anraten des Francesco Spinola acht „Kapitäne der Freiheit"[418] gekürt. Als diese nach dem Verlust ihrer „Freiheit" vertrieben wurden, übernahm Isnardo Guarco[419] das Amt des Dogen, ein Mann von über 70 Jahren, auf Anraten von Tommaso Fregoso, der einst vor der Herrschaft des Herzogs Filippo von Mailand selbst das Amt des Dogen innehatte. Da aber Guarco mit seinem hohen Alter zur Regierung unfähig schien, erlaubte man ihm nur sieben Tage zu regieren, Tommaso[420] beraubte ihn seines Amtes. Nachdem dieser vier Jahre regiert hatte, vertrieb ihn sein Bruder für ca. 16 Stunden aus der Regierung; denn Tommaso kam zu frischen Kräften und verjagte seinen Bruder sofort wieder aus dem Palast. Anschließend regierte er die Stadt für drei Jahre und einige Monate, bis sie unter Giovanni Antonio Fieschi[421] wieder ihre Freiheit behauptete.

Wie schon früher wurden wieder acht Kapitäne gewählt, um den Staat zu verwalten. Diese warfen den Tommaso Fregoso ins Gefängnis, der nun schon dreimal Doge seiner Heimatstadt gewesen war. Die mächtigsten (der acht) waren der schon erwähnte Giovanni Antonio, ein Soldat im Ritterrang, und Raffaele Adorno[422], ein Jurist.

---

418 Genua stand 1421–1435 unter der Herrschaft Mailands.
419 Guarco wurde am 28. März 1436 zum Dogen gewählt.
420 Tommaso Fregoso war schon 1415 Doge, dann wieder ab 3. April 1436.
421 Giovanni Antonio Fieschi (ca. 1400–1447), später wegen Verdachts auf Hochverrat hingerichtet.
422 Adorno wurde am 28. Januar 1443 zum Dogen gewählt.

176

Aber diese Freiheit dauerte auch nur wenige Monate, weil Raffaele lieber „Doge" als „Kapitän" genannt werden wollte. Nachdem er seine Verwandten und die wichtigsten Vertreter der Spinola von seinem Plan überzeugt hatte, enthob er seine Kollegen ihres Amtes und nahm die Insignien eines Dogen an. Diese trug er allerdings nur etwas über zwei Jahre lang, dann wurde er von Barnabò[423], seinem Verwandten und Cousin aus der Regierung vertrieben. Barnabò aber war noch nicht einen ganzen Monat im Amt, da entmachtete ihn Giano Fregoso[424] mit Hilfe von Giovanni Antonio Fieschi und der Familie Doria. Und Giano ließ den Giovanni Antonio kurz darauf als Belohnung für seine Hilfe umbringen, indem er seinen Verwandten Gianfilippo Fieschi anheuerte, ihn zu ermorden, und ihm dann die Burgen des Verblichenen vermachte. Giano, nachdem er wenig mehr als zwei Jahre regiert hatte, starb während seiner Amtszeit, ihm rückte sein Bruder Ludovico nach, der durch seinen Cousin Piero[425] von seinem hohen Amt herabgestürzt wurde. Hier nun handelt es sich um jenen Pietro Fregoso, der heute noch regiert, mit großer geistiger und körperlicher Kraft, aber allen Großen der Stadt und fast allen Adeligen verhasst. Weil er seinen Verwandten und Cousin, Niccolò[426] Fregoso, einen Mann von tadellosem Charakter und berühmt durch seine philosophischen Studien, verdächtigte, nach der Herrschaft zu streben, ließ er ihn in den Palast rufen und durch angeheuerte Meuchler umbringen. Als er nun vier Jahre über seine und andere adelige Familien geherrscht hatte, trieb man ihn aus der Stadt und sein Cousin Ludovico, den er selbst vorher abgesetzt hatte, rückte auf seinen Posten vor. Als dieser aber merkte, dass er bei den Großen nicht so gut ankam, rief er eben diesen Pietro, den er vom Thron gestoßen hatte, zu Hilfe. Dieser kehrte also drei Tage nach seinem Exil zurück, stieß seinen Cousin vom Thron des Dogen und trieb all seine Feinde aus der Stadt, deren wichtigste sich um Hilfe an den florierenden Hof Alfonsos, des Königs von Aragon und Sizilien wandten. Von ihm erhielten sie eine große furchterregende Flotte, mit der sie nun schon fast zwei Jahre lang Genua zu Wasser und zu Land angreifen. Man rückte oft bis an die Mauern der Stadt vor, und es wurde sogar schon in den Vorstädten gekämpft. In diesem Jahr wurde dann das Zeichen zum Generalangriff gegeben, und man kämpfte im Hafen selbst und vor den Mauern, die Aragonesen drangen in die Stadt ein und trieben die Soldaten des

---

423 Januar 1447.

424 Fregoso wurde am 30. Januar 1447 zum Dogen gewählt.

425 Giano Fregoso starb im Dezember 1448; Ludovico wurde Doge im September 1448, Piero Fregoso am 8. Dezember 1450.

426 Niccolò Fregoso (ca. 1410–1452). Enea traf ihn vielleicht bei der Krönung Friedrichs III. in Rom (1452).

Dogen durch die ganze Stadt vor sich her, wobei sie die Bevölkerung allenthalben durch Gemetzel und Plünderung übel zurichteten. Aber da erschien Piero mit einer ausgewählten Schar von jungen Kämpfern, der die Seinen, die schon auf der Flucht waren, wieder zum Stehen brachte, sich auf die Aragonesen stürzte und nach einem vernichtenden Blutbad die Stadt, die schon fast verloren war, wiedergewann. Doch es wäre trotzdem um ihn geschehen gewesen, wenn die Feinde das Tor, das sie eingenommen hatten, so gesichert hätten, dass es von oben nicht mehr geschlossen werden konnte und so den Zugang für die erwarteten verbündeten Geschwader offengehalten hätten. Nun rüsteten sich beide Parteien gleichsam von Neuem zum Krieg. Doch es gibt auch das Gerücht, dass Piero, innerlich gebrochen, die Franzosen um Hilfe anflehe und an deren König den Posten des Dogen, den er selbst nicht halten könne, für Geld verkaufen[427] wolle.

177   XLIX

Bei den Insubrern[428] und in der weltbekannten Stadt Mailand hatte der Herzog Filippo[429] Maria, der einst Genua in seine Gewalt gebracht hatte, die Tochter[430] des Herzogs Amadeo von Savoyen geheiratet.

178

Filippo besiegte den mächtigen König Alfonso in einer Seeschlacht[431], zusammen mit dessen Brüdern, dem König von Navarra[432] und dem Maestre des Militärordens von Compostela und vielen kleineren Adeligen. Nachdem Alfonso als Gefangener zu ihm gebracht worden war, behandelte er ihn mit ungewöhnlicher Freizügigkeit und entließ ihn – reich mit Geschenken beladen – in die Freiheit.

---

427 Genua unterwarf sich König Charles VII. im Mai 1458.
428 Um Mailand herum wohnhaftes Volk.
429 Filippo Maria Visconti (reg. 1412–1447).
430 Maria von Savoyen, Hochzeit 1428.
431 Schlacht von Ponza, 4. August 1435.
432 Juan II.

179

Filippo hielt es nicht für nötig, den Kaiser Sigismund aufzusuchen, als sich dieser auf seinem Weg nach Rom in Mailand[433] aufhielt. Er befreite Bologna, Forlì und Imola aus den Händen der Tyrannen und übergab sie wieder der heiligen Kirche von Rom. Er bezähmte im Krieg die wilde Nation der Schweizer[434]. Über Florenz und Venedig haben seine Feldherren des Öfteren triumphiert und einst ganz Italien in Schrecken versetzt. Dann ließ sein Kriegsglück nach und er verlor Genua. Niccolò Piccinino, auf den er am meisten hielt, starb[435], sein Heer wurde bei Casalmaggiore[436] nahe am Po unter der Führung von Micheletto von Cotignola im Gefecht geschlagen, das Lager geplündert und viele Reiter und Infanteristen gefangen genommen. Und so kam es dann, dass er nicht nur von Venedig, sondern von allen umliegenden Völkern und Herrschern verachtet wurde. Und als die Venezianer den Fluss Adda überquerten und auf Mailänder Gebiet ihr Lager aufschlugen, jagte ihm dies einen so heftigen Schreck ein, dass er schon über einen Verzicht auf die Herrschaft nachdachte. Er bat die Könige diesseits und jenseits der Alpen um Hilfe. Aber er, den, als er noch Erfolg hatte und alle Feinde nur beleidigte, alle für ehrenvoll und sympathisch hielten, wurde nun, da er im Unglück gelandet war, von allen verlassen und erschien ihnen geradezu hassenswert. Als einziger Helfer verbündete sich nun Alfonso mit ihm, im Gedenken an die vornehme Behandlung von damals.

180

Aber als Alfonso zu spät abmarschierte und Filippo unterdessen wegen seines schlechten Gesundheitszustandes sein Augenlicht verlor, dann auch schon von seiner Burg aus den feindlichen Waffenlärm hörte, erlitt er einen Schock und schied[437] dahin, aus Überdruss am Leben und vollständig erschöpft. Als Erben benannte er Alfonso.

---

433 1432.
434 Schlacht von Delebrio in Valtellina, 1432.
435 10. Oktober 1444.
436 28. September 1446.
437 13. August 1447.

181

Filippo war von gewaltigem Körperbau, in seiner Jugend recht mager, im Alter aber ziemlich fett, hatte ein deformiertes und schreckliches Gesicht, unstete und sehr große Augen und einen scharfen und schlauen Geist; im Geldausgeben war er verschwenderisch, beim Sparen eher lässig, man kam schwer an ihn heran, aber sobald man mit ihm ins Gespräch gekommen ist, war er mild und gefällig; die Körperpflege und Reinlichkeit und jegliche Toilettenkünste verachtete er, war aber ein begeisterter Jäger, verstand viel von Pferden; im Übrigen aber war er ziemlich rastlos und herrschsüchtig. Im Frieden sehnte er sich nach Krieg, im Krieg nach Frieden. Er war ein perfekter Meister im Heucheln und sich Verstellen[438], gegenüber Soldaten war er nachsichtiger als gegen Zivilisten. Er trat selten an die Öffentlichkeit, Denunzianten schenkte er leicht Glauben. Er war so anfällig für Verdächtigungen, dass er sich oft die treuesten Freunde aus nichtigsten Motiven entfremdete. Er ließ es selten zu, dass Leute in Trauerkleidung zu ihm kamen, Gespräche über den Tod hörte er ungern, vor Blitz und Donner hatte er unglaubliche Angst. Leuten, die an zersetzender Seuche erkrankt waren, befahl er aufs Land zu gehen und ließ ihre Häuser anzünden; durch diese Maßnahme verschonte er die zahlreiche Bevölkerung von Mailand viele Jahre lang von der Pest.

Als er gestorben war, wurde ihm nur ein ganz anspruchsloses Leichenbegängnis veranstaltet, das weder seiner Person noch seiner Ahnen würdig war, und sein Grab wurde nicht geschmückt. Als das Volk vom Tod des Herzogs erfuhr, erklärte es sich für frei[439] und wählte 12 Männer, die die Stadt regieren sollten. Die Burg von Porta Giova, einen großartigen Palast, haben sie angegriffen und zerstört[440], das Testament Filippos zerrissen.

182

Die Herrschaft über Mailand erhofften sich viele. Aber nur vier Aspiranten hatten ernstzunehmende Ansprüche. Kaiser Friedrich behauptete, dass die Herrschaft an ihn falle, da Filippo ohne legitime Kinder aus dem Leben geschieden sei; Alfonso erhob Anspruch auf die Erbschaft auf Grund des Testaments; Herzog Charles[441] von Orléans, der blutsmäßig mit den Visconti verwandt war, sagte, ihm gehöre das

---

438 Sallust 1985, 10 (V).
439 Die „Ambrosianische Republik", 1447–1450.
440 September 1447.
441 Charles war Viscontis Neffe.

Herzogtum, da ja kein Testament da sei. Francesco Sforza[442] behauptete, dass seine Ehefrau, die Tochter Filippos, als Erbin des Vaters angesehen werden müsse. Die Vertreter all dieser Ansprüche wurden vom Senat Mailands angehört, von denen einige ohne Umschweif die Herrschaft verlangten, andere, unter dem Vorwand, gegen Venedig Hilfe zu leisten, sich eifrig bemühten, sich beim Volk einzuschmeicheln und so Schritt für Schritt die Herrschaft zu erreichen. Aber der Stadt, die schon Freude an ihrer Freiheit spürte und in ihrer Herrschsucht bereits das Heer des verstorbenen Herzogs übernommen hatte, gefiel keiner dieser Kandidaten, die auf jeden Fall der Bürgerschaft wieder ein Joch auferlegt hätten. Sie bot aber immerhin dem Kaiser den jährlichen Tribut in Form eines goldenen Pokals, wenn sie frei nach ihren Gesetzen leben dürfte. Inzwischen wurden auf allen Seiten die Erblande Filippos zerrissen. Die Venezianer besetzten Piacenza, Crema, Lodi und viele andere kleine Orte. Der Herzog Louis[443] von Savoyen griff Valence und Conflans an, Asti fiel ab zum Herzog Charles von Orléans, der mit massiver Hilfe von Seiten des Königs von Frankreich begann, das Gebiet von Alessandria zu plündern. Die Bewohner von Pavia, von inneren Kämpfen zerrissen, waren lange Zeit unsicher, welcher Partei sie sich anschließen sollten; Novara, Como, Alessandria und Tortona entschieden sich für Mailand, Parma wurde nach etwas schwammigen Kriterien in das Bündnis mit aufgenommen.

183

Francesco Sforza hielt sich während dieser Zeit im Piceno auf, obwohl er den größten Teil dieser Provinz schon verloren hatte. Kurze Zeit vorher hatte Filippo, bevor er starb, sich durch Vermittlung gegenseitiger Freunde mit ihm versöhnt und ihn gebeten zurückzukommen, um gegen die Venezianer zu kämpfen. Er bat den König Alfonso, ihm in seinem Namen 70 000 Goldstücke zu zahlen. Als dies erledigt war und Francesco seine Truppen schon versammelt und marschbereit ausgerüstet hatte, trieb ihn, der schon lange Zeit auf den Reichtum Mailands spekuliert hatte, die Nachricht vom Tod Filippos dazu an, sich noch mehr zu beeilen. Sobald er also die Lombardei betreten hatte, sandten die Mailänder, unsicher, auf welcher Seite er stand, ihm Bevollmächtigte entgegen und heuerten ihn mit hohem Sold an, um ihn daran zu hindern, entweder allein oder in Allianz mit Venedig, ihrem Vorhaben im Weg zu stehen. Und sobald sie ihn nun zum Feldherrn ihres Heeres gemacht hatten,

---

442 Sforza (1401–1466), seit 1450 Herzog von Mailand, heiratete 1441 Bianca Maria Visconti, die illegitime Tochter Filippos.
443 Seine Schwester war die Witwe Filippos.

befahlen sie ihm, mit all seinen Truppen Piacenza zu belagern. Er gehorchte, und während er noch Piacenza belagerte, nahm er das Angebot von Pavia[444] an, sich ihm zu ergeben, einer Stadt, die schon lange die hochmütige und unverschämte Herrschaft von Mailand loswerden wollte. Dies aber hat die Mailänder ganz schön geärgert, die sagten, dass es Francesco per Vertrag verboten war, irgendeine Stadt zu besetzen, die einst Filippo gehört hatte. Francesco aber sagte, dass er die Stadt nicht belagert habe, sondern sie an sich genommen habe, weil sie sich ihm freiwillig ergeben habe. Aber weil die Mailänder seine Macht fürchteten, beschlossen sie, lieber nachzugeben. Er belagerte weiterhin Piacenza und griff schließlich die Stadt mit aller Gewalt an. Und endlich, obwohl sie von vielen und tapferen Soldaten verteidigt wurde, nahm er sie mit Waffengewalt ein und zerstörte sie.[445]

184

Die Herrschaft über Mailand lag zu dieser Zeit in den Händen von Adeligen und bei den Leuten, die einst Filippos Berater waren. Und so lief alles günstig unter der Verwaltung von weisen Männern, und schon wurde eine nicht geringe Anzahl von Franzosen (ca. 3.000 Reiter, Elitetruppen), die die Alpen überquert hatten, bei Alessandria angegriffen und vernichtet.[446] Die Venezianer wurden in einer bedeutenden Schlacht bei Caravaggio besiegt und verloren fast alle ihre Truppen. Lodi, das man ihrer Herrschaft entrissen hatte, kehrte unter die Kontrolle Mailands zurück. Aber jetzt war Francesco Sforza, der beauftragt war, Brescia anzugreifen, überzeugt, er müsse schnellstens mit Venedig verhandeln, entweder, weil er glaubte, auf andere Weise die Herrschaft über Mailand, die er sich schon so lange ausgemalt hatte, nie erreichen zu können, oder weil er glaubte, den Mailändern zuvorkommen zu müssen, die hinter seinem Rücken ein freundschaftliches Bündnis mit Venedig schließen wollten, so dass er nicht isoliert als Beute für die beiden Rivalen dastehe. So schloss er also ein Präventivbündnis mit Venedig.[447]

Darin stand neben vielen anderen Versprechen seitens dieser und jener Partei unter anderem, dass der Senat von Venedig Francesco mit Geld und Waffen unterstützen werde, wenn er sich mit seinen Truppen aufmache, die Herrschaft über Mailand zu erringen. Als dies unterschrieben war, marschierte er sofort ins Gebiet von Mailand. Die Bracceschi befehligten damals die Truppen Mailands, und nachdem sie Ludovico dal Verme und einige andere Truppen Francescos bei Monza

---

[444] Pavia ergab sich am 17. August 1447.
[445] Dezember 1447.
[446] Schlacht bei Alessandria, Oktober 1447.
[447] Oktober 1448.

geschlagen hatten, verließen sie die Seite Mailands und desertierten zu Francesco.[448] Dieser versprach seine Tochter dem Jacopo Piccinino zur Frau.[449]

185

Aber Carlo Gonzaga[450], ein bekannter Condottiere, der vor einiger Zeit von den Mailändern desertiert und zu Francesco übergelaufen war, verriet, als er hörte, dass ebendiese Mailänder jetzt ganz verlassen und ohne irgendeinen Führer waren, Francesco nun und lief wieder zu Mailand über.

Er hatte einen massigen Körperbau, eine gigantische Erscheinung, Kräfte, die seinem Körperbau entsprachen. Er war berühmt für seine Redekunst, beherrschte Griechisch und Latein, war aber etwas wankelmütig in seiner Anlage und bereit zu jeder Tat, ob ehrenvoll oder schändlich. Und er hegte große Hoffnung, den Mailändern ihre Freiheit zu nehmen und die Herrschaft über die Stadt an sich zu reißen. Aber da das Schicksal die Mailänder nun schon mal stiefmütterlich behandelte, fielen Piacenza, Tortona und Novara von ihnen ab, und sie ließen die Truppen Francescos herein. Als die Bewohner von Alessandria merkten, dass sie von Mailand nichts mehr erhoffen konnten, vertrauten sie sich dem Schutz Guglielmos an, des Bruders des Herrn von Monferrato.

186

Inzwischen war die Regierung Mailands von den Adeligen in die Hände des Volkes geraten und zwölf Männer, ausgewählt aus dem Bodensatz des Volkes, ohne Adelstitel und unbekannt, die der Stadt nach alter Gewohnheit voranstehen sollten, übernahmen die Leitung. Weil diese nun die Adeligen, die sie schon in vieler Hinsicht beleidigt hatten, in Verdacht hatten, es mit Francesco zu halten, nahmen sie auf Vorschlag des Gonzaga, der glaubte, auf diese Weise die Herrschaft am bequemsten an sich reißen zu können, sieben der edelsten Bürger, von hohem Adel und großem Reichtum, in einer Blitzaktion gefangen, töteten[451] sie des Nachts uns stellten die Kadaver auf dem Marktplatz aus, als ein Spektakel für das gemeine Volk. Unter diesen lag, rücklings und verstümmelt, der Leichnam des Giacomino Bossi,

---

448 19. Dezember 1448.
449 Trusiana (1437–1474), Sforzas illegitime Tochter, heiratete Jacopo Piccinino im Jahr 1464.
450 Carlo Gonzaga (ca. 1417–1456), trennte sich von Sforza 1448, als dieser sich mit Venedig verbündete.
451 29. Januar 1449.

der völlig unschuldig war – ein prächtiger junger Mann von edlem Charakter und literarisch gebildet, der uns freundschaftlich verbunden war. Und kurz danach töteten sie Giovanni Caimmi[452], einen ehrwürdigen Greis, und seinen Sohn Francesco, einen gutaussehenden jungen Mann, nachdem man sie grausamst gefoltert hatte, denen man lediglich vorwarf, dass sie blutsverwandt mit Bianca Maria waren, der Frau des Francesco. Und danach wurde der Jurist Giorgio Lampugnani in Monza gefangen genommen und umgebracht, weil er angeblich eine Botschaft an den Kaiser überbringen sollte; ein großer Verteidiger der Freiheit und genau der Mann, der einst Filippos Testament zerrissen hatte, um zu zeigen, dass er auf Seiten der Volksregierung stehe. Auch den Teodoro Bossi verschonten sie nicht, obwohl er in der Stadt sehr populär war; sie hielten ihn lange in Gefangenschaft, schließlich aber töteten sie ihn. Galeotto Toscano[453], ein anderer adeliger und reicher Bürger, wurde ebenfalls hingerichtet.

187

Nicht der kleinste Rest von Freiheit blieb nun zurück. Die zwölf Mann beschmutzten die Stadt in ihrem tyrannischen Übermut mit Morden und Raubzügen und, indem sie die Wahl von Nachfolgern untersagten, verlängerten sie ihre eigene Herrschaft gegen den Willen des Volkes. Schließlich aber war die Stadt so erregt und erzürnt, dass sie die Waffen ergriff, einen neuen Magistrat aus der Reihe des Adels aufstellte, die Tyrannen absetzte und ins Gefängnis warf. Aber auch so konnte das Volk keinen Atem mehr schöpfen, denn, nachdem sie alles verloren hatten bis auf die Städte Como und Parma (die loyal blieben bis ans Ende), belagerte nun Francesco die Stadt mit aller Kraft. Daraufhin warf das erzürnte Volk wiederum die Adeligen aus dem Palast, befreite die Tyrannen von ihren Fesseln und setzte sie, als ob sie die Freunde der Freiheit und die größten Wohltäter des Staates wären, auf ihren früheren Posten. Diese führten sich jetzt wieder so wie schon vorher auf, scharten jede Menge von Gefolgschaft um sich, bereicherten sich auf Anraten Carlos in hohem Maße und unterdrückten die Adeligen vollständig. Aber sie ließen ihm (Carlo) keine Möglichkeit, sich an die Spitze zu setzen. Als er das bemerkte und noch dazu sah, dass sein Verbleiben in Mailand gefährlich werden konnte, versöhnte er sich durch Unterhändler mit Francesco. Verlockt durch große Prämien lieferte er ihm Lodi aus,

---

452 Er wurde angeklagt, die Ambrosianische Republik verraten zu haben.
453 Enea Silvio Piccolomini, Commentarii (Totaro 1984), 103.

indem er sein Wort nun zum dritten Mal brach, und zum großen Schaden von Mailand und zum Schrecken des Volkes wechselte er zu Francesco.[454]

Aber es fehlte den Tyrannen immerhin nicht der Mut, von überall her Hilfstruppen zusammenzuziehen und zu versuchen, das ihrem Hals nun drohende Joch des Francesco abzuschütteln. Alle anderen baten sie vergeblich um Hilfe, nur die Venezianer konnten sie endlich überzeugen, sie nicht im Stich zu lassen. Denn auch ihnen schien es nicht günstig, dass Francesco, ein Mann im blühenden Alter, im Kriegswesen sehr erfahren, dessen Macht und dessen Waffen sie schon zu ihrem großen Schaden zu spüren bekommen hatten, eine Machtposition erringe, die der ihren ebenbürtig sei. Die Venezianer schlossen also einen Vertrag[455] mit Mailand und legten Gesetze fest, die ganz Norditalien binden sollten, und schrieben dem Sforza vor, dass er mit einem bestimmten Truppenkontingent und mit bestimmten Grenzen zufrieden sein und Mailand in Ruhe lassen sollte. Er aber, wohl wissend, dass er schnell untergehen würde, wenn er Venedig gehorchte, missachtete ihren Befehl und beschloss, scheinbar verlassen von allen (denn nur Florenz half ihm, und das auch nur sehr spärlich) mit der Belagerung fortzufahren.

188

Francesco Piccinino war gestorben und sein Bruder Jacopo war mit den Bracceschi zu Venedig gewechselt. Darauf kam Leonardo Venier[456], vom Venezianischen Senat gesandt, nach Mailand und versprach, in Kürze Hilfstruppen und eine große Menge von Lebensmitteln, deren die Stadt bedurfte, herbeizuschaffen. Sowohl bei den Soldaten Francescos als auch bei der Bevölkerung Mailands herrschte schlimmster Mangel an allen Dingen, so dass man gar nicht genau sagen konnte, ob man Francesco jetzt einen Belagerer oder einen Belagerten nennen sollte. Kaum 2000 Pferde waren ihm übriggeblieben, die einen Reiter tragen konnten, und die Soldaten, um ihren Sold betrogen, tauschten ihre Waffen gegen Essen ein; denn Francesco hatte kein Geld mehr, mit dem er die Soldaten entlohnen könnte. Aber schwankend zwischen Hoffnung und Furcht zog er die Belagerung von Tag zu Tag in die Länge, wobei er mehr Worte als Taten produzierte. Als aber in der Stadt schon das ganze Getreide aufgebraucht war, nichts anderes mehr zum Essen übrigblieb, schon Hunde, Pferde und andere derartige Tiere aufgegessen waren und das Volk den Hunger nicht mehr länger ertragen konnte, versammelten sie sich alle bei der

---

454 Gonzaga schloss sich Sforza am 11. September 1449 an.

455 24. September 1449.

456 Enea Silvio Piccolomini, Commentarii (Totaro 1984), 500.

Porta Vercellina, ergriffen die Waffen, stürmten aufs Forum, durchbohrten den venezianischen Gesandten Leonardo Venier und rissen ihn in Stücke. Daraufhin stürmten sie den Palast, nachdem sie die Leibwache der Tyrannen vertrieben hatten. Sie besetzten ihn widerstandslos und legten den Tyrannen, die sie vorfanden, Fesseln an.

189

Daraufhin schickte man zu Francesco Legaten und bot ihm die Herrschaft über die Bürgerschaft an. Bald danach betrat[457] er die Stadt und nahm die Regierung an. Einige Tage vergingen, und er kehrte mit Frau und Kindern zurück und hielt seinen Einzug[458] in die Stadt nach Art eines Triumphators, geschmückt mit den herzoglichen Insignien. Como und Parma hatten sich ihm schon ergeben und Guglielmo di Monteferrato hatte er Alessandria entrissen. Daraufhin führte er zusammen mit Florenz, seinem Bundesgenossen, für längere Zeit einen nicht unbedeutenden Krieg gegen Venedig und König Alfonso. Weil er von dieser Übermacht allzu sehr erdrückt wurde (denn er konnte einer solchen Machtansammlung nichts entgegensetzen), holte er den König René, der tapferste Reitereinheiten im Sold hatte, verlockt durch hohe Bezahlung und große Versprechungen, aus Frankreich zur Hilfe. Als dieser nun nach Überwindung der Alpen nach Italien hinabgestiegen war und Guglielmo di Monteferrato gezwungen hatte, die Waffen zu strecken, teils aus Freundschaft, teils aus Zwang, und als er schon sein Lager mit dem des Francesco vereinigt hatte und sie feindliches Gebiet betreten hatten, da eroberten sie schnellstens einige Kastelle und machten nach französischer Art alle dort Ergriffenen nieder. Nun befiel die Venezianer ein solcher Schrecken, dass sie es vorzogen, ihr Lager auf keinen Fall näher ans Lager der Feinde zu rücken, und sie glaubten nicht mehr daran, dass sie Brescia und Bergamo noch halten könnten, da sie doch das umliegende Gelände schon verloren hatten. Da nun auch noch der Krieg[459] gegen die Türken ihre Seemacht bedrohte, wurde plötzlich gegen alle Erwartung ein Frieden zwischen Venedig und Francesco ohne das Wissen des Königs geschlossen. Ein Frieden, um den schon lange im Konsistorium der Kardinäle verhandelt wurde und der schließlich bei Lodi[460] durch Vermittlung eines unbekannten, aber erfahrenen und anständigen Mönches[461] zustande kam. Die Burg (von Mailand), die durch den

---

457 26. Februar 1450.
458 25. März 1450.
459 29. Mai 1454, Fall Konstantinopels.
460 9. April 1454.
461 Fra Simonetto da Camerino, Augustiner.

Wahn des verrückten Volkes zerstört worden war, ließ Francesco in kurzer Zeit wieder aufbauen, begünstigt durch die wunderbare Vorsorge des Glücks oder des Allmächtigen. Ein edles und großartiges Bauwerk wurde rasch durch eben diese Hände wieder aufgebaut, die es kurz vorher zerstört hatten.

190

Francesco Filelfo[462], ein berühmter Satirenschreiber, wandte sich zu eben dieser Zeit dem Heldenepos zu und begann die Taten der Sforza zu beschreiben. Leodrisio Crivellis[463] Bedeutung, sowohl in Prosa als auch im Vers, begann damals zu wachsen.

L 191

Bei den Venezianern, mächtig zu Wasser und zu Land, die den Namen Italiens weit und breit bekannt gemacht haben bei den ausländischen Nationen, wurde der Sohn des Dogen Francesco Foscari[464] unter dem Vorwurf, gegen den Staat gearbeitet zu haben, ins Exil geschickt. Anschließend wurde er wieder zurückgeholt, dann noch einmal eines Verbrechens verdächtigt und grausamst gefoltert. Als er keine Übeltat gestand, wurde er auf die Peloponnes verbannt, wo er sein elendes Leben beendete. Als der Schwiegersohn desselben Dogen, Andrea Donato, die Insel Kreta im Auftrag der venezianischen Regierung verwaltete, wurde er zum Herzog ernannt, aber dann nach Hause zurückgerufen und seiner Ehre beraubt. Man nahm ihm eine große Geldsumme ab und schickte ihn ins Exil.

Ermolao Donato[465], ein Mann, der in Venedig einen hohen und verantwortungsvollen Posten innehatte, wurde von einem Speer durchbohrt und getötet, als er in tiefer Nacht von einer Beratung nach Hause kam. Und nie fand man heraus, wer dieses hässliche Verbrechen beging, obwohl man dem Sohn des Dogen dies zutraute.

Francesco Barbaro[466], ein Meister der humanistischen Studien, der nicht wenige hochgelobte Werkchen herausgegeben hat, schied, vom Alter gebeugt, nicht ohne ehrenvoll erwähnt zu werden, aus dem Leben.

---

462 Filelfo (1398–1481) ist Verfasser des 16-bändigen Epos *Convivia mediolanesia e la Sphortias*.
463 Leodrisio Crivelli schrieb über den Kreuzzug Pius' II.
464 Francesco Foscari (1373–1457), vgl. Giuseppe Verdi, *I due Foscari*.
465 Senator Ermolao Donato, gest. 1450.
466 Francesco Barbaro (1390–454), Autor u. a. eines Traktates *De Re Uxoria* (1416, dt.: Über die Ehe).

Kaiser Friedrich besuchte[467] Venedig auf seinem Heimweg von Rom zusammen mit seiner Frau, dem König Ladislaus (Postumus) und seinem gesamten Gefolge. Er wurde gern und freundlich empfangen und mit unglaublichen Ehren überhäuft.

192

Francesco, der Doge dieses Volkes, der die Stadt 35 Jahre[468] lang zur höchsten Zufriedenheit regiert hatte, hatte dem Herzog Filippo von Mailand Brescia und Bergamo weggenommen und dessen Truppen an mehreren Orten in die Flucht geschlagen. Er ließ Francesco Carmagnola, einen berühmten Condottiere, wegen Verdachts auf Verrat mit dem Beil hinrichten[469]. Er verhaftete auch Marsilio von Carrara, dessen Vorfahren lange als Tyrannen über Padua regierten, als dieser versuchte, sich sein väterliches Erbteil zurückzuholen, und tötete[470] ihn. Er hatte einen Frieden[471] mit den Türken geschlossen, weniger ehrenhaft als notgedrungen, und das venezianische Reich zu Wasser und zu Land weit ausgedehnt. Schließlich aber wurde er gezwungen, die Regierung aufzugeben, weil sein Alter ihn angeblich regierungsunfähig machte. Er aber, wie wenn man ihm nun große Schande angetan hätte, und weil er den Anblick seiner undankbaren Heimat nicht mehr ertragen konnte und ein Leben verabscheute, das ihm keine Macht mehr ließ, zog sich aus dem Regierungspalast in sein Privathaus[472] zurück, wo er, nachdem er seinen Bürgern die Regierung zurückgegeben hatte, seine jämmerliche Seele sofort der Natur zurückgab. Battista Piasio[473], ein Astronom aus Cremona, hatte dessen Sturz schon mehrere Monate früher vorhergesagt, als ob er es vorausgesehen hätte. Francesco war, als er starb, kurz vor seinem 90. Geburtstag, ein bewundernswerter Greis, ausgestattet mit majestätischem Körperbau, der sich alles merken konnte, was er nach seiner Kindheit entweder gesehen oder gehört hatte, von großer Beredsamkeit und einer schnellen Auffassungsaufgabe und Gewandtheit, so dass er den Senat sehr gut ausbremsen konnte. Als sein Vater einst in Handelsgeschäften in Ägypten war und einen Propheten dieser Gegend über die Zukunft ausfragte, bekam er von jenem die Antwort, er habe einen Sohn, der dereinst die Regierung in seiner Stadt übernehmen werde.

---

467 1452.
468 1423–1457.
469 1432.
470 24. März 1435.
471 Vertrag mit Mehmed II. 1454.
472 Casa Foscari.
473 Battista Piasio (1412–1492).

193

Auf Francesco folgte Pasquale Malipiero[474], ein Mann von außergewöhnlicher Klugheit und kultiviertem Charakter, unter dessen Führung, wie man hofft, man keinen Krieg führen werde, außer er ist nötig oder bringt viel Ruhm ein.

LI **194**

Ludovico[475], der Markgraf von Mantua, ist unter den Fürsten unseres Zeitalters nicht der unbedeutendste, gebildet und erfahren in Kriegsdingen. Auf Seiten Francescos im Krieg gegen Venedig, nachdem dieser die Herrschaft über Mailand gewonnen hatte, trug Ludovico viel zur Festigung der Macht Francescos bei. Sein Bruder Carlo[476], der von Francesco abgefallen war, wurde in Fesseln gelegt, auf Ludovicos Bürgschaft hin wieder freigelassen, und als er auch dann wieder sein Ehrenwort brach, aller Städte, die er im Gebiet von Mantua hatte, beraubt. Dann stellte er sich in venezianische Dienste und führte bedeutende Truppenverbände ins Gebiet von Mantua, wo er überall die Äcker verwüstete und verbrannte. Weil ihm Fortuna nun am Anfang dieses Krieges sehr gewogen war, die Mantuaner jedoch nun von Furcht gepackt wurden und an ihrer Situation verzweifelten, ließ Ludovico Hilfstruppen aus Mailand kommen, führte seine Soldaten in die Schlacht und bot dem Bruder das Gefecht an. Carlo verweigerte den Wettkampf nicht. Eine wilde Schlacht[477] wurde geschlagen, in der zwei Brüder, beide in blühendem Alter, beide kriegserfahren, beide körperlich und geistig herausragend, mit aller Macht um Ruhm, um die Herrschaft und um ihr Leben kämpften. Am Ende siegte Ludovico, verfolgte Carlo und schlug ihn in die Flucht. Sehr viele Soldaten fielen und er nahm all die Befehlshaber von dessen Truppen und der Reiterei gefangen. Carlo selbst wurde aus seinem Heimatland verbannt und starb[478], verarmt, von einer Krankheit dahingerafft.

---

474 Pasquale Malipiero (1392–1462).
475 Ludovico Gonzaga (reg. 1444–1478).
476 Carlo Gonzaga (1417–1456).
477 14. Juni 1453.
478 Am 20. Dezember 1456 in Ferrara.

195   **LII**

In Ferrara starb Niccolò d'Este[479], der vom Glück am meisten begünstigte Prinz
unserer Epoche, wenn er nicht gezwungen gewesen wäre, den Ehebruch seiner
Frau sowohl an ihr als auch an seinem hochgeliebten Sohn zu rächen[480]. Leonello[481]
übernahm darauf die Herrschaft, ein friedfertiger Fürst, belesen und musikalisch.
Als dieser starb, wurde sein Bruder Borso[482], auch er ein Sohn Nikolaus' von der
Konkubine Ptolemea aus Siena, zur Herrschaft gerufen, ein junger Mann von tadellosem Körperbau, der sich mit den Waffen Ruhm verschafft hatte und gleich
erfahren war im Sprechen wie im Handeln. Nachdem er Kaiser Friedrich in großartiger Weise, sowohl auf dessen Weg nach Rom als auch auf dem Rückweg,
empfangen hatte, bekam er das Herzogtum Modena und Reggio (Emilia) und war
der allererste aus der Dynastie der Este, der Herzog[483] genannt wurde.

196

Während Papst Felix in Ferrara ein Konzil[484] mit den Griechen veranstaltete, lud
Ugo[485] von Siena all die Leute, die im Ruf standen, Gelehrte der griechischen Phi-
losophie zu sein und die dort versammelt waren, zu sich ein. Und nachdem er ihnen
ein üppiges, großartiges Bankett geboten hatte, nach Beendigung des Mahls, als die
Speisen und die Tische entfernt waren, lockte er sie Schritt für Schritt in eine
Disputation. Als nun auch noch der Markgraf Niccolò da war und viele hervorragende Philosophen, Mitglieder dieser Synode, gekommen waren, brachte er alle die
Probleme der Philosophie zur Sprache, über welche Platon und Aristoteles in ihren
Werken zu diskutieren und ganz verschiedener Meinung zu sein scheinen. Er
selbst, sagte er, werde den verteidigen, den die Griechen glaubten angreifen zu
müssen, ob sie nun glaubten, dass man Plato oder Aristoteles folgen müsse. Als die
Griechen diesen Wettstreit gerne annahmen, zog sich der Disput für lange Stunden
hin. Schließlich, als Ugo, der Gastgeber, die Philosophen der Griechen, einen nach
dem anderen, durch Argumente und seine Redegewalt zum Schweigen gebracht
hatte, wurde klar, dass die Römer, die schon lange in den Kriegskünsten und durch

---

479 1383–1441.
480 Sein illegitimer Sohn Ugo und seine Frau Parasina Malatesta, beide 1425 hingerichtet.
481 Leonello d'Este (reg. 1441–1450).
482 Borso d'Este (reg. 1450–1471).
483 1452.
484 Konzil von Ferrara–Florenz 1438–1439.
485 Ugo da Siena bzw. Ugo Benzi (ca. 1370–1448), Arzt von Niccolò III. d'Este.

den Ruhm der Waffen die Griechen besiegt hatten, sie in unserer Epoche auch in der Literatur und in jeder Art von Gelehrsamkeit überflügelt haben.

197

Allerdings war das Haus der Este schon immer ein Gönner der gelehrten Männer: In unserer Zeit hat es nicht nur Ugo, von dem wir eben gesprochen haben, mit üppiger Besoldung an sich gezogen, sondern versah auch viele Zivilrechtler und mehrere Leuchten aus den übrigen Fakultäten mit hohen Ehren. Auf dem Gebiet der Redekunst gehörte zum Hof Giovanni Aurispa[486] aus Sizilien, ein Experte in griechischer und lateinischer Literatur, bestens bekannt durch seine Lyrik und Prosa, die ihn reich und glücklich machten.

198

Guarino[487] von Verona schließlich, der Vater und Lehrer fast aller, die heutzutage griechische Literatur studiert haben, – ein bewundernswerter und aller Ehren würdiger Greis, der sein ganzes Leben mit Lesen, Lehren und Schreiben verbrachte – fand hier sein geliebtes Refugium für das Alter und eines, das auch ehrenhaft und würdig seiner Beschäftigung und seiner Bedeutung war.

LIII 199

Bologna, das man nicht so sehr Mutter der Studien als eher Mutter des Aufruhrs nennen könnte, ist die Zwillingsschwester von Genua und beständig nur in seiner Unbeständigkeit. Nachdem die Bologneser die Fraktion der Zambeccari nicht ohne Gemetzel beseitigt und viele Bürger von zu Hause vertrieben hatten, begann man, die Stadt mit einem gemeinsamen Rat der Canetoli und der Bentivoglio zu regieren.
  Die Anführer der beiden Parteien waren Battista Canetoli und Annibale Bentivoglio[488], beides blutrünstige Kerle, beide bekannt durch ihre Morde. Obwohl sie eigentlich durch das Sakrament der Taufe miteinander verbunden waren, behandelten sie einander um nichts besser; denn Annibale folgte, kaum hatte er Battistas

---

486 Giovanni Aurispa (ca. 1369 – 1459).
487 Guarino Guarini da Verona (1374 – 1460).
488 Bologna lehnte sich 1438 gegen die Herrschaft des Papstes auf, Annibale Bentivoglio wurde Herr der Stadt.

Sohn vom heiligen Wasser hochgehoben, dem Vater seines Täuflings, angeblich um die junge Mutter zu besuchen, ergriff seine Hand, um ihm zu dem Neugeborenen zu gratulieren; da wurde er von den Bodyguards Battistas, die unversehens herbeistürmten, umgebracht. So wurde es klar, dass Battista das Sakrament der Taufe nicht so sehr ausnutzte, um das Bündnis zu festigen, als vielmehr um den Mord auszuführen. Aber der Mord an Annibale blieb nicht ungerächt, denn seine Anhänger griffen bald danach zu den Waffen, trieben die Feinde in die Flucht und besetzten den Platz. Battista wurde schließlich auf den Hinweis eines Jungen hin mit vielen seiner Spießgesellen in einer unterirdischen Höhle entdeckt, wo er sich versteckt hatte. Er wurde durch Rauch gezwungen, herauszukommen und dann durch viele Wunden erledigt. Sein Leichnam wurde auf den Marktplatz geschleppt und lange Zeit zum Gespött aller misshandelt. Als mehrere nach Art der wilden Tiere sein Herz mit ihren Zähnen zerrissen und nicht davor zurückscheuten, sein Blut zu trinken, wurde er endlich verbrannt.

200

Zu eben dieser Zeit versteckte sich Sante[489], ein illegitimer Sohn des Ercole Bentivoglio, den zu töten Papst Eugen einst befohlen, oder zumindest erlaubt hatte, in Florenz, wo er das Leben eines armen Wollarbeiters führte und sich kaum bewusst war, wer sein Vater war. Plötzlich aber riefen ihn die Bologneser zurück, und als er sich weigerte, holten sie ihn irgendwie gegen seinen Willen in die Heimat. Sie machten den Wollarbeiter zum Ritter, ernannten ihn zum Tutor des Sohnes von Annibale und ernannten ihn zum ersten Mann der Republik. Und sein Mut im Unglück, seine Bescheidenheit im Glück zeigten sich so deutlich, dass alle in ihm den Sohn des Ercole erkannten. Als nun Exilanten durch Verrat eines Nachts in die Stadt gelangten, Lärm machten und sich wie Sieger brüsteten, verlor er keineswegs seine Geistesgegenwart, sondern rief ein paar Freunde zusammen, man griff zu den Waffen und stürzte auf sie los. Und recht bald wurden mehrere von ihnen getötet oder gefangen und er warf sie aus der Stadt heraus[490].

---

489 Sante Bentivoglio (ca. 1424–1463), regierte Bologna von 1445 bis 1463.
490 1451.

201

Zu dieser Zeit regierte in Bologna, als Stellvertreter von Papst Nikolaus V., Kardinal Bessarion[491] von Nicäa, ein Grieche von bemerkenswerter Klugheit und ein Mann, der höchst bewandert ist in unserer Sprache und in seiner eigenen. Er versah den Posten des Legaten bis zum Tod des Papstes und war gleich beliebt beim Adel wie auch beim Volk, obwohl man in der Stadt schon so weit gekommen war, dass die Legaten des Papstes eher Anträge stellen als Befehle erteilen konnten. Dies merkt heutzutage als Legat in vollem Umfang Luis Juan del Milà, der Kardinal von Santi Quattro Coronati, der, obwohl er sehr begabt ist und genau die Autorität hat, die man von einem Neffen unseres obersten Priesters erwartet, in der Stadt doch nicht mehr Macht hat, als es dem Senat und Sante gut scheint.

202

In der Gegend von Bologna krabbelte eine Menge von kleinen Ameisen auf einen ausgetrockneten Baum, um Futter zu suchen. Daraufhin kamen größere Ameisen in hoher Anzahl, die jene teils töteten, teils herabwarfen. Nach zirka zwei Stunden war eine so große Menge von Ameisen auf der Erde aufgehäuft, dass das ganze Feld mit einer schwarzen Schicht überzogen schien. Die kleinen näherten sich nun im Schwarm, nachdem sie den Baumstamm von allen Seiten umringt hatten, und begannen allmählich hinaufzuklettern. Als die großen Ameisen merkten, dass Feinde kamen, schlossen sie sich oben zusammen und erwarteten die Schlacht. Sobald die vordersten Reihen zusammentrafen, begann das Gefecht, und die größeren töteten mit ihrem wilden Beißen bald jene, bald diese von den kleineren und brachten in kurzer Zeit so viele um, dass der Haufen der Fallenden und Sterbenden an den Wurzeln des Birnbaums auf der Erde ganz schön hoch wurde. Aber als die kleineren immer heftiger nachrückten, eine Schlachtlinie die andere nach vorne schob, und 20 von ihnen und mehr eine von den Feinden umringten, und von vorne und von hinten kämpfend auch die ungeschützten Seitenteile anbissen, wurden die größeren schließlich bis auf die letzte besiegt[492] und bezahlten die Strafe für ihren verwegenen Angriff von vorher.

Dies ereignete sich vor den Augen der Truppen der römischen Kirche, als Eugen IV. den Heiligen Stuhl einnahm. Uns hat ein vertrauenswürdiger und respektabler

---

491 Bessarion (1403–1472), Kardinal ab 1439, päpstlicher Stellvertreter in Bologna von 1450 bis 1455.
492 Es gibt einen „Monte delle Formiche" (Berg der Ameisen) 30 km südlich von Bologna. Dort ist eine Kirche: Santa Maria Formicarum.

Mann erzählt, dass er es gesehen habe, Niccolò[493] von Pistoia, ein Gelehrter beider Rechte, der damals Neri[494], den Bischof von Siena, im Heer der Kirche vertrat.

203

Etwas Ähnliches soll sich nach einer hartnäckigen Legende in Belgien nicht weit von der Stadt Lüttich ereignet haben. Ein Falke hatte sich ein Nest gebaut, auf einem Baum oder auf einer Felsklippe, und brütete seine Eier aus, in heißer Erwartung seiner Jungen. Ein paar Raben, die in der Nähe waren, vertrieben den Falken, brachen seine Eier auf und fraßen sie. Einige Ochsenknechte sahen dies aus der Nähe und bemerkten, wie der ängstliche Falke floh.

Am nächsten Tag (man kann es kaum glauben) wurden die Falken und die Raben sozusagen aus dem gesamten Erdkreis zur Schlacht gerufen, wobei die einen in geordneter Aufstellung den Nordflügel, die anderen den südlichen abdeckten, und wobei, wie wenn sie mitdenken könnten, einige aufgestellt waren, die Flügel zu decken, die anderen, den Kampf in der Mitte zu organisieren. Es entwickelte sich ein hartes und sehr bitteres Gefecht in der Luft. Da nun bald die Raben, bald die Falken wichen und dann mit frischen Kräften wieder ins Gefecht eingriffen, ist weit und breit der ganze Acker mit Federn und Kadavern bedeckt worden. Am Ende war der Sieg bei den Falken, die, indem sie nicht nur mit ihren Schnäbeln, sondern auch mit ihren Krallen erbittert kämpften, die Raben alle vernichteten.

Kurze Zeit später trafen sich zwei Rivalen um den Bischofssitz von Lüttich, der eine eingesetzt von Papst Gregor XII., der andere von Benedikt XIII. (die beiden stritten sich nämlich um das Pontifikat) mit ihren Truppen am gleichen Ort, bereit zu kämpfen[495]. Johann, der Herzog von Burgund, unterstütze den einen mit Waffen, dem anderen half das Volk von Lüttich. Als man dann zum Kampf blies, wurde auf beiden Seiten mit großer Heftigkeit gestritten. Es gab ein blutiges und grausames Gefecht, in dem Johann endlich als Sieger hervorging. 30.000 seiner Feinde sind gefallen. Es wurde eine beachtenswerte Gedenkstätte dieses Ereignisses errichtet, und als wir später diesen Ort besuchten, sahen wir ihn voll von den Knochen der Gefallenen.

Über den Krieg zwischen den Falken und Raben kann sich jeder seine eigene Meinung bilden, wir überlassen das Urteil über dessen Wahrheit der Legende.

---

493 Niccolò Forteguerri (1418–1473), Bischof von Pistoia.
494 Neri da Montecarlo, Bischof von Siena (reg. 1444–1449), Eneas Vorgänger.
495 Schlacht von Othée, 23. September 1408.

LIV **204**

Florenz, eine Stadt erbaut am Ufer des Arno über den Ruinen von Fiesole, wurde von den Alten Fluentia genannt. Es wurde unter glücklichen Auspizien gegründet, begann die benachbarten Gemeinden zu überflügeln und seinen Einflussbereich in wunderbarer Weise zu vergrößern. Deshalb wurde es dann viel passender Florenz als Fluentia genannt.[496]

205

In dieser Stadt brachte Papst Eugen IV. das Konzil, das in Ferrara zusammen mit den Griechen begonnen[497] wurde, zu einem glänzenden Ende. Es gab verschiedene Kontroversen zwischen den Griechen und den Römern um die Geheimnisse des orthodoxen Glaubens, deren größte sich um die Stellung des Heiligen Geistes drehte. Während die Griechen sagten, er komme nur vom Vater, sagten die Unseren, er komme vom Vater und vom Sohn. Nach vielen und lang dauernden Diskussionen, in welchen sich Niccolò Sagundino[498], in beiden Sprachen höchst redegewandt, durch Verstand und Formulierungskraft gleich schlagfertig, einen großen Namen machte, stimmten die Griechen endlich[499] mit der lateinischen Kirche überein und man einigte sich auf ein gemeinsames Glaubensbekenntnis.

206

Die Stadt versorgte sowohl den Kaiser[500] der Griechen, den Patriarch[501] von Konstantinopel und sein ganzes Gefolge reichlich und gut. Der Patriarch starb dort, vom Alter gebeugt, und ist in der Predigerkirche Santa Maria Novella begraben.

Maffeo Vegio[502], ein Dichter aus Lodi, nicht unbekannt, verfasste für ihn ein Epitaph in Distichen.

---

496 Lat. *florens* – blühend, angesehen.
497 8. Januar 1438.
498 Vgl. Kapitel 22.
499 6. Juli 1439.
500 Johannes VIII. Palaiologos.
501 Joseph II.
502 Vegio (1406–1444), Humanist. Das Epitaph ist noch vorhanden (vgl. van Heck 2001, Anm. zu 7175).

207

Die aus Florenz Exilierten heuerten Niccolò Piccinino an, einen bekannten Condottiere, er brach in das Gebiet des Mugello ein, zehn Meilen von Florenz entfernt, und verwüstete den ganzen Landstrich, als ob es Feindesland wäre. Kurz danach, nachdem er sowohl mit Papst Eugen als auch mit Florenz Krieg geführt hatte, ist er im Gebiet von Arezzo bei Anghiari[503] in einer großen Schlacht besiegt und niedergeworfen worden. Ludovico[504], der Erzbischof von Florenz, stand damals an der Spitze der apostolischen Truppen. Durch diesen Sieg wurde er berühmt und kurz danach zum Kardinal befördert. Papst Eugen nämlich, der sich nun sowohl durch die Einigung mit den Griechen als auch durch das Niederringen Piccininos innerlich gestärkt fühlte, ernannte 17 Kardinäle, Männer entweder von vornehmer Herkunft oder von tadellosem Charakter oder bekannt durch ihren heiligmäßigen Lebenswandel. Darunter waren auch zwei Griechen: Isidor, der Erzbischof der Ruthener, und Bessarion, der Bischof von Nicäa, die ich beide schon früher erwähnt habe.

208

König Alfonso[505] von Aragon wurde von Filippo Maria, wie vorher schon erwähnt, um Hilfe gebeten, weil dieser von Venedig angegriffen wurde. Alfonso hob ein ansehnliches Heer aus und marschierte Richtung Norditalien. Aber Filippo starb[506], bevor Alfonso Tivoli verließ. So weit war er nämlich schon gekommen. Als er hörte, dass der Freund schon gestorben sei, und dass er selbst als Erbe eingesetzt wurde, eilte er ins Sabinerland und veranstaltete dort ein großartiges Requiem für Filippo. Er überquerte daraufhin den Tiber und marschierte geradewegs auf Florenz zu, mit der Absicht, wie er sagte, die Florentiner zu zwingen, dass sie ihre Truppen aus der Lombardei zurückziehen sollten, und damit er auf diese Weise durch eine ungefährliche und ihm wohlgesinnte Toskana nach Mailand ziehen könne, um dieser Stadt, die von Venedig angegriffen wurde, zu helfen. Aber die Florentiner, obwohl von Alfonso darum gebeten, wollten ihr Bündnis mit Venedig nicht aufgeben. So marschierte er ins Gebiet von Volterra und hat Pomarance, eine nicht unbedeu-

---

503 Niccolò Piccinino (1386–1444) stand damals in Diensten des Filippo Maria Visconti. Schlacht von Anghiari am 29. Juni 1440.
504 Ludovico Trevisan (1401–1465), auch genannt Scarampo, Patriarch von Aquileia, Erzbischof von Florenz.
505 Enea stützt sich hier hauptsächlich auf Bartholomeo Facios Werk *Rerum gestarum Alfonsi regis libri*, ohne ihn zu nennen.
506 13. Juli 1447.

tende Stadt, die es wagte, vor ihm die Tore zu schließen, am gleichen Tag, an dem er angekommen war, mit seinen Truppen umstellt, eingenommen und zerstört. Daraufhin rückte er nach Castelnuovo vor, eine Stadt in derselben Gegend, deren Bewohner, weil sie vom Unglück von Pomarance gehört hatten, sich sofort und ohne jeden Widerstand ergaben. Dasselbe taten auch einige Kastelle in der Gegend. Daraufhin belagerte er Montecastello, geschützt von Natur aus und durch menschliches Geschick. Aber auf einmal fing es so stark zu regnen und zu stürmen an, dass die Soldaten[507] weder innerhalb noch außerhalb ihrer Zelte schlafen konnten, einige wurden vom Sturm sogar schwer verletzt, andere in die Luft geschleudert. Weil er außerdem noch Versorgungsprobleme hatte, führte Alfonso seine Truppen von dort weg nach Campiglia dei Foci, aber da die Florentiner diese Stadt mit Truppen und Vorräten versorgt hatten, waren seine Bemühungen hier vergeblich. Er nahm noch ein paar benachbarte Kastelle in Gerardisca (denn so heißt diese Gegend) ein und gab sie den Bewohnern zurück, denen die Florentiner sie vorher abgenommen hatten. Im Heer des Königs befand sich auch Simonetto, der tausend Reiter befehligte und der auf seine Seite gewechselt war, weil sein Vertrag mit Florenz ausgelaufen war.

Sigismondo Malatesta jedoch, den der König, bevor er die Toskana betrat, mit 1800 Reitern und 600 Mann Infanterie angeheuert hatte, ging zu Florenz[508] über. Federico[509], der Fürst von Urbino, ein bekannter und berühmter Heerführer, war ebenfalls in Florentiner Diensten. Weil nun die Florentiner weder mit ihrer Reiterei noch mit ihrer Infanterie unterlegen waren und ihm jegliche Möglichkeit, Städte zu erobern entzogen war, entschloss Alfonso sich, die Besetzung von Campiglia dei Foci nicht fortzusetzen, vor allem, weil er in dieser bergigen Landschaft auch Versorgungsprobleme hatte.

209

Er bog also ab Richtung Meer ab und lagerte bei der einst berühmten Stadt Populonia, die jetzt zerstört ist und wohin er sich leicht Getreide und Kriegsgerät per Schiff aus seinem neapolitanischen Königreich kommen lassen konnte. Ungefähr drei Meilen entfernt von dort liegt die bekannte Stadt Piombino. Während der König mit der Belagerung dieser Stadt beschäftigt war, wovon wir später berichten,

---

507 Wörtlich übernommen von Bartholomeo Facio, Rerum gestarum Alfonsi regis libri (Pietragalla 2004), 426.
508 1448.
509 Federico da Montefeltro, Herzog von Urbino (1422–1482).

wurde ihm Castiglione della Pescaia, auch dies eine nicht unbedeutende Stadt, übergeben[510], allerdings außer der Burg, weil die florentinische Besatzung Verrat beging; Simonetto belagerte dann die Burg und nahm nach ein paar Tagen ihre Kapitulation entgegen. Kurz vorher, während der König sich in seinem Winterlager in Acquaviva aufhielt, suchten ihn Gesandte aus Mailand auf, die um seine Hilfe baten und darauf bestanden, dass er auf der Stelle dem Senat von Venedig den Krieg erklärte. Denn Francesco war damals schon etwas verärgert über das Volk von Mailand und setzte seine Hoffnung auf Venedig, im Vertrauen darauf, dass er sich mit aller Anstrengung die Leute unterwerfen könne, deren Gebiet und militärische Stärke er vor kurzem noch vergrößert hatte. Als aber König Alfonso die Belagerung Piombinos aufgegeben hatte, nach Neapel zurückgekehrt war und sich dann ins Gebiet von Peligni zurückgezogen hatte, schickten ihm die Florentiner Gesandte, die um Frieden bitten sollten. Sie erhielten sicheres Geleit und kamen in sein Lager. Sie entledigten sich ihrer Aufträge und entschuldigten sich für den Krieg. Einige Tage später wurde durch Vermittlung Antonios, des Kardinals von Lérida, eines erstklassigen Theologen, der diese Aufgabe auf Veranlassung des Papstes übernommen hatte, dem Volk von Florenz ein Friede vermittelt, unter der Bedingung, dass Castiglione della Pescaia und die Insel Giglio, die den Florentinern während dieses Krieges genommen worden waren, in der Hand des Königs[511] bleiben sollten. Aber als Sforza sich Mailands[512] bemächtigt hatte und verlangte, dass Venedig alle Brücken und Kastelle entlang des Flusses Adda, die ja zu Mailand gehörten, zurückgeben sollte, da hielt es Alfonso, der ein Feind des Francesco war, für tunlich, zu verhindern, dass dieser in einem so großem Reich Wurzeln schlage. Er versöhnte sich also mit Venedig durch Vermittlung von Leonello, dem Markgrafen von Este, und nachdem er mit ihnen Freundschaft und ein Bündnis geschlossen hatte, erklärte er Florenz, das sich Francesco angeschlossen hatte und ihn mit Waffen und Geld unterstützte, zum zweiten Mal den Krieg. Er entschloss sich, seinen Sohn Ferrante[513] gegen Florenz ins Feld zu schicken. Der war damals noch recht jung, ein Mann von höchster Begabung, gut erzogen und empfänglich für alle Wissenschaften, ruhmbegierig und fähig Hunger und Strapazen auf sich zu nehmen. Der Vater gab ihm 6000 Reiter und 2000 Mann Infanterie mit. In seinem Heer waren auch der Graf Everso[514] und Napoleone Orsini[515], Condottieri, die man nicht verachten darf.

---

510 Dezember 1447.
511 Juni 1450.
512 Februar 1450.
513 Sein illegitimer Sohn Ferrante (1423–1494).
514 Everso von Anguillara (ca. 1400–1464).
515 Napoleone Orsini (ca. 1400–1480).

Federico von Urbino, der im vorhergehenden Krieg auf Seiten von Florenz gestanden war, war auch in seinem Heer.

210

Als die Florentiner aber merkten, dass ihnen Kriegsgefahr drohte, heuerten sie Astorre[516] von Faenza, Simonetto (den ich vorher erwähnt habe), Sigismondo Malatesta und schließlich Alessandro Sforza[517] an, die, nachdem sie ihre Streitkräfte vereinigt hatten, über 10.000 Reiter und jede Menge Infanterie in ihrem Lager hatten. Ferrante seinerseits führte seine Truppen durch das Gebiet von Cortona ins Aretinische. Er eroberte und zerstörte dort ein paar nicht besonders nennenswerte Kastelle und machte sich daran, Fogliano, eine gar nicht so unwichtige Stadt, einzunehmen und, als seine Feinde der Stadt keine Hilfe leisteten, hatte er nach acht Tagen die Kapitulation entgegengenommen. Bei Montepulciano verfolgte er die Reiterei des Astorre und schlug sie in die Flucht, nachdem er mehrere Feinde gefangen, einige getötet hatte. Im Gebiet von Florenz nahm er Rencine ein. Aber während er Castellina belagerte, wurde der Winter immer schlimmer und er zog sich zur Küste nach Acquaviva zurück, wie es schon sein Vater gemacht hatte. Gleichzeitig belagerte Antonio Olzina[518] die Küstenstadt Vada Volaterrana mit seiner Flotte und befestigte sie von der Landseite her mit einem tiefen Graben, von wo aus er das Gebiet von Pisa und Volterra bedrohte. Als sich inzwischen die Anführer der Florentiner Richtung Fogliano bewegten und Ferrante, der den Belagerten helfen wollte, schon abmarschieren wollte, brach im ganzen Lager eine so heftige Seuche aus, dass man wegen der Anzahl der Kranken nichts mehr unternehmen, kaum noch das Lager verschieben konnte. So wurde denn Fogliano mit höchster Kraft belagert, mit nicht geringerer Tapferkeit verteidigt, und schließlich kapitulierten die Einwohner der Stadt ohne Wissen ihrer Schutzgarnison. Die Bewohner fielen aber trotzdem kurz danach den Siegern zum Opfer. Ihre Stadt wurde abgebrannt und dem Erdboden gleich gemacht.[519]

---

516 Astorre Manfredi (1412–1468).
517 Alessandro Sforza (1409–1473).
518 Antonio Olzina, Sekretär Alfonsos.
519 1453.

211

Zur selben Zeit ist Gerardo Gambacorta[520], der vier Kastelle, die sein Vater von den Florentinern erhalten hatte und die im Apennin lagen, an Ferrante übergeben wollte, von einem seiner Leute betrogen worden, verlor die Kastelle und folgte dann dem König lange wie ein Bettler. Als später der Friede von Lodi geschlossen war, wie wir schon sagten, zog er sich zurück ins Königreich, gerufen von seinem Vater. Die Florentiner bekamen alles zurück, was sie verloren hatten. Baldaccio, ein nicht unbekannter Anführer der Infanterie, schnell zur Hand und kühn, nachdem er lange im Dienst der Florentiner gestanden war, wurde schließlich in den Palast[521] gerufen und, als er dem Magistrat trotzig antwortete, ergriffen und von den höchstgelegenen Fenstern auf das Forum gestürzt; und es wurde ihm dann sogar noch, obwohl er von dem hohen Fall schon tot war, mit der Axt der Kopf abgehauen.[522]

212

Unter all den Florentinern, die sich zu unserer Zeit ausgezeichnet haben, ragte sowohl an Klugheit als auch an Autorität Cosimo[523], mit dem Beinamen Medici, heraus. Er wurde für den ersten Mann der Stadt gehalten und steuerte den Senat, wohin er wollte, er gab der Stadt Gesetze nach seinem Gutdünken, hat sehr viele arme Bürger reich gemacht, viele Ehen gestiftet, wobei die Mitgift aus seiner Kasse kam, Villen in großartigster Bauweise errichtet, für die Kirchen sehr reiche Geschenke gestiftet, das Kloster San Marco, groß und glänzend, von Grund auf errichtet. Die Kirche seiner Pfarrei[524] hat er, weil sie ihm zu klein erschien, ganz zerstört. Darauf errichtete er ein Gebäude von bewundernswerter Bauart mit Marmor aus Fiesole. Obwohl er sich schon ein Wohnhaus mit allem Komfort erbaut hatte, wollte er noch etwas größeres und baute sich einen hohen und gewaltigen Palast[525] aus Quadersteinen an einem prominenten Platz der Stadt, so schön, so groß, dass er keinen Vergleich in der ganzen Stadt scheuen musste.

---

520 Gerardo Gambacorta, Herr von Val di Bagno, verhandelte 1453 heimlich mit Alfonso.
521 Palazzo Vecchio.
522 1447.
523 Cosimo il Vecchio (1389–1464).
524 San Lorenzo
525 Palazzo Medici Riccardi.

213

Die Klugheit der Florentiner ist in vieler Hinsicht lobenswert, am meisten aber deshalb, weil sie ihre Kanzleibeamten nicht nach ihrer juristischen Kompetenz benennen, wie die meisten anderen Städte es machen, sondern sie berücksichtigen ihre Redegewandtheit und das, was man die Studien des Humanismus nennt. Denn sie wissen, dass nicht Bartolo[526] oder Innozenz[527], sondern Cicero und Quintilian die Kunst, richtig zu schreiben und zu reden lehren. Wir kennen drei Leute in dieser Stadt, berühmt für ihre Kenntnisse in Griechisch und Latein und für ihre Veröffentlichungen, die – einer nach dem anderen – das Amt des Kanzlers innehatten: Leonardo Bruni[528] und Carlo Marsuppini[529], beide aus Arezzo, und Poggio Bracciolini[530], einen Bürger von Florenz, der als apostolischer Sekretär die Korrespondenz für drei Päpste erledigte. Ihr Vorgänger war Coluccio Salutati[531], dessen Redekunst so überwältigend war, dass Gian Galeazzo[532], der Herr von Mailand, der zur Zeit unserer Väter einen ganz fürchterlichen Krieg gegen Florenz führte, oft gesagt haben soll, die Schriften Coluccios schaden ihm mehr als tausend Florentinische Reiter.

214

Unter den Florentinern gab es lange Zeit Auseinandersetzungen wegen der Besteuerung, die die armen Bürger benachteiligte gegenüber den Reichen. In diesen Tagen wurde ein neues Katastersystem[533] entwickelt (d. h. eine Schätzung von jedermanns Vermögen); dieses konnte angeblich fast nie ohne Protest und Tumult des Volkes festgestellt werden. Aber im Augenblick funktioniert es ruhig und problemlos.

---

526 Bartolo da Sassoferrato, Rechtsgelehrter (ca. 1313–1357).
527 Papst Innozenz IV. (reg. 1248–1254).
528 Leonardo Bruni (ca. 1370–1444), Kanzler von Florenz 1427–1444.
529 Carlo Marsuppini (1399–1453), Kanzler von 1444–1453.
530 Poggio Bracciolini (1380–1459), Kanzler von 1453–1459.
531 Coluccio Salutati (1331–1406), Kanzler von 1375–1406.
532 Gian Galeazzo Visconti (reg. 1385–1402).
533 1458.

215

Die Stadt Lucca hat in jüngster Zeit zweimal[534] eine Belagerung durch Florenz durchgemacht und zweimal ihre Freiheit verteidigt, allerdings mit Hilfe des Herzogs Filippo von Mailand. Zuletzt jedoch, als sie den Kräften ihrer Nachbarstadt nicht mehr gewachsen war und sich niemand fand, der ihnen jedes Mal, wenn der Feind sie bedrängte, aus der Patsche half, schlossen sie mit Florenz ein Bündnis für 50 Jahre[535], wobei natürlich diejenige Partei die Bedingungen diktierte, die die mächtigere war.

216

Zwischen Florenz und Siena liegt eine Stadt namens San Casciano, dort wurden im sechsten Jahr nach dem Jubiläum[536] miteinander kämpfende Wolken in die Höhe von ungefähr 20 Ellen, wie man sagt, vom Boden entfernt von außerordentlich starken Windstößen hin und hergeworfen. Die eine stieß die andere und oft, im gegenseitigen Wechsel, stieß die gestoßene wieder zurück. Und dabei wurden Hausdächer durch die Luft geschleudert, Mauern eingerissen und riesige Felsen durch die mächtige und unglaubliche Gewalt dieses Sturms hochgeworfen. Ältere Olivenbäume und die Wurzeln uralter Eichen wurden völlig aus der Erde gerissen und zerfetzt; Menschen und Tiere wurden über weite Strecken hochgehoben und davongetragen. Leute, die das gesehen haben, meldeten uns dieses. Aber noch mehr haben uns die Briefe dazu veranlasst, das zu glauben, die ernstzunehmende Männer über dieses Ereignis an König Alfonso geschrieben haben, während wir uns dort aufhielten, und die in unserer Gegenwart vorgelesen wurden.

217   LV

Die Stadt Siena, aus der ich komme, nimmt heute den zweiten Platz in der Toskana ein. Sie hat eine wunderbare Lage und, wenn man mir glauben will, eine Bevölkerung, die weder grob noch rustikal ist. Die Leiter dieser Stadt lebten viele Jahre in Ruhe, nachdem sie die Adeligen[537] entmachtet (die Adeligen von Siena waren in ganz Italien bekannt) und die Vertretung des Volkes, die sie „die Zwölf" nennen,

---

534 1430 und 1437.
535 1441.
536 1455.
537 Die Piccolomini und andere adeligen Familien wurden 1385 ins Exil geschickt.

zerschlagen hatten, aber es entwickelten sich danach zwei Fraktionen bei ihnen. Diese verbündeten sich entweder mit dem Volk oder mit den Potentaten von Italien, je nachdem, wovon sie glaubten, dass es ihrer Sache nütze.

218

Als aber König Alfonso, wie früher schon erwähnt, gegen Florenz zog, haben sich die beiden Fraktionen schon deutlicher gezeigt: die eine riet, dass man dem König in seinem Krieg gegen Florenz helfen müsse; die andere, da man es nicht wagte zu raten, dass man Florenz unterstütze, war dafür, Unwissen vorzutäuschen. Es siegten schließlich die Anhänger des Königs und man schickte Verpflegung in sein Lager. Aber als der König sechs Meilen vor der Stadt sein Lager aufschlug, da verstreuten die Anhänger von Florenz in der Stadt das Gerücht, Alfonso erstrebe eher die Herrschaft über Siena als die über Florenz. Die ganze Stadt erzitterte und die Bewaffneten, die an den Toren aufgestellt waren, verdächtigten die Soldaten Alfonsos, ihrer Freiheit nachzustellen. Francesco Martorello[538], ein Mann von außerordentlicher Intelligenz, dessen sich der König gern bediente, wurde als Gesandter nach Siena geschickt und besänftigte ein wenig den Verdacht des Volkes. Aber weil die Politik der Stadt nicht so sehr von Liebe oder Hass gegenüber dem König, als von den privaten Zwistigkeiten der Bürger abhing, wurde nur eine so klägliche Menge von Proviant für das Lager des Königs genehmigt, dass man sich damit sowohl über die Florentiner als auch über den König lustig zu machen schien. Dasselbe passierte, als Ferrante, der Sohn des Königs, später einmal gegen eben diese Florentiner[539] marschierte; denn zunächst, nachdem er angekommen war, waren sie ihm nicht so recht gewogen. Aber Venedig, das mit Siena und dem König verbündet war, bedrängte die Sienesen so lange mit Gesandtschaften, dass sie auch selbst in ein Bündnis mit dem König eintraten und Florenz offiziell den Krieg erklärten. Das alles wurde hinfällig, als Venedig den Frieden von Lodi akzeptierte, ohne den König zu fragen.

---

538 Francesco Martorello, Chefsekretär in Alfonsos Kanzlei.
539 Juli 1452.

219

Unmittelbar danach brach ein anderer Krieg[540] aus, und zwar zwischen Siena und dem Graf Aldobrandino[541] von Pitigliano. Man heuerte zwei Condottieri an, nämlich Sigismondo Malatesta und Giberto von Correggio, deren Truppen die Sienesen selbst nicht weniger fürchten mussten als die Feinde. Es kam nämlich zum Streit zwischen Siena und Sigismondo, und als dieser merkte, dass er unter Verdacht stand, zog er sich zurück, nicht ohne sich selbst und auch Siena zu schaden; Giberto verblieb bei den Sienesen. Inzwischen war Jacopo Piccinino, der lange im Dienste Venedigs gestanden war und seine Truppen für Venedig nicht ohne große Verdienste geführt hatte, nun, da allgemeiner Friede herrschte (Lodi), ohne Beschäftigung. Er eilte nach Etrurien, berief sich auf deren Freundschaft mit seinem Vater und schickte Botschafter, die bitten sollten, ihm 20.000 Dukaten zu leihen. Als dies abgelehnt wurde, lenkte er seine Truppen Richtung Siena, betrat deren Gebiet und nahm eine Reihe von Städten ein, teils durch Gewalt, teils durch Verrat. Kalixt III.[542], eben erst Papst geworden, schickte Siena Hilfstruppen, dasselbe tat Francesco Sforza, dasselbe Florenz. Auch die Venezianer gewährten Hilfe, wenn auch recht wenig, als man sie wegen des Bündnisses darum anging. Man lieferte sich auch sogleich ein Gefecht, dass dann aber ohne große beiderseitige Verluste ausging. Jacobo wurde gezwungen, sich mit seinen Truppen nach Castiglione della Pescaia zurückzuziehen, das – wie gesagt – eine Stadt des Königs war, die er in einem früheren Krieg von Florenz bekommen hatte. Dort wurde Jacobo zwar hart belagert, die Festung konnte aber nicht erobert werden. Inzwischen kam Giberto unter Verdacht, mit Piccinino zusammen zu arbeiten, ein Verdacht, wofür es eine Menge Beweise gab. Er wurde in die Stadt gerufen, im Rathaus von Siena umgebracht und zum Fenster hinaus auf den Campo geworfen[543].

220

Piccinino besetzte kurz darauf durch Verrat Orbetello[544], eine Stadt, die von Natur aus bestens befestigt ist. Sie ist nur durch eine sehr enge Straße zugänglich, die noch dazu durch die gegenüberliegende Burg geschützt ist. Den Rest der Stadt umgibt eine Lagune, die nur mit kleinen Nachen und Kuttern befahrbar ist. Als er hier

---

540 Ende 1454.
541 Aldobrandino Orsini di Pitigliano (gest. 1472).
542 1455.
543 Hingerichtet 6. September 1455.
544 Oktober 1455.

einen Vorrat von Getreide und Wein vorfand, hielt er sich dort so lange auf, bis beim König von Aragon ein Frieden unterzeichnet war, worauf er sich in dessen Königreich zurückzog.

221

Dieser Friede erlöste Siena zwar von dem auswärtigen Krieg, verwickelte die Stadt aber immer mehr in innere Auseinandersetzungen. Denn einige von des Königs Freunden wurden teils mit dem Beil hingerichtet, teils verbannt, so als ob sie der Grund für die Kriege gewesen wären und die Sache des Piccinino gefördert hätten. Und viele gingen, als sie merkten, dass es in der Heimat für sie zu gefährlich werde, freiwillig ins Exil. Gegen die Leute, die man verdächtigte, ging man so hart vor, dass es selbst den Florentinern zu grausam erschien. Und man kann noch kein Ende dieses Übels absehen, da in dieser Stadt, die noch lange nicht ihren Frieden gefunden hat, täglich neue Machenschaften entweder ersonnen oder entdeckt werden, und der Campo bespritzt ist vom Blut der Bürger.

Dieses Übel wurde vielleicht schon prophezeit im Jahre des Jubiläums vor der Porta Romana durch ein trächtiges Pony, das, während sein Junges auf die Welt kam, starb, wobei viele Leute zuschauten; es war nämlich ein Hermaphrodit, obwohl es keine Anzeichen des weiblichen Geschlechts zeigte.

222

Neben anderen Männern, die aus der Stadt verbannt wurden, obwohl die Bürgerschaft sie für unschuldig hielt, gab es zwei, die von Kindheit an unsere Freunde waren, verbunden durch gemeinsames Studium, wenn auch der eine Zivilrecht lehrte, der andere Poetik: Gregorio Lolli[545] und Francesco Patrizi[546]. Viele von Francescos Dichtungen sind noch erhalten, hochgelobt von Kennern, die, wie man glaubt, ihm das Leben gerettet haben. Zur selben Zeit stand auch Mariano Sozzini[547] in hohem Ansehen für seine Rechtskenntnis, nicht nur in Siena, sondern in ganz Italien.

---

545 Eneas Cousin, später sein Sekretär.
546 Francesco Patrizi, Humanist, Bischof von Gaeta.
547 Mariano Sozzini, Professor der Jurisprudenz und Humanist. Eneas bevorzugter Lehrer in Siena.

223   LVI

Die berühmte Stadt Piombino soll auf den Ruinen von Populonia erbaut worden sein; manche glauben, sie sollte Populino heißen. Sie liegt an der toskanischen Küste gegenüber der Insel Elba, deren unerschöpfliche Eisenvorkommen dem Herrn von Piombino ein hohes Steuereinkommen garantieren. Der Regent dieser Stadt war Jacopo d'Appiano[548], der Sohn von Paola, einer sehr edlen Frau, Schwester des Papstes Martin V. Er war ein sehr friedliebender und von den Nachbarn geschätzter Herrscher. Weil er von seiner legitimen Ehefrau keinen männlichen Erben bekam, suchte er sich außerhalb der Ehe eine Konkubine; als deren Bauch nun anschwoll und die Zeit der Geburt schon näher rückte, freute er sich riesig und bat herzlich, dass man aus Florenz und Siena Honoratioren zu ihm schicken sollte, um das neugeborene Baby vom heiligen Taufbecken hochzuheben und Taufpate zu werden. Es kam der Tag der Geburt. Die Gäste kamen zum vereinbarten Tag. Die Frau jedoch gebar nach langen Wehen mit Hilfe der Hebamme ein dunkelhäutiges Kind. Dies führte zwar beim Volk für Gelächter und Spott, aber mit den eingeladenen Taufpaten wurde es nichts mehr und die Fröhlichkeit des Fürsten war dahin. Am Hof gab es damals einen maurischen Flötenspieler, von dem – wie man sagte – der Knabe stammte. Dieser suchte, sobald er merkte, dass man seinen Fehltritt entdeckt hatte, alsbald sein Heil in der Flucht.

224

Als Jacopo d'Appiano gestorben war, rückte Rinaldo Orsini[549], ein Mann von scharfem Verstand und erfahren im Kriegswesen, an seine Stelle nach, nicht nach seinem Rechtsanspruch, sondern nach dem seiner Frau, die eine Tochter Jacopos war. Während König Alfonso sich während des Krieges mit Florenz in der Toskana aufhielt, entdeckte er, dass Rinaldo es mit seinen Feinden hielt. Deshalb verlegte er sein Lager nach Piombino und belagerte ihn, eingeschlossen in seine Mauern, zu Wasser und zu Land mit voller Anstrengung. Aber Rinaldo verteidigte seine Bürger aus der Stadt heraus mit nicht geringerer Tapferkeit als die königlichen Soldaten, die sie von außen angriffen. Lange wurde hart gekämpft, so dass viele auf beiden Seiten fielen und jede Menge Verwunderter in die Hände der Feinde gerieten. In dieser Schlacht taten sich viele durch ihren Heldenmut hervor, darunter die beiden

---

548 Jacopo d'Appiano II. (1399–1441).
549 Rinaldo Orsini, Condottiere von Piombino (1402–1450).

Antonii[550], Fusciano und Caldora, die zusammen zur Mauer gingen und dort gesehen wurden, wie sie tapfer mit den anderen kämpften. Aber am meisten von allen zeichnete sich Galeotto Baldassino[551] aus, von Geburt Sizilianer, der dreimal versuchte, in die Stadt einzubrechen, nachdem er die Mauer dort erklommen hatte, wo sie schon durch Artilleriebeschuss zerstört war. Aber dann wurden seine Glieder durch kochendes Wasser und frischen Kalk, die zwischen seine Rüstung flossen, verbrannt, sobald es den Körper berührte. Durch diesen Schmerz gelähmt und von einem schweren Felsstück getroffen, das aus einem Teil der Mauer herausbrach, stürzte er herab.

Galeotto war überdurchschnittlich groß, mit kräftigen, schlanken Gliedern, und seine Kraft entsprach seiner Körpergröße. Er musste sich von keinem Menschen im Ringen, Werfen oder Springen geschlagen geben. Und sein Mut entsprach seiner Kraft. Zu Pferd und zu Fuß war er ein furchterregender Krieger. Die schwere Rüstung und den Helm angelegt, stand er auf der Erde, mit der linken Hand hielt er den Sattel, mit der rechten die Lanze und sprang mit gewaltigem Satz auf ein Pferd von mächtiger Größe. Er focht vier Zweikämpfe aus, zwei in Italien, zwei in Frankreich, und gewann sie alle. Als er in ebendiesem Krieg gegen Florenz von drei feindlichen Reitern angegriffen wurde, warf er den ersten mit dem Griff seines Schwertes vom Pferd, so dass er halbtot war, ergriff den zweiten im vollen Galopp, zog ihn aus dem Sattel und warf ihn auf die Erde, und schlug den dritten, nachdem er ihn schlimm am Ellenbogen verletzte, in die Flucht. Aber noch dazu war er von so großer Bescheidenheit, dass er nie über sich selbst sprach, selbst wenn Freunde ihn darum baten. Er war überall gern gesehen und beliebt bei allen wegen seiner Lebensweise und seinen vornehmen Sitten.

225

Alfonso hielt sich noch einige Tage bei Piombino auf, aber weil die Belagerung der Festung schwierig schien, es im Lager knapp wurde mit der Verpflegung und die Pferde, nachdem sie alle Blätter von den Bäumen gefressen hatten, schon am Verhungern waren, gab er die Belagerung auf und zog sich zurück. Kurz danach wurde Rinaldo krank und starb. Seine Frau Caterina, die befürchtete, dass der König Alfonso sie wegen des politischen Fehlers, den ihr Mann begangen hatte,

---

550 Antonio de Foxa (1458–1462), Kastellan von Trani; Antonio Caldora (ca. 1400–1477), Condottiere des René d'Anjou.
551 Galeotto Baldassino, Herr von Martini (gest. 1477).

bestrafe, schickte Gesandte zu ihm und versprach, solange sie lebte, ihm als jährlichen Tribut einen goldenen Pokal zu schicken, der 500 Dukaten wert war.

226

Nach ihrem Tod entstand Streit bei den Bewohnern, wen sie sich als neuen Herrn nehmen sollten. Als die Nachbarn mit verschiedenen Tricks die Herrschaft an sich reißen wollten, wurde gemeldet, dass Emanuele d'Appiano[552], ein Mitglied der herrschenden Familie, noch am Leben war, dem sie sich anvertrauen könnten. Dieser hatte viele Jahre beim Militär verbracht, aber wenig Schätze dabei angesammelt und sich kaum Heldenruhm erworben. Deshalb gab er den Militärdienst auf, heiratete eine Frau aus Troia in Apulien, führte dort ein ruhiges Leben, dachte an nichts weniger als ans Herrschen.

Da erreichte ihn die offizielle Anfrage aus Piombino. Beim ersten Anhören erschien es ihm wie ein Traum. Aber er nahm den Wink des Schicksals gerne an, so als ob er sein bisheriges Leben nur verschlafen hätte, wurde zu einem anderen Menschen und, obwohl schon im Greisenalter, übernahm er die Herrschaft und regierte dann noch für viele Jahre, bei den Seinen beliebt und ein Freund der Nachbarn. Er diente auch noch im Heer Alfonsos, der sein Gönner war, und zahlte ihm Steuern. Er starb und bestimmte von den beiden illegitimen Söhnen, die er hatte, den jüngeren[553] zu seinem Erben, weil die Bürgerschaft diesen dem älteren vorzog.

227   LVII

In Viterbo kam es zu einem gewaltigen Aufruhr. Während des Pontifikats von Nikolaus V. nämlich wurde Princivalle[554] Gatti, der Herrscher dieser Stadt, beim Lago de Vico von Feinden angegriffen und ermordet, als er auf dem Heimweg von Rom war. Und während des Pontifikats von Kalixt III. wurde Gattis Neffe[555] nachts zuhause getötet. Daraufhin war die Bürgerschaft zur Rache bereit, suchte nach den Übeltätern, und während es einem gelang zu fliehen, wurden die anderen aufgehängt. Viel musste die Stadt damals durchmachen.

---

552 Emanuele d'Appiano (1380–1457).
553 Jacobo III. d'Appiano (1422–1474).
554 1454.
555 Guglielmo Gatti, ermordet 1456.

LVIII **228**

Nun endlich kommen die Verhältnisse in der Stadt Rom an die Reihe; sie würden eigentlich eine separate Behandlung verdienen, aber wir halten uns an den Vorsatz der Kürze bei ihrer Behandlung.

In Rom wurde Giovanni Vitelleschi – der Patriarch von Alexandria, Kardinal, Verwalter des Patrimoniums von St. Peter, Befehlshaber der päpstlichen Armee –, der im Krieg die Tyrannen von Foligno[556] und Camerino[557] besiegt und getötet hatte, der den Präfekt von Rom, den Graf Antonio[558] da Pisa, und viele andere, die die Kirche beleidigt hatten, besiegt und zum Tod verurteilt hatte, als er die Brücke von Sant'Angelo über den Tiber überqueren wollte, um Truppen in die Toskana zu führen, von den Männern, die Sant'Angelo bewachten, plötzlich angegriffen, verletzt und als Gefangener in die Burg verschleppt. Dort beendete[559] er nach wenigen Tagen sein Leben, sei es, weil er Gift geschluckt hatte, sei es wegen seiner Verwundung.

229

Seinen Posten übernahm dann Ludovico Scarampo[560], selbst Kardinal und Patriarch von Aquileia, der schon gut bekannt war für seine Leistungen und für seine Freundschaft mit dem Papst und der die Lage in der Stadt beruhigte und Papst Eugen die Rückkehr in die Stadt ermöglichte. Die Römer hatten nämlich Eugen einst unter Arrest gesetzt, ihre Freiheit verkündet und ihn in St. Maria in Trastevere gefangen gehalten; er täuschte aber seine Wächter und floh mit einem Boot auf dem Tiber; sie schossen mit Pfeilen und Lanzen hinter ihm her. Denn das Volk war empört, weil fremde Soldaten mit feindlichem Wüten die römischen Äcker verwüsteten, Menschen und Tiere abführten. Aber als der Papst dann einige Jahre weg war, sahen sie ein, sowohl die Reichen als auch die Armen, dass Rom ohne die päpstliche Kurie weniger einer Stadt als einer wüsten und verlassenen Höhle gleiche. Deshalb schickten sie Legaten zu ihm, die inständig baten, dass er zurückkehre. Er kehrte zurück[561], neun Jahre, nachdem er geflohen war, und die

---

556 Corrado Trinci von Foligno, besiegt 1439.
557 Piergentile Varano, getötet 1433.
558 Antonio da Pisa, getötet 1436.
559 2. April 1440.
560 Ludovico Scarampi (1401–1465), Kardinal seit 1440.
561 Eugen IV. (1383–1447), Papst seit 1431, floh 1434 aus Rom, kehrte 1443 zurück.

Schande seiner Vertreibung wurde getilgt durch den Glanz seines jetzigen Empfangs.

230

Es gab einen hässlichen Krieg mit Francesco Sforza im Piceno und andernorts, von dem wir später berichten werden. Diesen Krieg brachte er (Eugen) mit Unterstützung von König Alfonso, von Kardinal Ludovico und Niccolò Piccinino, mit dem er sich wieder versöhnt hatte, zu Ende. Francesco wollte sein Heer zunächst in die Stadt Todi führen, die ihm freundlich gesinnt war (denn er hatte sich ihrer einst bemächtigt und dort sehr nachsichtig regiert) und anschließend nach Rom. Es gab nämlich unter den Kardinälen einige, die sich über die Macht Ludovicos ärgerten und Francesco nicht eigentlich gegen Eugen, sondern gegen Ludovicos Politik herbeiriefen. Darunter – sagt man – war Niccolò[562] von Capua, der in der Stadt beliebt und mächtig war; Eugen jedoch wollte ihn eben zu dieser Zeit und aus diesem Grund von Rom entfernen. Aber als die Truppen der Kirche rasch herangekommen waren, zog sich Francesco zurück, ohne sein Vorhaben zu verwirklichen. Eugen aber, der einst der beste Freund von Venedig und Florenz war, schwenkte, als er sah, dass jene seinen Feind Francesco gegen die Kirche mit Waffen und Geld unterstützten, nun auch selbst zu deren Feinden über, zu König[563] Alfonso und dem Herzog von Mailand. Und auf Eugens Vorschlag kam der König bis zum Tiber, um Filippo zu unterstützen, dessen Macht schon zu kollabieren drohte, oder um in die Toskana gegen Florenz oder nach Norditalien gegen Venedig zu marschieren.

231

Nachdem Eugen vier Kardinäle[564] ernannt hatte, von denen einer, wie er vorschrieb, sein Nachfolger werden sollte, lag er krank zu Bett und begab sich wenige Tage später zu seinen Vorfahren.[565] Er wurde in der Peterskirche neben Eugen III. begraben. Bevor er jedoch starb, hatten die Deutschen, als sie bemerkten, dass zwei Päpste[566] nun um das höchste Pontifikat stritten, und sie, indem sie sich neutral

---

562 Niccolò d'Acciapaccio (1392–1447), ab 1439 Kardinal von Capua.
563 Vgl. Kapitel 248 und 270.
564 Enrico Rampini, Tomaso Parentucelli (später Papst Nikolaus V.), Juan Carvajal, Giovanni de Primis.
565 Eugen starb am 23. Februar 1447.
566 Eugen IV., Papst seit 1431, und Felix V. (1383–1451), Papst 1440 bis 1449.

verhielten, sich keinem unterwerfen wollten, Legaten nach Rom entsandt, unter denen auch ich mich befand, geschickt von Kaiser Friedrich persönlich, die dem schon in den letzten Zügen liegenden Papst die Obödienz erneuerten. Eugen seinerseits setzte Dietrich und Jakob, die Erzbischöfe von Köln und Trier, die er ihres episkopalen Rangs beraubt hatte, nachdem er seine Meinung geändert hatte, wieder in ihr früheres Ehrenamt ein.[567]

232

Eugen war in der Tat ein großer und angesehener Papst. Er verachtete Gelderwerb und liebte die Tugend über alles. Glück machte ihn nicht überheblich, Unglück drückte ihn nicht nieder, Hoffnung vermehrte nicht seine Freude, Furcht nicht seine Trauer. Sein ruhiges Gemüt äußerte sich in seinem immer gleichen Gesichtsausdruck, sein Gesprächston war kurz und ernst. Er war hart und rau gegen seine Feinde, gnädig gegenüber den zum Glauben Zurückgekehrten. Dazu kamen ein großer Körper, ein edles Gesicht und eine bewundernswerte Ausstrahlung in seinem Alter. Leuten, denen er Vertrauen schenkte, gewährte er es im Übermaß und gab ihnen mehr Macht als angemessen. Als sein Vater auf Geschäftsreise in Ägypten war, zusammen mit dem Vater von Francesco Foscari[568], den ich schon erwähnt habe, erhielt er von einem Eremiten, den sie gemeinsam besuchten, eine genauso erfreuliche Prophezeiung wie jener. Der eine nämlich erfuhr, dass sein Sohn der Herrscher über seine Heimatstadt sein werde, der andere, dass seiner unter den Priestern den höchsten Rang einnehmen werde.

233

Eugen wurde auf den Namen Gabriele getauft.[569] Als er herangewachsen war und seine Eltern begraben waren, war er nicht taub für die Botschaft des Evangeliums und verteilte das Erbe, welches er von ihnen in nicht geringem Ausmaß bekommen hatte, an die Armen Christi. Dann trat er, zusammen mit Antonio Correr[570], einem jungen Mann mit dem gleichen Religionseifer, in einen Orden ein, wo sein Verhalten höchstes Lob verdiente. Er lebte dort, zusammen mit Antonio, so lange, bis Angelo

---

567 Dietrich von Moers und Jacob von Sierk, abgesetzt von Eugen IV. am 25. Januar 1446, wieder eingesetzt von Nikolaus V. im September 1447.
568 Francesco Foscari (1373–1457), Doge seit 1423.
569 Gabriele Condulmer, geboren in Venedig.
570 Antonio Correr war sein Cousin, sie traten 1400 in den Orden der Augustiner ein.

Correr den Stuhl Petri bestieg, unter dem Namen Gregor XII[571]. Weil aber die beiden unzertrennlich waren, rief der Papst sie beide zu sich und setzte den einen an die Spitze der Kirche von Siena[572], den anderen an die von Bologna. Und nicht lange danach hat er sie zu Kardinälen gemacht, wobei beide sich auszeichneten, aber dieser glänzte noch mehr, weil er das höchste Pontifikat erreicht hat. Obwohl sich zu Beginn seiner Amtszeit ein Schisma bildete und er bis zu seinem Tod mit dem Konzil von Basel in Streit lag, hat er immerhin Sigismund zum Kaiser[573] gekrönt, eine Einigung[574] zwischen Griechen und Armeniern erzielt, Gebiete, die die Kirche schon verloren hatte, zurückgewonnen, Tyrannen ringsherum vernichtet, den Hochmut der Römer gebändigt und ist als Sieger, bedeckt mit Ruhm, gestorben. Obwohl ich einst auf Seiten der Basler und gegen ihn war, in der Meinung, Gott zu gehorchen (denn damals war die ganze Kirche im Wanken) hat er mich, als ich zu ihm kam, gnädig aufgenommen, mich sogar zu seinem Sekretär gemacht und mit der Ehre eines apostolischen Subdiakonats ausgezeichnet. Als er wenige Tage, bevor er starb, ein falsches Gerücht aufschnappte, dass die Diözese von Triest vakant sei, hat er sie trotz vieler anderer Bewerber für mich allein bestimmt; sein Nachfolger[575] hat das dann für mich erledigt.

234

Nikolaus V.[576], ein Toskaner aus der Stadt Sarzana, Sohn eines Arztes, berühmt durch sein theologisches Wissen und herausragend in fast allen Wissensdisziplinen, wurde als Nachfolger Eugens auf den Stuhl Petri gewählt. Ein paar Monate vorher wurde er von Eugen zum Kardinal gemacht, nachdem er eine erfolgreiche Mission in Deutschland erledigt hatte, und kurz zuvor hatte er den Bischofssitz in Bologna übernommen. Rom hat er mit vielen und sehr großen Bauwerken ausgeschmückt. Wenn all seine Projekte zu Ende geführt worden wären, müssten sie – wie es scheint – keinem Bauwerk der römischen Kaiser an Großartigkeit nachstehen. Aber die Gebäude und die riesigen Zinnen[577] der Mauern liegen bis heute brach. Er beseitigte das Schisma, das in der Kirche von Savoyen immer noch Gültigkeit besaß,

---

571 Gregor XII. (1335–1417), 1406–1415 Papst während des Schismas.
572 Gabriele, Bischof von Siena seit 1407; Antonio, Bischof von Bologna seit 1407; beide wurden 1408 zu Kardinälen ernannt.
573 1433.
574 Konzil von Ferrara-Florenz, 1438–1439.
575 Nikolaus V. ernannte Enea am 17. April 1447 zum Bischof von Triest.
576 Tommaso Parentucelli (1397–1455), Papst seit 1457.
577 Vergil, Aeneis (Götte 1994), 138 (IV, 88).

und behandelte Amadeus, der auf seinen Papsttitel verzichtete[578], gnädig, beließ ihm den Titel als Kardinal und in seinem Amtsbereich den des Legaten. Einigen von Amadeus ernannten Kardinälen nahm er den Titel wieder ab. Er hat der Stadt Rom einen langen Frieden beschert. Das Jubiläum hat er glücklich über die Bühne gebracht, außer dass auf der Engelsbrücke – wie bekannt ist – wegen einer plötzlich ausbrechenden Panik unter den Pilgern ungefähr 200 Menschen entweder niedergetrampelt oder in den Fluss gestürzt wurden und starben[579]. Bernardino aus Siena, einen Ordensbruder der Minoriten, der kurz vorher gestorben[580] war, sprach er heilig. Kaiser Friedrich III. und Eleonora Augusta hat er verheiratet[581] und sie nach der traditionellen Salbung gekrönt, wobei er deren Hofstaat reichlich und mit viel Geschmack bewirtete. Zweimal kreierte er neue Kardinäle. Beim ersten Mal[582] hat er nur dich allein, Antonio[583], geboren auf Mallorca, zum Kardinal von San Crisogono ernannt; er wählte dich aus, weil du ihm in jeder Hinsicht gleichwertig in den Studien der Philosophie und in der Kenntnis der Geheimnisse der heiligen Theologie erschienst. Beim zweiten Termin ernannte er sechs Männer, die entweder berühmt durch ihre Gelehrsamkeit oder bekannt durch ihr edles Geschlecht waren, unter ihnen auch seinen Bruder Filippo[584], einen Mann von angenehmem Charakter und unbestechlicher Zuverlässigkeit, und machte ihn zum Kardinal von Santa Susanna.

235

Er ließ Bücher in ganz Griechenland suchen, zu sich bringen und dann in die lateinische Sprache übersetzen, wobei er die Übersetzer sehr gut bezahlte. Seine bevorzugten Übersetzer waren Georg von Trapezunt[585], Lorenzo Valla[586], Pier Candido Decembrio[587] und Gregorio di Castello[588], außerdem der Grieche Deme-

---

578 7. April 1449.
579 19. Dezember 1450.
580 Am 20. Mai 1444, heiliggesprochen am 24. Mai 1450.
581 16. März 1452, Krönung 19. März 1452.
582 16. Februar 1448.
583 Antonio de la Cerdà (1390–1459). Ihm ist das Werk *Europa* gewidmet, er war Kardinal von Lérida seit 1449.
584 Filippo Calandrini (1403–1476), Kardinal seit Dezember 1448.
585 Georg von Trapezunt (1395–1472), aus Kreta.
586 Lorenzo Valla (1407–1457), aus Rom.
587 Pier Candido Decembrio (1399–1477), aus Pavia.
588 Gregorio di Castello (1414–1464), aus Città di Castello.

trios[589]. Deren Prosa verzauberte die Ohren des Papstes in so wunderbarer Weise, dass sie nie, wenn sie etwas von ihm wollten, leer ausgingen. Er wünschte sich sehnlichst, dass das Epos Homers in ein lateinisches episches Gedicht übertragen werde, und als viele versuchten, es ihm recht zu machen, wurde nur einer gefunden, der seinem strengen Urteil genügte, Orazio Romano[590]. Er wurde zu diesem Zweck als apostolischer Sekretär angestellt und mit vielen Versprechungen verlockt, sich die Ilias vorzunehmen, hat auch einige Bücher daraus ins Lateinische übersetzt, wert, dass unser Zeitalter sie bewundert, so gut, dass auch das Altertum nichts daran zu tadeln gehabt hätte. Niccolò Perotti[591] verdiente sich dann mit seiner angemessenen und eleganten Übersetzung des Polybios aus dem Griechischen, Giovanni Tortelli[592] aus Arezzo mit seinem höchst geschickt verfassten Buch über die Orthographie, Alberti[593] aus Florenz mit seinen vorzüglichen Büchern über die Architektur, und noch unzählbare andere Autoren verdienten sich die Gunst dieses Papstes, indem sie neue Schriften verfertigten. So sehr nämlich feuerte Nikolaus die begabten Leute an und förderte sie, dass kaum ein Zeitalter gefunden werden kann, in dem das Studium des Humanismus, der Redekunst und der übrigen freien Künste mehr aufblühte als zu seiner Zeit. Eines wird sicherlich niemand abstreiten, dass ihm – wie wir wissen – so viele Bücher von hochgelehrten Männern gewidmet wurden, wie weder einem seiner Vorgänger noch irgendeinem der (römischen) Kaiser. Bei einem unter den Gelehrten allerdings wundern wir uns, dass er ihn vernachlässigte: Fabio Biondo[594] aus Forlì, der in bewundernswerter Anordnung die Weltgeschichte vom Untergang des römischen Reiches bis in unsere Zeit in zwei Dekaden dargestellt hat. Er erneuerte Rom, indem er es beschrieb, hat auch Italien illustriert; und als er es unternahm, über die triumphierende Stadt zu schreiben, hat er uns deren hohes Alter klargemacht. Aber so ist es nun mal auf der Welt: Selten würdigt ein Papst jemanden, den sein Vorgänger hochgeschätzt hat. Gleichwohl hat Nikolaus eine Bibliothek, bestens ausgestattet mit alten und neuen Kodizes, eingerichtet, in der sich ca. 3.000 Bände befinden.

589 Demetrios Chalkokondyles (1423–1511), aus Athen.
590 Orazio Romano schrieb 1467 *Porcaria seu de coiuratione Stephani Porcarii* (vgl. Kapitel 237).
591 Niccolò Perotti (1429–1480), aus Sassoferrato.
592 Giovanni Tortelli (1400–1466), aus Arezzo.
593 Leon Battista Alberti (1404–1472), aus Genua.
594 Fabio Biondo (1392–1463), aus Forlì.

236

Er schmückte die apostolische Sakristei in wunderbarer Weise mit Gefäßen aus Gold und Silber sowie mit Priestergewändern. Für die Altäre ließ er Ornamente herstellen und kaufte wunderbar gearbeitete Gobelins, mit Gold durchwoben. Für den ganzen Palast erwarb er in großzügigster Weise das nötige Hausgerät und verdoppelte und verdreifachte es.

Den Gesandten, die er öffentlich empfing, antwortete er so, dass man nicht wusste, ob man seine Weisheit oder seine Redekunst mehr bewundern sollte. Wenn er erfuhr, dass in der Stadt prominente Ausländer waren, ehrte er sie sofort durch Empfangsgeschenke. Adelige, die aus ihrer Heimat verbannt waren und dann zu ihm gekommen waren, nahm er gütig bei sich auf. Den Armen in Christus spendete er reichlich, er sorgte dafür, dass den religiösen Bettelorden nichts abging. Die Kirchen der Stadt beschenkte er großzügig. Im Kirchenstaat errichtete er sehr viele und gut befestigte Burgen an strategisch wichtigen Orten.

237

Und trotzdem gab es Leute, die dem so bewunderns- und nachahmenswerten Leben dieses Papstes nachstellten. Stefano[595] nämlich, ein Römer aus der Familie der Porcari, ein Ritter von bescheidenen Einkünften, hatte schon oft in der Stadt für Unruhe gesorgt und wurde deshalb nach Bologna verbannt. Aber er kam von dort heimlich weg und kehrte schnellstens nach Rom zurück. Er rief sofort seine Freunde zusammen und erklärte ihnen, was er im Sinn hatte. Er sagte, es sei schändlich, dass eine Stadt, die sich einst den ganzen Erdkreis unterworfen hatte, nun darniederliege unter der Herrschaft der Priester, man könnte ja die Römer schon eher Weiber als Männer nennen. Er sei gekommen, bereit, die Vaterstadt von diesem Joch zu befreien, eine kinderleichte Sache, wenn sie sich nur als Männer zeigten. Papst Nikolaus könne problemlos ergriffen werden, wenn er am heiligen Tag der Epiphanie im Petersdom die Messe lese. Das Volk liebe doch die Freiheit und es werde den Attentätern, wenn er in seiner Proklamation die Freiheit verkünde, sofort zur Seite stehen. Um den Papst zu fesseln, brachte er eine goldene Kette mit, die er schon vorher besorgt hatte, und zeigte sie den Versammelten. Denn, so sagte er, es sei nicht empfehlenswert, den Papst sofort zu töten, sondern ihn zu bewachen, bis sie mit dessen Hilfe auch Castel St. Angelo eingenommen hätten. Und redegewandt, wie er war, zog er die Versammelten leicht auf seine Seite, das umso eher, da

---

595 Stefano Porcari (gest. 1453).

er nur mittellose, von Schulden erdrückte Männer zu sich gerufen hatte, Leute, die wegen der Verbrechen, die sie begangen hatten, das Gericht fürchteten, und Gestalten, denen im Frieden keine Hoffnung mehr blieb. Aber Nikolaus ahnte schon so etwas, schickte Soldaten und ließ den Mann festnehmen. Sie fanden ihn, innerlich schon gebrochen, bei seiner Schwester, in einer Kiste versteckt. Seine Komplizen wurden in dem Haus, wo sie sich versammelt hatten, ergriffen und gefangen genommen; einer von ihnen, Battista Sciarra[596], schnell zur Hand und von furchtlosem Charakter, bahnte sich mit dem Schwert eine Gasse durch die päpstlichen Kohorten und entkam. Stephanus wurde in der Engelsburg erhängt, die anderen vor dem Kapitol. Und so rettete unser höchster Priester, gerettet aus ungeheurer Gefahr, die Würde und die Macht des römischen Papsttums.

238

Dieser Papst war vom Schicksal begünstigt und nach jedermanns Urteil vom Glück reichlich gesegnet, außer dass in seiner Amtszeit die Türken, wie schon erwähnt, Konstantinopel erobert hatten, ein ewiges Schandmal der Untätigkeit und Faulheit der Christen. Es kam noch etwas anderes hinzu, was seinem Ruf nicht weniger schadete. Denn als er selbst nach einstimmiger Wahl der Parteien zum Initiator und Schiedsrichter des Friedens gewählt wurde in dem Italien, das damals durch Schwert und Feuer fürchterlich verwüstet wurde, hat er die Vorüberlegungen von Tag zu Tag hinausgeschoben. Und es kam sogar so weit, dass er von Francesco Sforza, der schon Herr über Mailand war, und auch von Venedig verdächtigt wurde, er wolle gar keine Entscheidung verkünden, die zwar den anderen Staaten den Frieden, der Kirche aber den Krieg zu bedeuten scheine. Deshalb haben sich durch Vermittlung des Mönches Simonetto[597], einem Bruder des Eremitenordens von St. Augustinus, eines bis dato völlig unbedeutenden und unbekannten Mannes, aber empfohlen durch seinen tadellosen Lebenslauf, die Venezianer und Herzog Francesco getroffen und untereinander die Bedingungen eines Vertrages ausgehandelt, wobei sie einen Termin[598] bestimmten, bis zu dem alle Teilnehmer dieses Krieges ihn ratifiziert haben müssen. Allen schien das wie ein Wunder: dass ein bescheidener und unbekannter Mönch Italien den Frieden gebracht hat. Aber als Alfonso den Frieden ablehnte, weil er ohne sein Wissen zustande gekommen sei, zeigte Papst Nikolaus, dass er zu Unrecht verdächtigt worden war, und schickte als

---

596 Battista Sciarra, Stefano Porcaris Neffe.
597 Simonetto da Camerino.
598 Sforza und Venedig unterschrieben den Vertrag von Lodi am 9. April 1454.

Legat den Kardinal Domenico[599] von St. Croce, einen Mann von einzigartiger Klugheit und berühmt für seinen tadellosen Lebenswandel. Der kam zuerst nach Gaeta, dann nach Neapel, wohin auch Unterhändler aus Venedig und anderen Landesteilen kamen. Nachdem man all die strittigen Probleme gleichsam von Neuem durchdiskutiert hatte, überredete Domenico den König nicht nur dazu, Frieden zu schließen, sondern erreichte auch noch ein Bündnis zwischen allen Mächten Italiens für 25 Jahre, als dessen Garant und Richter der römische Pontifex ernannt wurde.

239

Aber weil Nikolaus fast während seines gesamten Pontifikats an arthritischen Schmerzen gelitten hatte, ging es ihm nun täglich schlechter, und als seine reine Seele die Gesellschaft mit diesem sterblichen und schmutzigen Körper nicht mehr ertragen konnte, schied[600] er aus dem Leben. Von ihm sind mir nicht nur die Ämter, die Papst Eugen mir anvertraut hatte, bestätigt worden, sondern er machte mich zum Bischof und verlieh mir zuerst die Diözese von Triest[601], dann die von Siena[602].

240

Nach ihm besetzte Kalixt III.[603] den Thron von St. Peter. Er war ein Spanier, im Königreich Valencia aus nobler Familie geboren. Er war der beste Jurist seiner Epoche und war über viele Jahre der Vorsitzende des Kabinetts von König Alfonso, dessen Gewandtheit und Fingerspitzengefühl er in seiner Person widerspiegelte. Sobald er die Tiara des Papsttums erhalten hatte, richtete er sein Bemühen sogleich auf die Zerstörung der türkischen Religion und ihrer Anhänger und legte auch einen feierlichen Eid[604] auf dieses Gelöbnis ab. Er schickte prominente Kardinäle als Legaten nach Frankreich, Deutschland, Ungarn und in den Orient, von denen aber noch keiner zurückgekehrt ist; man vermutet allerdings, dass Alain[605], der Kardinal

---

599 Domenico Capranica (1400–1458) brachte Enea als seinen Sekretär nach Basel.
600 Nikolaus starb am 25. März 1455.
601 Triest, 17. April 1447.
602 Siena, 23. September 1450.
603 Kalixt III., Alfonso de Borja (1378–1458), Papst seit 8. April 1455.
604 29. Juni 1456: Bulle gegen die Türken, sog. Mittagsläuten in allen kath. Kirchen, „Türkenläuten", heute noch üblich.
605 Alain de Coëtivy (1407–1474), Kardinal seit 1448.

von San Prassede, ein sehr talentierter Mann, von scharfem und starkem Verstand, in Kürze aus Frankreich zurückkehren wird.

Er ließ in Rom eine Werft errichten, was es noch nie gegeben hatte. Und er hat ziemlich viele Dreiruderer am Ufer des Tibers in der Leoninischen Stadt (Vatikan) bereitgestellt, bewaffnet und gegen die Türken geschickt. Als der Graf Jacopo Piccinino die Stadt Siena, wie schon erwähnt, mit Waffen bedrohte, hat er seine Armee geschickt und ihn zurückgeworfen[606]. König Alfonso fragte ihn einmal, auf welche Weise sie miteinander auskommen sollten, und er antwortete: „König Alfonso soll sein Königreich selbst regieren und mir die Leitung des höchsten Apostolats überlassen." Ein großer Teil Italiens glaubte, dass ihre angeblichen Meinungsverschiedenheiten nur vorgeschoben und fiktiv seien; die den Konflikt für echt hielten, gaben teils Kalixt, teils Alfonso die Schuld, teils auch beiden, je nachdem, ob einer den König, unter dem er geboren wurde, oder ein anderer den Papst, dem er wie dem Stellvertreter Gottes gehorchen musste, nicht leiden konnte.

241

Zweimal sind von Kalixt Kardinäle[607] ernannt worden, beim ersten Mal drei, darunter zwei seiner Neffen, deren Alter zwar für eine so große Verantwortung etwas zu gering schien, ihre Bildung jedoch, ihre Umsicht und ihr tadelloser Charakter schienen sie nicht zu Unrecht für ein solches Ehrenamt zu qualifizieren; der dritte war Jaime von Portugal, ein Mann königlichen Blutes, von solcher Bescheidenheit, solcher Würde, solch scharfer Intelligenz, so großem Eifer in den Wissenschaften und so großer Liebe zur Tugend, dass, wie jung er auch noch ist, er nach Meinung aller dieses Amt zu spät erreicht hat. Beim zweiten Mal sind sechs Kardinäle ernannt worden, die keineswegs unwürdig dieses Amtes waren – wenn man von mir absieht; jedenfalls hat keiner dieses Amt mehr verdient als Juan[608], der Bischof von Zamora, eine herausragende Autorität im Zivilrecht, der während seiner 39-jährigen Dienstzeit an der römischen Kurie fast alle Geschäfte anständig und rechtschaffen erledigte. Die Kanzlei, die seit Nikolaus vakant war, vertraute Kalixt seinem Neffen Rodrigo[609] an, dem Kardinal von San Nicola in Carcere und Legat in den Marken. Und dessen Bruder, Pedro de Borja[610], einen jungen Mann von glänzenden

---

606 Vgl. Kapitel 219 – 221.
607 Juan del Milà, Rodrigo de Borja (Kalixts Neffe), Jaime von Portugal (Neffe des Königs Alfonso V. von Portugal). Alle drei wurden im Jahr 1456, mit Mitte zwanzig, zu Kardinälen ernannt.
608 Luis Juan del Milà (1397–1467).
609 Rodrigo de Borja (1431–1503), seit Dezember 1456 Vizekanzler.
610 Pedro Luis de Borja, seit 1457 Präfekt der Stadt Rom.

Chancen und großen Anlagen, machte er zum Befehlshaber der päpstlichen Truppen; dann vertraute er ihm auch noch die Präfektur über die Stadt an. Luis[611], den Kardinal von Santi Quattro Coronati, auch er einer seiner Neffen, machte er zum Legaten von Bologna.

242

Er erklärte Vinzent[612] von Spanien und Osmund[613] von England zu Heiligen, die beide für ihre Wunder berühmt waren. Er schickte Legaten nach Skythien, Persien und Äthiopien, die die Christen in ihrem Glauben stärken und sie gegen Glaubensfeinde rüsten sollten. Er sandte Geldspenden an Skanderbeg in Albanien und an viele andere Kämpfer in Griechenland, die im Krieg gegen die Türken in Not geraten sind. Er führte den Feiertag der Transfiguration[614] (Verklärung) des Herrn ein und befahl ihn öffentlich zu feiern. Seine Wahl zum Papst sagte er viele Jahre, bevor er gewählt wurde, voraus. Auch die Niederlage der Türken bei Belgrad[615] in Ungarn hat er prophezeit. Nun verspricht er noch viel Großes für die Zukunft, ich würde mir wünschen, Gottes Gnade werde es ihm nicht abschlagen.

243

Als der Graf Giovanni di Tagliacozzo, der aus der Sippe der Orsini stammte, gestorben war, verlangten die Orsini das Erbe aufgrund der Verwandtschaft. Das gefiel aber dem Grafen Everso gar nicht, dessen Sohn mit der einzigen Tochter Giovannis verheiratet war. Es kam zum Krieg. Die Colonna boten dem Grafen Everso ihre Hilfe an. Dann zog, auf Drängen des Papstes, Kardinal Prospero[616], der Neffe von Papst Martin V. – ein sehr weiser und erfolgreicher Papst seinerzeit, der berühmteste Mann dieser Familie und überall bekannt durch seine literarische Bildung – seine Verwandtschaft aus diesem Krieg zurück. Aber zwischen den Orsini und Everso

---

611 Luis, Präfekt von Bologna seit 1455; 1457 wurde er Legat a latere dieser Stadt, d.h. Botschafter des Papstes. dieser Stadt.
612 St. Vincent Ferrer (1350–1419).
613 St. Osmund (gest. 1099).
614 6. August 1456, Verklärung Christi.
615 22. Juli 1456.
616 Prospero Colonna (ca. 1410–1463), Kardinal in pectore 1426, d.h. ein Kardinal, dessen Name aus politischen Gründen noch nicht veröffentlicht wird.

dauern die ungelösten Probleme bis heute an. Kardinal Latino[617] von San Giovanni und Paolo, das bekannte Oberhaupt der Orsinifamilie, ein Mann von regem Geist, berühmt durch seine Kenntnis der Rechte und ein Mann, der sich nur um wichtige Dinge kümmert, den Kleinkram verachtet, verließ Rom und zog sich in seine eigenen Ortschaften zurück, weil er sich in Rom nicht sicher fühlte, entweder weil er Nachstellungen von Seiten des Grafen befürchtete oder weil er durch den Ärger des Papstes verunsichert war; obwohl er zurückgerufen wurde, hat er sich bis heute geweigert, nach Rom zurückzukommen.

Von all den Kardinälen sind zwei von Papst Kalixt bis heute besonders gern angehört und empfangen worden: Guillaume von Rouen[618], ein Mann von gefälligem Wesen und edler Abstammung, und Pietro von San Marco[619], ein Neffe Eugens IV., ein Venezianer edler Herkunft, ein Mann von reger Betriebsamkeit; (das war so), weil er entweder viel von deren Ratschlägen hielt, oder weil er glaubte, der eine könne das Königreich Frankreich, der andere die Republik von Venedig auf seine Seite ziehen.

Kalixt schätze den Römer Simone[620] (di Marco Tebaldi), einen Mann, der sich in der Philosophie und in der Medizin auszeichnete, so sehr, dass er hauptsächlich aus Achtung vor Simone, nicht so sehr wegen dessen untadeligen Lebenswandels, dessen Bruder Giacomo Tebaldi, Bischof von Montefeltro, zum Kardinal ernannte.

244

Bei der Anhörung von Gesandtschaften und Privatleuten übertraf er die Gewandtheit seiner Vorgänger um Längen. Er diktierte persönlich Briefe an Könige und Freunde. Gerne und mit Vergnügen verbrachte er seine Zeit beim Signieren von Petitionen. Wenn er über Rechtsfragen konsultiert wurde, antwortete er mit großem Eifer; die Gesetze und die kanonischen Vorschriften waren ihm so präsent, als ob er erst vorgestern sein Examen bestanden hätte; nichts entglitt seinem Gedächtnis, was er für merkenswert erachtete. Im Übrigen schien ihm kein Wissensbereich wichtiger als die Rechtskunde, in der er selbst so sehr glänzte, dass unter seinen Vorgängern kaum einer oder zwei gefunden werden könnten, die ihm ebenbürtig gewesen wären.

---

617 Latino Orsini (1411–1477), Kardinal 1448.
618 Guillaume d'Estouteville (1403–1483).
619 Pietro Barbo (1417–1471), Kardinal 1440, später Papst Paul II. (1464).
620 Simone Tebaldi war Kalixts Arzt; Giacomo (gest. 1465) wurde 1456 Kardinal.

245

Nachdem er mich in die Reihe der Kardinäle[621] aufgenommen hatte, vertraute er mir, auf Bitten der dortigen Kanoniker, die Diözese[622] von Warmia an, das am Baltischen Meer bei den Sarmaten liegt. Bis jetzt konnte ich das Bistum noch nicht in Besitz nehmen, weil in dieser Gegend grausame und grässliche Kriege wüten.

LIX 246

In Umbrien, das heute zum Dukat von Spoleto gehört, waren nur wenige Städte frei von inneren Auseinandersetzungen. Norcia, einst die Heimat des Quintus Sertorius[623], durch die Machenschaften der Guelfen öfters aufgewühlt, konnte erst vor kurzem etwas aufatmen. Narni, das umringt ist von einem Fluss[624], der durch Schwefel weiß gefärbt ist, und das wegen eines doppelseitigen Bergrückens nur schwer zugänglich ist, hat nun, unter guelfischer Regierung etwas Ruhe gefunden, nachdem es vorher durch die Ghibellinen unterdrückt war. Auch in Amelia, Rieti, Foligno, Ortona und schließlich in Spoleto fehlte es nicht an Missgeschick. Aber Assisi ging es von allen Städten am schlimmsten. Denn weil es bald die Partei von Braccio[625], bald die von Sforza[626] bevorzugt und erst die, die stärker ist, dann die, die als schwächer gilt, hinauswirft, ist die Stadt jetzt so heruntergekommen, dass man sagen kann, ihre Bevölkerung sei nicht nur reduziert, sondern schon gar nicht mehr vorhanden, die Stadt sei ganz verlassen.

247

Die Region von Piceno, heute bekannt unter dem Namen „Marken", eignete sich Francesco Sforza buchstäblich in einer einzigen Aktion an[627], als Papst Eugen IV. mit den Problemen von Basel beschäftigt war und in Auseinandersetzungen nicht nur

---

621 17. Dezember 1456.
622 1457; Enea konnte dort nie antreten, weil die Einheimischen ihn nicht akzeptierten.
623 121 bis 72 v. Chr.
624 Martial, Epigrams (Ker 1968), 486 (VII, 93), Vergil, Aeneis (Götte 1994), 300 (VII, 517).
625 Braccio da Montone (1386–1424), Condottiere.
626 Francesco Sforza (1401–1466).
627 Dezember 1433.

mit Herzog Filippo Maria, sondern auch mit dem König Alfonso verwickelt war. Francesco besaß das Gebiet dann später durchgehend für einige[628] Jahre.

Noch dazu verliebte er sich dann in ein Mädchen, eines im Gefolge seiner Gattin, die ihm dann viele Probleme verursachte, wobei es bis zum Mord kam. Sie hieß Perpetua[629], war die Tochter ehrenwerter Eltern aus Novara, war von erlesener Figur, aufrichtigem Charakter, hätte sie nicht, verlockt durch die Schmeicheleien eines mächtigen Herren, ihre Jungfräulichkeit durch einen Ehebruch verloren. Als ihr Bauch schon langsam anschwoll, wurde sie mit einem Mann verlobt, den man, um das Verbrechen zu vertuschen, ersuchte, sie zu heiraten. Am für die Hochzeit festgesetzten Tag erwartete der Bräutigam, nachdem er seine Freunde gerufen und ein großes Festmahl vorbereitet hatte, mit Freude die Ankunft der jungen Braut in der Stadt, wo er wohnte, nicht weit vom Hof Francescos entfernt. Die Frau wurde geleitet von vielen noblen Herren, aber nachdem sie die Stadt betreten hatte, wo sie – wie man glaubte – im Haus des Bräutigams eintreten sollte, wurde ihr befohlen, weiterzugehen und sie wurde in die Burg verschleppt. Man gab dem unglücklichen Ehemann keine weitere Chance, seine Braut zu sehen. Als Bianca, die so gescheite Ehefrau Francescos, dies erfuhr, gab sie keine Ruhe, bis sie mit Hilfe angemieteter Meuchelmörder die junge Frau, so gut sie auch bewacht war, umgebracht hatte. Francesco glaubte, so erschüttert er auch darüber war, seiner Frau doch verzeihen zu müssen, da ihr Schmerz nachvollziehbar war.

248

Daraufhin schickte Papst Eugen, mit Filippo und dem König wieder versöhnt, Niccolò Piccinino mit einem Heer gegen Francesco und forderte den König dazu auf, dass er ebenso in die Marken[630] marschiere. Alfonso stimmte zu, hob Soldaten aus und kam mit ganz vorzüglichen Reiter- und Infanterietruppen ins Piceno. Bei Visso verband er seine Truppen mit denen Piccininos. Und dieser kommandierte jetzt das Gesamtheer und zwang die verschreckten Stadtbewohner, sich dem Heer der Kirche zu ergeben. Die Einwohner von Sanseverino folgten diesem Beispiel und lieferten die Schlüssel ihrer Stadttore ab. Als Francesco dies erfuhr, verteilte er seine Truppen in die besser befestigten Städte der Provinz und hielt es für taktisch klug, den Krieg in die Länge zu ziehen. Nachdem Pietro Brunoro[631], einer der Befehlsheber seiner Truppen, mit 800 Reitern zum König übergelaufen war, die Städte Macerata und

---

628 1445.
629 Perpetua da Varese, Mutter von Polidoro Sforza.
630 Frühling 1442.
631 Pietro Brunoro, Söldner und Offizier (gest. 1468).

Tolentino sich der Kirche ergeben hatten, gab Francesco vor, er wolle mit Einverständnis von Venedig und Florenz seine Freundschaft mit Herzog Filippo von Mailand erneuern. In Wirklichkeit freilich wollte er nur der Macht des Königs entkommen. Filippo aber glaubte daran und bat Alfonso mit Briefen und Botschaften, dass er seine Truppen ins Königreich zurückführen sollte. Allerdings war diese Bitte vergeblich, denn der König hielt es für schimpflich, diese Mission nicht zu erfüllen, und noch dazu gegen den Willen des Papstes. Er setzte die Aktion also fort und mit noch größerem Druck zwang er die Stadt Cingoli[632], sich der Kirche zu ergeben, Castel del Piano nahm er mit Gewalt ein und übergab es den Soldaten zur Plünderung. Und er ließ sich überhaupt nicht umstimmen, obwohl Filippo, durch diese seine Taten empört, mit Venedig und Florenz Frieden schloss. Im Gegenteil, der König marschierte mit seinem Heer Richtung Jesi, als Troilo[633], ein Befehlshaber, zu dem Francesco höchstes Vertrauen hatte (denn er hatte viele Jahre lang in seiner Reiterei höchste Posten bekleidet und auch seine Schwester geheiratet) die Stadt auslieferte und sich dem König ergab; und der nahm ihn daraufhin in sein Gefolge auf.

Als er dann Roccacontrada, verteidigt von Francescos Neffen Roberto, für einige Tage erfolglos belagert hatte, marschierte er ohne Unterbrechung zum Fluss Metauro, oberhalb Fano, wohin sich Francesco mit dem Rest seiner Kavallerie zurückgezogen hatte.

249

Da kam ein Botschafter[634] von Francesco zu Alfonso[635] ins Lager, und als er, wie es sich für einen Mann dieses Ranges gehört, vom König die Erlaubnis erhalten hatte, frei zu sprechen, richtete er in Anwesenheit des Niccolò Piccinino viele niederträchtige Vorwürfe an dessen Adresse im Namen Francescos, nannte ihn Verräter und wortbrüchigen Kerl, und ermahnte den König, ihm nicht zu trauen, einem Mann, dessen Stärke der Betrug sei. Zuletzt forderte er Niccolò im Namen Francescos zu einem Duell auf, in welchem die Anführer selbst und ihre Truppen in einer einzigen Schlacht um ihren Ruhm und ihre Tapferkeit kämpfen sollten: In einem einzigen Kampf werde sich dann der Wert sowohl der Anführer als auch ihrer Reiter zeigen. Gleichzeitig bat er den König, dass er als neutraler Beobachter

---

632 Bei Jesi.
633 Troilo da Rossano (gest. 1476), verh. mit Sforzas Stiefschwester Buona Katharina.
634 Eigentlich: „Trompetenbläser".
635 Die hier erzählte Geschichte ist fast wörtlich übernommen von Bartolomeo Facio, Rerum gestarum Alfonsi regis libri (Pietragalla 2004), 353–357.

bei dem Kampf dabei sei. Niccolò war recht verärgert, als er dies hörte, und antwortete mit nicht weniger schlimmen Vorwürfen Richtung Francesco, der ja gar nicht da war, und erwähnte seine in vielen Situationen gezeigte Loyalität. Er antwortete, dass es ihm leidtue, sein Körper sei durch eine Verletzung am Hals geschwächt; er würde gerne in einem Zweikampf zeigen, welcher von ihnen beiden mit dem Makel des Verräters zu brandmarken sei, wenn ihm das Schicksal nicht die Gelegenheit dazu genommen hätte; das Angebot jedoch, mit ihren Heeren zu kämpfen, nehme er frohen Herzens an, wenn der König es erlaube. Am nächsten Tag werde er mit seinen Truppen in dem weiten Feld unterhalb der Stadt Fano erscheinen. Weil der König merkte, dass Niccolò das von ihm verlangte, weil er seinen Ruf retten wollte, sagte er zu, dass er für die Sicherheit beider Seiten sorgen werde. Als am festgesetzten Tag Niccolò mit den Seinen zum Schlachtfeld vorgerückt war und, indem er sich über die Stadtmauern lustig machte, bis zu den Mauern gelangt war, postierte sich der König ca. 1000 Schritte entfernt mit seinem Heer, um das Feld für beide Parteien freizuhalten. Francesco aber, entweder weil er dem König misstraute oder weil er zögerte, seinen Ruhm, der diesmal tatsächlich auf dem Spiel stand, leichtsinnig zu riskieren, hielt die Seinigen in der Stadt zurück.

Zwischen Francesco und Niccolò gab es nicht nur eine heftige Rivalität bezüglich ihres militärischen Rufs, wobei jeder von beiden den ersten Rang beanspruchte, sondern auch schlimmen Groll wegen früherer Feindschaften. Solche gab es einst zwischen Braccio[636] und Sforza, letzterer Francescos Vater, ersterer Niccolòs Lehrer und Vorgesetzter. Und so führten sie Krieg gegeneinander nicht nur als politische, sondern auch als persönliche Feinde und konnten nie unter demselben Herrn kämpfen.

250

Niccolò hatte seinen Namen Piccinino von seiner geringen Körpergröße. Aber wenn diese auch unter dem Durchschnitt lag, so überragte sein großer Mut doch das Mittelmaß. Er machte nur wenige Worte, und die waren nicht sehr gepflegt, aber sie trafen den Kern der Sache. Gegenüber seinen Soldaten war er nachsichtig, gegenüber Freunden großzügig, zu den Feinden hart und rau, stets begierig zu kämpfen, ruhelos, lüstern auf Ruhm und immer bereit, Gefahren auf sich zu nehmen, denen er gelassen entgegentrat. Er ergriff sofort jede Gelegenheit zum Gefecht, kam dem Feind durch seine Schnelligkeit zuvor, ermüdete ihn durch plötzliche Angriffe, arbeitete lieber mit seiner leichten Kavallerie als mit der Infanterie. Er liebte starke

---

636 Braccio da Montone und Muzio Attendolo Sforza.

und aggressive Soldaten. Eine Überzahl der Feinde konnte ihn nicht schrecken. Mit diesen Methoden errang er sehr viele Triumphe über seine Gegner, in Norditalien und im restlichen Italien. Und mit der Bedeutung und dem Ruhm seiner Taten hat er ohne Zweifel seinen Lehrer Braccio überflügelt.

251

Francesco andrerseits war von edlem Körperbau, viel größer als der Durchschnitt, mit breiter Brust, hatte starke und wohlproportionierte Glieder, ein angenehmes Gesicht und fröhliche Augen. Ehrwürdig in seiner Kahlheit, hatte er eine wortreiche Redegabe, einen scharfen Intellekt und war stets begierig auf große Taten. Er war geschickt im Verwalten, konnte Mühen ohne Ende aushalten, war gewitzt und schlau, wenn es darum ging, Chancen auszurechnen, gewandt und erfindungsreich, wenn man Feinde täuschen wollte, vorsichtig und intuitiv, wenn man eine List vorhersehen oder entschärfen oder einen Plan der Feinde vereiteln musste. Er bekämpfte den Feind selten in der Schlacht, außer wenn es das Schicksal so wollte, öfter erledigte er ihn durch Belagerung als durch offene Feldschlacht; die Infanterie stand bei ihm in hohem Ansehen. Er wollte, dass seine Soldaten mit Gold und Silber geschmückt seien. Seine Pläne führte er schnell und konsequent aus, bei jeder Tätigkeit war er geistig präsent, bereit zu Strapazen und bewundernswert flexibel, was Routine, Praxis und Planung betraf. Durch diese Fähigkeiten beflügelt wurde er in kurzer Zeit so berühmt, dass er als einziger unter all den Condottieri für wert erachtet wurde, sich mit Niccolò um den ersten Rang im Militärwesen zu messen. Denn im militärischen Wissen und, was das Prestige betraf, waren sie gleichwertig, und so war es lange unklar, wer von den beiden der bessere sei. Aber dieser Wettstreit war entschieden, als kurze Zeit später das Heer des Niccolò in die Flucht[637] geschlagen wurde, Francesco aber einen Sieg nach dem anderen errang, und dann auch noch Fortuna mit vollem Füllhorn ihm das Geschick Mailands anvertraute.

252

Als der König aber einsah, dass eine Belagerung von Fano sehr schwierig sei, nicht nur wegen der Anwesenheit Francescos, eines großen und erfahrenen Befehlshabers, sondern auch weil die Stadt, die am Meer liegt, nicht vom Nachschub abge-

---

637 Schlacht von Monteloro, vgl. Kapitel 252.

schlossen werden konnte, zog er ab und marschierte in die Gegend von Fermo. Als dort Alessandro, der Bruder Francescos, einen Ausfall unternahm und des Königs Nachhut angriff, drehte dieser die Front um und jagte den Feind wieder in die Stadt hinein. Vor den Mauern wurde nun eine fürchterliche Schlacht geschlagen, und die äußere Mauer, die als Palisade diente, wurde genommen. Der König stellte seine Front neu auf und kam bis Torre di Palme, als man ihm einen Brief von Francesco zeigte, der abgefangen wurde. Er war adressiert an Troilo[638] und Pietro Brunoro und enthielt unter anderem folgende Worte: Sie sollten nicht länger zögern und nun schleunigst das Abgemachte ausführen. Der König verdächtigte sie nun beide des Verrats, nahm ihnen Waffen, Pferde und all ihre Ausrüstung ab, legte sie in Fesseln, schickte sie nach Aragon und ließ sie in der Burg von Satabia in der Gegend von Valencia bewachen.

Kurze Zeit später, nach der Kapitulation von Terni, kehrte er in sein Königreich zurück, nachdem er 2.000 Reiter zu Piccinino geschickt hatte, der mit seinem Heer in Montorio Station gemacht hatte. Aber bevor diese Reiter ankamen, wurde Piccinino von Francesco durch einen plötzlichen Angriff überrascht, im Gefecht zerstreut und in die Flucht geschlagen[639]. Ein Hügel, wo sich sein Lager befand, und eine nahe gelegene Stadt nahmen die zerstreuten Flüchtlinge auf. Francesco aber, übermütig geworden durch diesen Sieg und des Königs Rückzug, raste nun durch das ganze Piceno wie ein Sieger und richtete überall Schaden an.

Alfonso wurde darauf von Papst Eugen gebeten dorthin zurückzukehren, und als er schon marschbereit war, wurde er durch neue Unruhen in seinem Königreich zurückgehalten. Er entsandte deshalb Lupo[640] Ximenez, Orsini und Garcia[641] mit beträchtlichen Truppen gegen Sforza. Inzwischen wurde Niccolò Piccinino von Herzog Filippo nach Norditalien zurückberufen und ließ seinen Sohn Francesco mit einem Teil seiner Truppen im Piceno zurück. Sforza aber besiegte den Francesco und nahm ihn bei Monte Olmo[642] gefangen, bevor die Verstärkung des Königs ankam. Daraufhin machte Ludovico Scarampo, der Patriarch von Aquileia, dem Eugen die Verantwortung über dieses Gebiet anvertraut hatte, Giovanni Ventimiglia zum Befehlshaber seiner gesamten Armee, einen Condottiere von ausgezeichnetem Ruhm, mit einer großen Anzahl von Reitern und Infanterie, geschickt vom König. Mit Hilfe von Ventimiglia nahm er die Kapitulation von Offida entgegen, nachdem man es belagert hatte.

---

638 Brunoro und Troilo da Rossano wurden von Alfonso für zehn Jahre inhaftiert.
639 Schlacht von Monteloro, 8. November 1443.
640 Lope Ximenéz de Urrea, Vizekönig von Sizilien.
641 Garcia de Cabanyells (gest. 1452), Graf von Troia.
642 16. August 1444.

Beachtliche Truppen Filippos, die er gegen Francesco geschickt hatte, waren damals bei Cingoli stationiert; denn als Filippo endlich einsah, dass Francescos Versöhnungsangebot nur eine Finte war, hatte er Taliano[643] Furlano dorthin gesandt, einen weit bekannten Kriegshelden, um die Interessen des Papstes zu unterstützen. Als der Patriarch (Scarampo) und Ventimiglia sich ihm auf geradem Weg nicht anschließen konnten, (denn Francescos Lager befand sich genau in ihrer Mitte) marschierten sie in Gewaltmärschen über das Gebirge zu ihm. Sobald er das erfuhr, verließ Francesco das Piceno und zog sich ins Gebiet von Urbino zurück. Der Patriarch belagerte Montemilone und nahm es ein. Dann stürmte er die Stadt Sant'Angelo und gab sie seinen Soldaten zur Plünderung frei. Kurz danach, während er sich von dort durch das Gebiet von Fermo zurückzog, um sein Winterlager im Königreich (Neapel) aufzusuchen, machte er nicht weit von Montesanto Halt. Durch seine Ankunft erschrocken sandten die Bewohner Sprecher zu ihm und boten die Kapitulation an. Ähnlich verfuhren umliegende Kastelle. Dann rückte er vor nach Montalto delle Marche und blieb dort einige Tage.

253

Inzwischen riskierten die Bewohner von Fermo, in der Hoffnung auf Unterstützung, einen Aufstand und fielen von Francesco ab. Seinen Bruder Alessandro trieben sie mit dem größten Teil seiner Reiterei in die Burg[644]; Ventimiglia und die Truppen des Papstes kamen in Kürze den Aufständischen zu Hilfe. Aber da die Burg so gut befestigt war, dass sie nur ausgehungert werden konnte, zog sich Ventimiglia, nachdem er die Stadt so abgesichert hatte, dass man von der Burg nicht heruntersteigen konnte, ins Winterlager zurück, so wie er vorher schon geplant hatte.

Im nächsten Jahr schickte Alfonso Ramón Boyl mit 1000 Reitern und ebenso viel Infanterie zum Patriarchen ins Piceno. Als dieser das Lager des Kirchenheeres mit Giacomo[645] da Caivana erreichte, wurde Taliano Furlano auf Anordnung Filippo Marias sofort arrestiert und drei Tage später in Roccastrada auf Befehl des Patriarchen enthauptet. Darauf nahmen sie Montefabbri ein und entrissen Federico, dem Herrn von Urbino, einige Kastelle. Aber da nun schon 2000 Reiter, von Florenz und Venedig geschickt, das Heer des Francesco verstärkten, und Filippos Armee von den Venezianern bei Casalmaggiore am Ufer des Po in die Flucht geschlagen und ihres Lagers beraubt wurde, rief Filippo seine Streitkräfte aus dem Piceno zurück

---

643 Taliano Furlano, Condottiere (gest. 1446).
644 November 1445.
645 Giacomo da Caivana, Condottiere (gest. 1446).

und forderte größere Verstärkung von Seiten Eugens und des Königs an. Auf Befehl Eugens wurden 2500 Reiter aus dem Lager der Kirche zu ihm geschickt. Francesco, für den es jetzt gut lief, eroberte Montoro und ein anderes nahe gelegenes Kastell des Sigismondo Malatesta, das von ihm schon abgefallen war und sich in die Hände der Kirche begeben hatte, und er belagerte auch Malatestas Stadt Gradara. Inzwischen schickte der König dem Patriarchen neue Hilfstruppen. Mit diesen kehrte er ins Piceno zurück. Bei Roccacontrada, wo er auch den Taliano hinrichten ließ, exekutierte er den Giacomo da Caivana wegen Verdachts auf Verrat. Danach hat er nichts Erwähnenswertes mehr geleistet, bis dann Francesco sich mit Filippo versöhnte[646] und sich aus dem Piceno zurückzog, um in den Dienst Filippos zu treten, der ihn zum Kommandanten im Krieg gegen Venedig ernannte; später kam nicht nur die Burg von Fermo, sondern fast die ganze Provinz unter seine (d. h. des Patriarchen) Kontrolle.

254   LX

In Ascoli entfachte[647] Giosia Acquaviva[648], ein Sohn vornehmer Eltern, der noch ziemlich jung war, eine Verschwörung zusammen mit ein paar anderen Leuten und metzelte Francesco Sforzas Bruder Giovanni nieder, als dieser einen Augenblick nicht aufpasste, einen jungen Mann von edler Gesinnung, der diese Stadt während der ganzen Dauer des Krieges hervorragend verteidigt hatte. Aber als dann auch Giosia sich in seiner Vaterstadt wie ein Tyrann aufführte, wurde er ins Exil geschickt. In der Stadt war dann – unter der Herrschaft der Kirche – alles ruhig, obwohl letztes Jahr eben dieser Giosia seinem Volk noch einmal große Sorge bereitete: Denn zusammen mit einem Haufen von Räubern besetzte er eine Burg, die durch natürliche Lage gut befestigt war und nahe bei der Stadt lag. Aber die Sache ging nicht gut für ihn aus. Denn der Kardinal Rodrigo[649] Borja von St. Nicola, der Legat dieser Provinz, belagerte den Ort, und nachdem er sich der Burg bemächtigt hatte, brachte er Giosia gefangen und gefesselt nach Rom.

---

646 Sie versöhnten sich im Sommer 1447.
647 Sommer 1445.
648 Giosia Acquaviva, Herr von Teramo und Herzog von Atri.
649 1457.

LXI **255**

In Urbino wurde Oddantonio, der Herrscher dieses Volkes und Sohn einer höchst adeligen Mutter, in einem Aufstand des Volkes umgebracht[650], weil er vollkommen ausgerastet war in seiner Lüsternheit gegenüber vornehmen Matronen und in seiner Wollust keine Grenzen mehr kannte. Der Anstifter seiner Frivolitäten und der Verführer dieses jungen Mannes war der apostolische Protonotar Manfredo Pio aus Carpi, ein Mann von edler Abstammung, aber äußerst schlechtem Charakter, der schon zahlreiche verheiratete Frauen und junge Mädchen vergewaltigt hatte und, befleckt mit jeder Art von Schandtat, schon das höchste Maß an Verbrechertum erreichte. Er wurde in der gleichen Nacht wie sein Schüler getötet und zahlte so die Strafe für seine maßlose Sexualgier. Sein Leichnam wurde aufs Forum geschleppt, seine Geschlechtsteile wurden ihm abgeschnitten und zwischen die Zähne gelegt.

Bevor Guido[651], der Vater von Oddantonio, eine vornehme Frau aus der Familie der Colonna heiratete, war er sehr besorgt, da er keinen männlichen Erben hatte, der in seiner Familie die Erbfolge aufrechterhalten sollte. Deshalb gab er vor, eine Konkubine sei von ihm schwanger. Darauf befahl er, dass der Sohn des Bernardino di Castro, seines Verwandten, der damals gerade geboren war, als sein eigener ausgegeben und unter dem Namen Federico[652] aufgezogen werde. Als er aber dann heiratete und einen legitimen Sohn bekam, schenkte er diesem seine Zuneigung und gab Federico, der noch ein Knabe war, in den Militärdienst, wo er bis ins Mannesalter verblieb. Nach Oddantonios Tod schließlich wurde Federico vom Volk Urbinos gerufen und zum Prinzeps[653] gemacht, ein glänzender Mann, bestens geschult im Kriegswesen, der nie in Verlegenheit geriet, weder in militärischen Fragen noch wenn es andere Probleme zu lösen gab, und der genauso berühmt für seine Taten wie für seine Loyalität war. Das zeigte sich am deutlichsten, als er im picenischen Krieg den Francesco Sforza, der sich zu ihm geflüchtet hatte, weil er – vom Unglück verfolgt – schon fast ganz verlassen war, sehr beherzt unterstützte und ihn wieder aufrichtete. Er hat es wirklich nicht verdient, dass er bei einem Turnier[654] sein rechtes Auge verlor.

---

650 Oddantino da Montefeltro, geb. 1427, ermordet am 22. Juli 1444.

651 Herzog Guidantonio da Montefeltro (1377–1443).

652 Federico da Montefeltro (1422–1482), großgezogen als Sohn Bernardos, später als illegitimer Sohn Guidantonios anerkannt.

653 Federico wurde 1444 Herr von Urbino und 1474 zum Herzog ernannt.

654 Turnier am Hof des Herzogs Francesco Sforza in Mailand 1450.

256   LXII

In Rimini, einer Stadt der Emilia, herrschte Sigismondo Malatesta[655], ein Mann
berüchtigt durch seine Verbrechen. Nachdem er die Tochter von Francesco Sforza
geheiratet hatte, war er während des Krieges im Piceno eine Zeitlang auf dessen
Seite, ließ sich danach aber von der Kirche anheuern. Er kämpfte in Norditalien
gegen Venedig und in der Toskana gegen den König von Aragon, was ihm hinterher
sehr schadete; denn als man in Neapel über einen Frieden[656] für ganz Italien verhandelte, wollte der König, der dieses Unrecht noch im Gedächtnis hatte, dass
Malatesta aus diesem allgemeinen Frieden ausgeschlossen werde, weil er sein Wort
nicht gehalten habe. Danach schickte er den Herzog Jacopo (Piccinino) und Federico,
den Herrn von Urbino, mit Truppen gegen ihn. Diese nahmen ihm eine Reihe von
nicht unbedeutenden Städten weg und verwüsteten seine Äcker mit Feuer und
Schwert. Sigismondo selbst, nachdem er überall umsonst um Hilfe gebettelt hatte,
beschloss zuletzt, was ihm als einzige Lösung noch übrigblieb, an Alfredo Gesandte
zu schicken und sich mit ihm zu versöhnen; seine Bitten sind bis jetzt noch nicht
erhört, obwohl des Königs Milde sicher hoffen lässt, dass man sich versöhnt.

257   LXIII

In Faenza riss nach dem Tod von Guidantonio, von dem viele kriegerische Großtaten berichtet werden, sein Bruder Astorre[657] die Herrschaft an sich, auch er ein
bekannter Kriegsheld. Weil er auf Seiten von Florenz gegen den König kämpfte,
wurde er, genauso wie Sigismondo, von König Alfonso zum Feind erklärt und von
dem allgemeinen Frieden ausgeschlossen.

258

Die Bewohner von Fabriano, die lange Zeit unter Tyrannen gelitten hatten, haben
schließlich 15 Leute aus dieser Familie, die die Herrschaft an sich gerissen hatten,
getötet[658], die übrigen sind geflohen. Die Stadt kehrte unter die Herrschaft der
Kirche zurück und hatte danach für viele Jahre ihre Ruhe. In diesem Jahr versuchten einige Männer eine Rebellion, aber man warf ein paar von ihnen, teils als

---

655 Sigismondo Malatesta (1417–1468).
656 Frieden von Lodi (1454).
657 Astorre II. Manfredi (1412–1468).
658 Der regierende Chiavelli-Clan wurde 1435 entmachtet.

Mitwisser, teils weil sie verdächtigt wurden, in Fesseln; als danach durch Folter und Verhör ihr Verrat klar wurde, hat man sie hingerichtet.

LXIV **259**

In L'Aquila, einer Stadt der Marser, starb in unseren Tagen Braccio da Montone[659], der Condottiere aus Perugia, ein überall gefürchteter Kriegsherr, nachdem er ein Jahr lang die Stadt belagert hatte, besiegt schließlich durch die Waffen des so großen und glücklichen Papstes Martin. Auch der heilige Bernardino[660] beendete dort den Lauf seines irdischen Lebens, nachdem er ganz Italien durchwandert und den Namen Christi verkündet hatte. Er wurde dort begraben, ein Mann, von dem man sagt, dass er Wunder vollbracht hat.

260

Bernardino stammt aus einer vornehmen Familie von Siena, und die Behauptung der Leute, seine Vaterstadt sei Massa Marittima, ist falsch, obwohl er dort seine ersten Schuljahre verbrachte, weil seine Mutter aus Massa kam. Aber sein Vater und dessen Vorfahren zählten in langer Ahnenreihe zu den Vornehmen von Siena. Dort wurde auch er selbst geboren und größtenteils erzogen; sobald er herangewachsen war, widmete er sich dem Studium des Kirchenrechts. Aber als er sich nach dem Begräbnis seiner Eltern darüber klar wurde, wie trügerisch das Blendwerk dieser Welt und wie leer ihre Versprechungen sind, teilte er sein Vermögen unter die Armen Christi aus, trat in den Orden des Hl. Francesco ein und beachtete aufs strengste dessen Regel. Er lehnte größere Konvente ab und wurde zum Vorgesetzten und Lehrmeister derer gemacht, die sich die „Brüder von der strengen Observanz" nennen. Sein größter Eifer aber war es, das einfache Volk zu belehren. Da er ein sehr begabter Redner war und großes Wissen hatte, hörten ihm alle mit unglaublicher Aufmerksamkeit zu. Er war gleichsam ein zweiter Paulus, Gottes auserwähltes Werkzeug[661], wurde bewundert und verehrt. Drei Gemeinden wählten ihn zu ihrem Bischof: Urbino, Ferrara und Siena. Aber es war nicht seine Absicht, eine Zunge, die ganz Italien helfen konnte, in einer Stadt einzuschließen.

---

659 Braccio da Montone, verwundet bei der Schlacht um L'Aquila, starb dort am 5. Juni 1424.
660 Bernardino von Siena (1380–1444), starb in L'Aquila.
661 Apostelgeschichte 9,15.

261

Nachdem wir nun schon das Königreich Neapel betreten haben, wollen wir uns der glücklichen und bewundernswerten Karriere des Königs Alfonso zuwenden.

Nach dem so unglücklichen Seegefecht[662], das er persönlich gegen Genua bestritt, wandelte Fortuna, als ob sie ihren Irrtum eingesehen hätte, weil sie einem so großen Prinzeps Übles antat, den stiefmütterlichen Hass in mütterliche Liebe um, und sie, die ihn vorher so benachteiligt hatte, wurde nun seine beste Freundin. Denn als Filippo, der Herr von Mailand, erfuhr, dass der König gefangen genommen und zu ihm gebracht wurde, und er wahrnahm, dass er, der Sieger, weit weniger darstellte als der Besiegte, wurde sofort aus dem Feind ein Freund und er befahl, den König freizusetzen. Er schloss ein Bündnis mit ihm unter Gleichberechtigten, beschenkte ihn reichlich und entließ ihn.

262

Inzwischen war Isabella, die Gemahlin Renés[663], des Herzogs von Lothringen, der mit Alfonso um den Königstitel stritt, allerdings zu dieser Zeit noch von Herzog Philipp von Burgund gefangen gehalten war, mit zwei jungen Söhnen nach Gaeta gekommen. Nachdem sie die Stadt durch eine Schutztruppe verstärkt hatte, begab sie sich nach Neapel[664]. Aber Pedro[665] von Aragon, der Bruder Alfonsos, der aus der Seeschlacht mit wenigen Dreiruderern geflohen war, ließ seine Flotte in Sizilien reparieren, segelte unerwartet, gerufen von der anderen Fraktion in Gaeta, des Nachts dorthin, nahm die Stadt ein, vertrieb die Schutztruppe der Feinde und ließ eine eigene dort zurück. Dann schickte er Schiffe zu Alfonso, die diesen von Porto Venere abholen sollten. Kurz darauf legte Alfonso mit eben diesen Schiffen in Gaeta[666] an. Darauf eilte er nach Capua, das, obwohl es in der Zwischenzeit scharf von Isabella und Jacopo[667] Caldora belagert wurde, dennoch durch die Tatkraft seines Statthalters, Giovanni Ventimiglia, loyal geblieben war. Dort (in Capua) versöhnte sich auch Raimondo[668], der Herr von Nola, wieder mit Alfonso. Bald darauf

---

662 Schlacht bei Ponza, 4. August 1435.
663 René I. von Anjou, gefangen gehalten von Philipp dem Guten 1431–1437.
664 18. Oktober 1435.
665 Pedro von Aragon (ca. 1406–1438).
666 2. Februar 1436.
667 Jacopo Caldora (1369–1439), Condottiere, 1430 Herzog von Bari.
668 Raimondo, Graf von Nola, desertierte von René und Isabella im Winter 1436.

nahm der König auch noch die Kapitulation von Scafati entgegen, gelegen auf einer Insel des Flusses Sarno, ebenso die von Castellammare[669] di Stabia.

Als Isabella sich bewusst wurde, dass sie den Streitkräften Alfonsos nicht gewachsen sei, erbat sie Hilfe von Eugen, dem römischen Papst, der dann auch Giovanni Vitelleschi, den Patriarchen von Alessandria, mit 3000 Reitern und derselben Zahl an Fußvolk zu ihr sandte. Auf seinem Weg in die Campania nahm der Patriarch einige Kastelle mit Gewalt ein und hätte auch Capua belagert, wenn nicht Giovanni Ventimiglia die 800 Reiter, die die Königin dem Patriarchen schicken wollte, unvermutet angegriffen, in die Flucht geschlagen oder gefangen genommen hätte. Aber eben dieser Patriarch griff dann am Monte Tuscolo Antonio Orsini del Balzo[670], den Prinzen von Tarent, an[671], eroberte sein Lager mit Gewalt und nahm ihn gefangen. Er ließ ihn dann wieder frei unter der Bedingung, dass sein Bruder mit 500 Reitern in den Dienst des Papstes trete. Der Patriarch und Jacopo Caldora führten den Krieg für die Königin nach gemeinsamem Plan und in gegenseitiger Sympathie; aber als es dann zu Zwistigkeiten kam, trennten sich ihre Truppen. Inzwischen kam ein zweimonatiger Waffenstillstand zwischen dem Patriarchen und Alfonso zustande. Währenddessen versöhnte sich der Patriarch mit Jacopo wieder und beschloss, nachdem er seine Streitkräfte mit ihm vereinigt hatte, Alfonso anzugreifen, bevor dieser von ihrer Versöhnung erfuhr. Alfonso hielt sich in Giugliano, drei Meilen von Aversa entfernt, sorglos in seinem Lager auf, als ihm gemeldet wurde, dass die Feinde den Waffenstillstand gebrochen hätten und im Anmarsch seien. Er hielt es für zu riskant, den Angriff zu erwarten. Deshalb gab er das Zeichen zum Aufbruch und zog sich nach Capua zurück, wobei seine Nachhut große Verluste erleiden musste.

Als darauf der Patriarch Isabella bat, ihm Aversa als Aufenthaltsort zu überlassen, Jacopo das aber nicht wollte, entstanden wieder Streitereien[672] zwischen den beiden. Nachdem aber die Bewohner von Trani Alfonso als ihren Herrn akzeptiert hatten (mit Ausnahme der Burg) und man anfing, die Burg zu belagern, marschierte der Patriarch mit seinem Herr dorthin und begann, die Stadt zu belagern. Mit ihm verbündeten sich auch Jacopo Caldora, auf Bitten Isabellas, Giovanni Antonio Orsini und viele andere. Man begann die Belagerung, aber weil es schien, dass Giovanni Antonio nur mit halbem Herzen kämpfe und man sich erzählte, dass Schiffe des Königs im Kommen seien, um Trani zu unterstützen, bekam der Patriarch Angst, dass er eingeschlossen werde. Er fuhr mit einem kleinen Schiff aufs Meer hinaus, angeblich um Geld vom Papst zu fordern, und gelangte ins Piceno. Dann begab er

---

669 Castellammare wurde im Dezember 1436 eingenommen.
670 Giovanni Antonio Orsini del Balzo (1401–1463), Herzog von Bari, Fürst von Tarent.
671 Sommer 1437.
672 Januar 1438.

sich nach Rom. Seine Soldaten, zurückgelassen ohne Kommandanten, schlossen sich Caldora an. Die Burg ergab sich schließlich dem Alfonso und Giovanni Antonio kehrte auf dessen Seite zurück.

263

Inzwischen ist René aus der Gefangenschaft entlassen worden und kam mit 10 Dreiruderern nach Neapel[673]. Er rief Jacopo Caldora zu sich, begab sich auf dessen Rat hin nach Scafati und zwang es zur Kapitulation. Darauf marschierte er Richtung Sulmona, versuchte vergeblich die Stadt einzunehmen, verbrannte jedoch ihre Äcker. Auch Alfonso blieb nicht untätig, er unterwarf das Gebiet von Alba, von Fucens und Celano und kam nach Castelvecchio in der Valle Subequana. René erklärte ihm den Krieg, indem er ihm den Fehdehandschuh nach militärischer Sitte schickte. Alfonso nahm an, fragte aber, ob man im Zweikampf oder mit dem ganzen Heer in voller Aufstellung kämpfen solle; er sei zu beidem bereit. Als René antwortete, er wolle sein Glück mit dem ganzen Heer in einer einzigen Auseinandersetzung riskieren, antwortete er dem René, das sei ihm auch recht; aber, weil es nach altem Brauch das Recht dessen sei, der herausgefordert wurde, Tag und Ort des Gefechts zu bestimmen, werde er mit seinem Heer in das Gebiet zwischen Acerra und Nola marschieren – dort sei eine weite Ebene, ein geeigneter Kampfplatz für beide Parteien – und er werde ihn dort in einer Woche erwarten. Aber es gab eine Meinungsverschiedenheit, weil René sagte, man müsse den Ort, wo Alfonso gerade jetzt sei, für die Schlacht bestimmen, und so wurde die Sache abgesagt. Alfonso marschierte nach Nola. René führte sein Heer dorthin, wo Alfonsos Lager gewesen war, und so glaubte jeder von beiden, für seine Ehre genug getan zu haben.

René führte dann sein Heer ins Gebiet der Peligner und unterwarf Castelvecchio. Alfonso begab sich in die Valle Caudina, eroberte die Stadt Arpaia und nahm Marino Boffa[674], den Herrn von Valle, gefangen; auch der Kommandant von Caserta erklärte seine Loyalität, dann zog Alfonso weiter nach Lukanien und nahm die Stadt Angri nach langer Belagerung ein. Auch die Kapitulation von Lucera nahm er an. Es waren jetzt schon 15.000 Reiter in seinem Lager. Im Vertrauen auf diese marschierte er nun Richtung Neapel, weil René nicht dort war, und belagerte zusammen mit seinem Bruder die Stadt von zwei Positionen aus. Im Hafen hatte er zehn Dreiruderer liegen. Die Stadt wird nun mit aller Macht angegriffen, aber auch ihre Bewohner strengen sich mächtig an. Doch während Pedro ein wenig am Strand ent-

---

673 19. Mai 1438.
674 Marino Boffa, zuerst auf Seiten Renés, wechselte im März auf die Seite Alfonsos.

lang geht, um die Lage auszukundschaften, wird sein Kopf von einem Geschoss getroffen, das von der Karmeliterkirche[675] abgefeuert wurde. Er sank nieder, ein Mann, bei allen beliebt, und geboren für den Militärdienst. Herausragend durch seinen edlen Charakter und seine körperliche Stärke, der jeder Gefahr furchtlos entgegenging, leidenschaftlich und schnell zur Hand; weil die Mannschaft durch seinen Tod schwer erschüttert war, wurde die Belagerung für einen Tag unterbrochen. Als Alfonso den zerschmetterten Leichnam seines Bruders daliegen sah, sagte er: „Ich habe dich, Bruder, zu diesem Feldzug mitgebracht, damit du es bist, der mit seinem Blut und Tod mir das Königreich verschafft." Er befahl, den Leichnam in einem Sarg zu bergen und ließ ihn auf das Castello sul Mare bringen, um ihm später, wenn die Zeiten günstiger wären, ein Begräbnis auszurichten, das seiner Abstammung würdig sei.

264

Als die Sturmangriffe in den nächsten Tagen fortgesetzt wurden, kam auf einmal eine solche Masse Regenwasser herunter, dass man gezwungenermaßen die Belagerung abbrechen musste, und man sah darin einen Wink des Himmels. Anschließend wurde die Stadt Caivano[676] von Alfonso eingenommen, weil ein Soldat sie ihm auslieferte, nachdem viele Bürger niedergemetzelt waren; die Burg wurde ausgehungert und zur Übergabe gezwungen.

René kam inzwischen aus der Gegend von Peligna nach Neapel zurück, erfuhr dort, was geschehen war, und erstürmte den Turm San Vincenzo, der eine günstige Lage an der Küste hatte, um den Maschio Angioino zu verteidigen; darauf griff er für einige Tage die Burg (Maschio) selbst an und nahm sie in seine Gewalt, weil der Präfekt sie ihm auslieferte, dem die Versorgung völlig ausgegangen war. Alfonso hatte vergeblich versucht, den Belagerten Hilfe zu leisten. So begab er sich nach Lukanien und zwang die Stadt Salerno und fast deren ganzes Gebiet sowie viele Städte in Kalabrien zur Übergabe.

Jacopo Caldora[677], ein Mann von hoher Intelligenz und literarischen Studien nicht abgeneigt, hauptsächlich aber ein exzellenter Militärexperte, der unter Braccio gedient hatte, erlitt, als er eine Burg des Giacomo di Lagonissa erstürmen wollte, einen heftigen Katarrh und starb: sicher ein berühmter Krieger, würdig

---

675 Santa Maria del Carmine, 17. Oktober 1438.
676 Caivano, vgl. Bartolomeo Facio, Rerum gestarum Alfonsi regis libri (Pietragalla 2004), 230.
677 Jacopo Caldora (1369–15. November 1439).

hohen Lobes, wenn seine Loyalität und sein Einstehen zum gegebenen Wort so groß gewesen wären wie seine militärische Erfahrung.

Giovanni Ventimiglia bekam zu eben dieser Zeit die Stadt Acerra in seine Gewalt, weil die Bewohner sich ergaben, und ebenso die Burg, die ausgehungert wurde; auch die Bewohner von Aversa fielen von René ab und ließen Alfonso in ihre Stadt, der dann die Burg, die gut befestigt und durch eine starke Mannschaft verteidigt war, durch riesige Gräben isolierte und täglich zu bestürmen befahl. René marschierte zu Antonio[678], dem Sohn von Caldora, nach Apulien und als er merkte, dass man deshalb von der Belagerung Aversas keinesfalls ablasse, marschierte er durch die Valle Caudina und anschließend, weil ihm Alfonso, der ihm entgegenkam, im Wege stand, stieg er quer über das Gebirge ins Gebiet von Nola, wobei ihm Antonio folgte. Er hatte also gar nicht geplant, den in Aversa Eingeschlossenen Unterstützung zu leisten, da ihm Alfonso mit seinen Streitkräften zu mächtig erschien. Zurückgekehrt nach Neapel ließ er Antonio Caldora, weil er ihn des Verrats verdächtigte, festnehmen und ins Gefängnis werfen. Dies aber hätte er lieber nicht tun sollen. Denn als in dessen Lager, das vor der Stadt lag, ein Tumult ausbrach und sie ihren Antonio als Befehlshaber zurückwollten, wurde dieser zwar freigelassen, aber weil er sehr empört über die erlittene Schmach war, lief er schnurstracks zu Alfonso über und erreichte, dass die Burg von Aversa, jetzt schon sieben Monate lang belagert, sich Alfonso ergab. Er schrieb einen Brief an Santo, der mit seinem Vater Kriegsdienst geleistet hatte und der der Präfekt der dortigen Besatzung war, und überredete ihn die Burg auszuliefern. Kurz darauf ist Antonio allerdings wieder von Alfonso abgefallen. Danach versöhnte er sich bei Benevent wieder mit ihm, als die dortige Burg durch Verrat eingenommen wurde und die entsetzten Bürger unter die Gewalt Alfonsos kamen; damals wurde auch Galatina von Alfonso bombardiert und eingenommen, ebenso die Festung Padula und das vor Orsana positionierte Lager.

265

Francesco Sforza, mit René in Freundschaft verbunden, besaß zu dieser Zeit in Apulien die Städte Ariano, Troia, Manfredonia, Lucera und viele andere, deren Schutz er Cesare[679] Martinengo mit einer nicht allzu kleinen Einheit von Reitern überlassen hatte, während er sich selbst im Piceno aufhielt. Weil Cesare aber mit Alfonso verfeindet war, riskierte er es zweimal, außerhalb der Mauern Troias einen Kampf anzufangen, wurde aber beide Male von Alfonso auf dem Feld geschlagen

---

678 Antonio Caldora (ca. 1400–1466), eingekerkert im Juli 1440.
679 Cesare Martinengo, Fürst von Orzivecchi (gest. 1461).

und hat sich dann nach schändlicher Flucht in die Stadt zurückgezogen; nicht viel später wurde dann auch die Stadt Biccari eingenommen, obwohl die Bewohner sich wehrten. Die Stadt wurde zur Plünderung freigegeben, die Frauen aber wurden verschont, nach der anständigen Art des Königs. Alessandro jedoch, der Bruder Francesco Sforzas, griff unversehens unterhalb der Stadt Ortona den Raimondo Caldora[680] an, außerdem Riccio da Montechiaro und auch noch Giosia Acquaviva, die auf dem Weg zu Alfonso waren, und besiegte sie problemlos; Riccio[681] und Giosia konnten sich durch überstürzte Flucht retten, Raimondo wurde getötet; weil der aber der Onkel väterlicherseits von Antonio Caldora war, überwarf sich dieser ein zweites Mal mit Alfonso. Es kam auch noch der Kardinal Giovanni Berardi[682] von Tagliacozzo ins Königreich, der das Heer des Papstes Eugen gegen Francesco d'Aquino[683] führte, aber Alfonso marschierte ihm entgegen und zwang ihn wieder umzukehren. Und nachdem er die umliegenden Kastelle besetzt hatte, nahm er durch Aushungern auch noch die Roccaguglielma, gelegen auf einem Berg, ein und kurz danach wurde ihm von einigen Einwohnern auch die Zitadelle von Capri ausgeliefert, gelegen auf der gleichnamigen Insel, die einst dem Kaiser Tiberius für seine Wollust, bzw. als sein Versteck diente, wie immer man es formulieren will. Und Alfredo hielt sich nicht lange dort auf, sondern schlug sein Lager bei Neapel auf, besetzte zugleich Pozzuoli[684], dessen Bewohner sich recht lange tapfer wehrten, dann aber doch wegen Mangel an Lebensmitteln dem König ihre Tore öffneten. Auch Torre del Greco, das man Torre Octavii nennt, wurde eingenommen.

266

Inzwischen bedrängte der Mangel an Lebensmitteln die Bewohner von Neapel und sie hatten keine andere Hoffnung, als dass ihnen entweder die Genueser zu Wasser oder Francesco Sforza mit Antonius Caldora auf dem Landweg Hilfe brächten. Ein Maurer namens Anello, den der Hunger gezwungen hatte, Neapel zu verlassen, ging zu Alfonso und sagte, wenn man ihm dafür Geld gebe, zeige er, wie man die Stadt mit geringer Gefahr für die Soldaten einnehmen könne. 200 starke Männer wurden bestimmt, die mit Anello und seinem Bruder in der Nacht durch den Abwasserkanal in die Stadt eindringen und die Mauern besetzen sollten. Der König sollte, mit dem

---

680 Raimondo Caldora war Antonios Onkel.
681 Riccio da Montechiaro (gest. 1445), Graf von Arpino; Giosia Acquaviva (1399–1462), Herzog von Atri.
682 Giovanni Berardi (1380–1449), ab 1421 Erzbischof von Tarent.
683 Francesco d'Aquino, Graf von Loreto (gest. 1449).
684 Pozzuoli und Torre del Greco wurden im Dezember 1441 eingenommen.

Heer bereitstehend, deren Signal erwarten. Und jene landeten in einem Haus, in dem nur zwei Frauen waren, eine alte und eine jüngere, ihre Tochter. Als die Mutter anfing zu schreien, wurde sie schnell gepackt und gezwungen, mit dem Schreien aufzuhören, die Tochter schwieg freiwillig. Und schon war die Sonne aufgegangen und etwa 40 Männer von den 200 hatten den Kanal verlassen. Der Soldat, der dem König Alfonso das Eindringen zu melden verpflichtet gewesen wäre, gab kein Zeichen, sei es aus Nachlässigkeit, sei es aus einem anderen Grund. Alfonso glaubte, dass seine Mannen entweder getötet wurden oder es aus Furcht nicht gewagt hätten, aus dem Kanal herauszusteigen, er rückte nun näher an die Stadt heran und drang an der Stelle ein, wo er mit der Belagerung ansetzen wollte. René ritt im Galopp mit der Schar, die er für unvermutete Fälle vorbereitet hatte, zu den Mauern und hielt die Feinde fern.

267

Fürchterliche Angst und Bestürzung befiel nun die Soldaten, die aus dem Kanal herausgestiegen waren und es weder wagten, in den Kanal zurückzusteigen, damit sie nicht vom Klang ihrer Waffen verraten würden, noch einen Ausfall riskieren wollten, wegen ihrer geringen Zahl. Als Alfonso sah, dass von seinen Leuten in der Stadt nichts ausgerichtet wurde, kehrte er voll Verzweiflung ins Lager zurück. René aber zog sich, als ob die Gefahr schon vorbei sei, in die Burg zurück, nachdem er Wachen zurückgelassen hatte. Nicht lange danach lief ein Bote zu Alfonso und meldete, dass viele seiner Soldaten aus dem Kanal gestiegen wären und in einem Haus – stumm vor Angst – verborgen seien. Wiederum also rückte man an die Mauern heran und begann den Kampf, damit man den Verborgenen Mut mache, einen Ausfall zu wagen. Inzwischen kam der Sohn des alten Mütterchens, das wir erwähnt hatten, von seinem Wachposten nach Hause und klopfte an die Türe, damit man ihm öffne. Die Mutter und die Leute drinnen hatten Angst und wussten nicht, was sie tun sollten. Endlich setzte sich die Meinung durch, dass sie die Türe ein wenig öffnen und seine Hand ergreifen sollten und, wenn sie ihn ergriffen hätten, ihm Schweigen befehlen sollten. Aber jener floh augenblicklich voller Angst, als er die Bewaffneten sah, und schrie, dass Feinde innerhalb der Mauern seien. Er eilte sofort zu René und berichtete, was er gesehen hatte. Aber die Soldaten, die drinnen waren, brachen schlagartig geschlossen aus dem Haus, besetzten im ersten Anlauf die nahen Mauern, wo nur eine einzige Wache gefunden wurde, und den Turm.

268

René, durch diesen Boten und den Tumult aufgeschreckt, kehrte schnell zu den Mauern zurück und griff die Feinde an. Alfonso, der seinen Leuten Mut einflößte, befahl, Leitern herbeizuschaffen. Die Städter konnten zwar diesen Teil der Mauer leicht verteidigen, aber die Soldaten, die über die Leiter in den von ihnen eingenommenen Turm entkommen waren, konnten auch durch herabgeworfene Steine nicht vertrieben werden. Während heftig gekämpft wurde, bemerkte Alfonso, der an die Mauern heran ritt, dass eine bestimmte Stelle kaum bewacht wurde, befahl, dass schnell eine Leiter dorthin gebracht werde, und nahm so die Mauer ein. Schon hatten die Eroberer des Turmes, zum Teil schwer verwundet, den Kampf aufgegeben, zum Teil sich von den Mauern gestürzt und sich ergeben, und René hätte diesen Turm zurückerobert, wenn nicht plötzlich die Feinde mit gewaltigem Geschrei von hinten eingedrungen wären und Schrecken verbreitet hätten. Einer der Soldaten des Alfonso vergrößerte noch die Angst der Städter, weil er die Stadt durch einen Einstieg in der Mauer betrat, den er durch Zufall unbewacht fand; er griff den Feind an und erweckte dadurch den Eindruck, dass das nächstgelegene Tor zerstört und eingenommen sei. Dennoch verließ René nicht der Mut. Er spornte die Anwesenden an, ging tapfer auf die Feinde los und schlug deren Ansturm ein wenig zurück. Bald aber, als er merkte, dass die Seinen durch die immer größere Anzahl der Feinde in großen Schrecken gerieten, fing er an, sich Stück für Stück zurückzuziehen und flüchtete sich, nachdem mehrere Feinde durch das Tor des Hl. Gennaro eingedrungen waren, mit wenigen seiner Leute in die königliche Burg. Dann wurde das Tor des Foro Boario aufgebrochen und die Mauer an ein paar Stellen niedergerissen: Sofort ging man daran, Beute zu machen, vom Töten nahm man wenigstens Abstand. Bald machte aber dann der König, der die Stadt betreten hatte, dem Beutemachen ein Ende.

269

Die Erinnerung an dieses Jahr, in der diese so große Stadt eingenommen wurde, ist heute noch lebendig, 1.000 Jahre, nachdem sie durch Belisar aus den Händen der Goten gerissen wurde, 1.440 Jahre nach der Geburt unseres Erlösers Christus.[685] Dieses Jahr war das 21. nach dem Beginn des Krieges.

Am folgenden Tag legten zwei gewaltige Lastkähne mit Getreide an, die von den Genuesen geschickt worden waren; als sie bemerkten, dass die Stadt eingenommen

---

685 Neapel wurde tatsächlich im Jahre 1442 eingenommen.

war, zogen sie sich bis unterhalb der Burg zurück. René gab nun alle Hoffnung auf, die Stadt zurückzuerobern, und die Getreidekähne segelten wieder zurück.

Drei Burgen hielten auch jetzt noch in Treue zu René: die von Capua, Castel Sant' Elmo und der Maschio Angioino. Aber die von Capua ergab sich, bevor René wegging, nachdem ein Waffenstillstand von wenigen Tagen vereinbart worden war. Die des Maschio wurde bedeutend später und Castel Sant'Elmo noch später eingenommen.

René begab sich zu Papst Eugen, der in Florenz residierte; dann ging er nach Frankreich.[686] Alfonso führte seine Truppen, nachdem er Neapel gesichert hatte, gegen Antonio Caldora und schlug sein Lager bei Carpinone auf. Als dort nun Antonio die Schlacht anbot und Alfonsos Generale sagten[687], sie würden es gerne annehmen, wenn nicht ihr Befehlshaber hier wäre, da sagte Alfonso: „Ich, der ich gewöhnlich den Soldaten Mut mache, soll ihnen nun allein schon durch meine Anwesenheit Schrecken einjagen. Diese Feigheit sei weit weg von meinem Blut." Und sofort setzte er seinen Helm auf und gab das Signal zum Kampf. Man kämpfte eine Zeitlang mit wechselndem Glück. Zuletzt aber wurde das feindliche Heer verjagt und Antonio selbst gefangen; als dieser um Nachsicht für seine Fehler bat, verzieh ihm Alfonso nicht nur, sondern überließ ihm auch die Städte, die er von seinem Vater her nach Erbrecht besaß. Die übrigen Gefangenen behandelte er sehr human. Auch von Antonios Ausstattung, die gewaltig war, nahm er sich nichts außer einem Kristallbecher. Danach unterwarf er die Pelignier und die Marsier. Auch die Stadt Manfredonia sowie deren Burg bekam er in seine Gewalt und er löschte all die Spuren des Kriegs in Apulien. Nachdem er nun das ganze Königreich befriedet hatte, kehrte Alfonso wie ein Triumphierender[688] mit dem großartigsten Prunk in die Stadt zurück und das Volk jubelte.

270

Danach wurde zwischen Alfonso und Papst Eugen über den Frieden verhandelt. Ludwig, der Kardinal von Aquileia, ein Mann von großen Fähigkeiten, wurde, versehen mit päpstlicher Vollmacht, zum König geschickt und schloss den Frieden[689]. Die Friedensbestimmungen wurden wie folgt festgelegt: Papst Eugen soll Alfonso zum König von Neapel ernennen und ihn auch mit diesem Titel bezeichnen. Ferrante, dem Sohn des Königs, dem der König das Königreich für die Zeit nach

---

686 René kam im Oktober 1442 in der Provence an.
687 Vgl Bartolomeo Facio, Rerum gestarum Alfonsi regis libri (Pietragalla 2004), 307.
688 26. Februar 1443.
689 Kardinal Ludovico Scarampo, Vertrag von Terracina vom 14. Juli 1443.

seinem Tode bestimmt hatte, soll das Recht der Thronfolge bekommen, und er soll dem Königreich Terracina hinzufügen. Alfonso dagegen soll sich der Autorität Eugens unterwerfen und ihn im Piceno unterstützen, das die Sforza erobert hatten, und es befreien; wann auch immer der Papst einen Krieg gegen die Türken oder die Afrikaner unternehmen sollte, soll ihm der König mit der Flotte helfen; die Priester seiner Königreiche, die unter dem Vorwand des Konzils nach Basel gegangen sind, soll er zurückrufen und er soll nicht dulden, dass die drei von ihnen, die von Amadeus von Savoyen zu Kardinälen[690] gemacht worden waren, bei ihrer Rückkehr für solche gehalten werden. Die herzogliche Stadt Amatrice und Accumoli, eine Stadt der Marsaner, soll er der römischen Kirche übergeben. Alfonso begab sich daraufhin ins Piceno und erledigte dort erfolgreich die Angelegenheiten, die wir oben erwähnt hatten. Nachhause zurückgekehrt schloss er Frieden mit Genua und dem Dogen Raffaele Adorno unter der Bedingung, dass keine Partei das im Krieg Verlorene zurückfordern dürfe, und dass weder das Volk von Genua die Feinde des Königs, noch der König die Feinde Genuas empfangen oder durch Nachschub unterstützen dürfe. Genua solle dem König jährlich, solange er lebe, ehrenhalber eine goldene Schale schenken und sie nach Neapel schicken.

271

Danach begab sich Antonio, väterlicherseits aus dem Geschlecht der Centelles, mütterlicherseits ein Ventimiglia, der für Alfonso viele Großtaten in Apulien vollbrachte, mit 300 Reitern nach Fonte del Popolo[691], nicht weit von Teano, wohin man die Fürsten des Königreichs bestellt hatte. Als er beim König angeklagt wurde, dass er vorhätte, einen der bedeutendsten Purpurträger umzubringen, floh er heimlich und brachte die Stadt Catanzaro wieder unter seine Herrschaft. Und weil er die alten Animositäten im Königreich wieder entfachen wollte, schickte er Briefe und Boten nicht nur zu den benachbarten Vornehmen, sondern auch nach Venedig und an andere Mächtige in Italien und forderte sie auf, die Waffen gegen den König zu erheben. Aber das war alles vergeblich. Denn der König marschierte mit seinen Truppen gegen ihn, nahm ihm Crotone und all das übrige Land ab, sperrte ihn in Catanzaro ein und zwang ihn zur bedingungslosen Kapitulation. Giovanni[692] della Noce aber, der Antonio zu dieser Schandtat überredet hatte, wurde all seiner Städte beraubt und musste das Königreich verlassen. Darauf marschierte Alfonso in die

---

690 Darunter wahrscheinlich auch Kardinal Niccolò de Tudeschi, Erzbischof von Palermo.
691 Fontanelle, bei Teano (Kampanien).
692 Giovanni della Noce, Graf von Rende in Kalabrien.

Toskana, worüber schon berichtet wurde[693]. Nachdem er von dort in kurzer Zeit zurückgekehrt war, empfing[694] er Kaiser Friedrich und Kaiserin Eleonore, seine Nichte schwesterlicherseits, die zu ihm kamen, mit so großer Pracht, dass darüber zu berichten selbst dem größten aller Redner die Worte fehlen würden. Reich beschenkt schickte er sie beide wieder nach Hause. Und obwohl er Florenz, das darum gebeten hatte, einen Frieden gewährte, legte er trotzdem, nachdem Mailand durch Francesco Sforza eingenommen war, seine Feindschaft gegen Venedig bei, schloss mit ihnen ein Bündnis und entfachte dann einen neuen Krieg in der Toskana. Er sandte seinen Sohn Ferrante zu diesem Unternehmen, worüber wir schon ausführlich bei der Behandlung Etruriens berichtet haben.[695] Der Friede mit Genua wurde gebrochen, weil ein Schiff gekapert wurde, das von der Insel Chios nach Genua segelte, wovon wir später berichten werden.[696] Als sich die Republik Genua darüber empörte, segelte Giovanni Filippo, ein Spross der Familie Fieschi, mit vierzehn sehr großen Schiffen bis zum Hafen von Neapel, um dort die königlichen Galeeren und Lastschiffe anzuzünden. Aber zurückgeschlagen durch eiserne Geschosse zog er ruhmlos wieder ab. Ein paar Tage später versenkte die königliche Flotte beim Monte Circeo sechs Schiffe der Genuesen, nachdem deren Mannschaft geflüchtet war, und machte dabei reiche Beute. Aus diesem Grund konnte, obwohl damals fast ganz Italien einen Frieden geschlossen hatte, zwischen Genua und dem König keine Eintracht erreicht werden. Aber als Flüchtlinge aus Genua beim König um Asyl baten, stellte er ihnen eine Flotte zur Verfügung, die die Küste von Ligurien heimsuchte und es, wie berichtet wurde, sogar wagte, die Stadt (Genua) anzugreifen. Dieser Krieg wird nun mit vermehrten Kräften fortgesetzt.

272

Als Kaiser Friedrich zu ihm kam (im Jahr 1452), war Alfonso etwa 58 Jahre alt. Er hatte einen zierlichen Körperbau, ein bleiches Gesicht, bot einen fröhlichen Anblick, hatte eine Adlernase und helle Augen, schwarze Haare, die bis zu den Ohren reichten und schon weiß schimmerten. Er war von mittlerer Körpergröße, beim Essen und Trinken hielt er sich zurück und Wein trank er nur mit viel Wasser verdünnt. Um die Wissenschaften bemühte er sich sein ganzes Leben lang, in der Grammatik war er besonders kundig, obwohl er nur sehr selten Latein sprach. Er hielt die Geschichte in Ehren, kannte sich aber auch bei den Dichtern und Rednern

---

693 Vgl. Kapitel 208–211.
694 März 1452.
695 Vgl. Kapitel 210–211.
696 Nirgends zu finden, es blieb wohl beim Vorsatz.

gut aus. Dialektische Probleme löste er leicht. Nichts war ihm in der Philosophie verborgen. Nachdem er alle Geheimnisse der Theologie erforscht hatte, stellte er sich Fragen über die Vorsehung Gottes, über den freien Willen des Menschen, über die Fleischwerdung des Wortes, über das Altarsakrament, über die Dreieinigkeit; wenn einer über schwierige Fragen Bescheid wissen wollte, zeigte er sich hilfsbereit und weise.

273

Um Antwort gebeten, war er zwar kurz und gedrängt, aber dennoch niemals verlegen. Seine Redeweise war höflich und elegant. Seine größte Sorge war, dass nicht irgendjemand betrübt von ihm fortgehe. Unangenehme Bittschriften wollte er lieber vertrösten als ablehnen. Er war religiös und bemühte sich eifrig um die kirchlichen Angelegenheiten. Er stiftete unvergleichliche Priestergewänder und Altarschmuck. Auch beschaffte er unglaublich schöne Dinge, religiöses und häusliches Gerät aus Gold und Silber. Perlen, auch große Einzelstücke, Diamanten und andere wertvolle Steine, die auf der ganzen Welt gesucht wurden, kaufte er zusammen. Die Wände der Kapelle, in der er den Gottesdienst besuchte, und der Höfe, die er bewohnte, schmückte er mit prächtigen und goldenen Tüchern. Er kleidete sich selbst mehr geschmackvoll als teuer, Seide oder einen purpurnen Feldherrnmantel trug er selten. Einen großen Teil seines Lebens verbrachte er auf der Jagd. Im Krieg war er streng und hart, im Frieden milde und leutselig. Er vergab leicht denen, die gegen ihn die Waffen ergriffen hatten. Menschliches Blut vergoss er ungern. Dennoch hasste er die Verbrechen und ließ die Untertanen nicht ungestraft Verbrechen begehen. Das Königreich Neapel, das vorher viele Jahrhunderte lang eine Räuberhöhle[697] gewesen war, machte er friedlich und sicher, so dass man, welchen Weg auch immer man gehen will, keine Furcht vor Räubern haben muss. Alle Gesandten, die zu ihm kamen, empfing er mit großem Luxus. Den apostolischen Gesandten, die Kardinäle waren, kam er außerhalb der Stadt entgegen und ehrte sie wie Väter. Er ließ Schiffe von ungewöhnlicher Größe bauen und er glaubte, dass sie, wenn er sie von ferne anschaute, als schwebende Burgen durch das Meer fahren sollten. Er errichtete Bauwerke an mehreren Orten, aber in Neapel glänzender und großartiger, als man es sich vorstellen kann. Die bis auf die Fundamente zerstörte königliche Burg, die Castel Nuovo[698] hieß, ließ er wiederaufbauen, einerseits bautechnisch bewundernswert und unangreifbar, andererseits ganz luxuriös mit riesigem

---

697 Matthäus 21,13; Markus 11,17; Lukas 19,46.
698 Begonnen 1455.

Aufwand, mit Türmen in kreisrunder Form aus viereckigem Stein, von wunderbarer und kunstreicher Bauart, mit unerhörter Dicke der Mauern und einem gewaltigen Triumphbogen aus dem allerhellsten Marmor. Er erneuerte auch die Burg „Sankt Salvator" im Meer, genannt Castel dell'Ovo, dessen unangreifbare Lage auf das großartigste restauriert wurde. Er vergrößerte auch den Hafen der Stadt, indem er in der Tiefe des Meeres einen sehr hohen Staudamm errichten ließ, eine dicke Mauer, von Türmen geschützt. Gesundheit gab er der Stadt, indem er Sümpfe trockenlegte.

274

Der große Fürst kannte in der Tat das Auf und Ab des Schicksals. Neben all den anderen Widrigkeiten musste er das Erdbeben mitmachen, das vor zwei Jahren[699] sein ganzes Königreich erschütterte – ein Erdbeben von einem Ausmaß, wie es weder nach unserer Erinnerung noch nach der Erinnerung unserer Vorfahren je gesehen oder gehört wurde. Viele Städte des Königreichs Neapel stürzten völlig zusammen; Ariano Irpino wurde so verschlungen, als ob es durch einen Wasserfall ausgelöscht wäre. Kaum eine Stadt blieb ohne bedeutenden Schaden; man sagt, dass ungefähr 30.000 Menschen zwischen einstürzenden Dächern zugrunde gegangen seien. Die vornehmen Gebäude der Neapolitaner wurden zerrissen und zertrümmert und jede Kirche in dieser Stadt spürte das Beben. Aber heute ist die Stadt schon fast wieder hergestellt durch den Fleiß der Bürger und die Freigebigkeit des Königs.

275

Im Übrigen wäre es nicht abwegig, so kurz wie möglich, gleichsam als Epilog, die berühmten Taten des glänzendsten Königs, der unser Jahrhundert wie ein strahlendes Gestirn erleuchtete, zu schildern, obwohl es den Rahmen des hier vorliegenden Textes sprengen würde, alle aufzuzählen. Seine berühmtesten sind die folgenden: Nach dem Tod seines Vaters Ferrante[700] übernahm er als junger Mann Aragon und die Königreiche von Spanien; als er diese für lange Zeit bestens verwaltet hatte, wurde er von Johanna[701], der Königin der Neapolitaner, als Sohn adoptiert; er unternahm einen Feldzug nach Italien, obwohl ihm seine Freunde ab-

---

699 Dezember 1456.
700 Ferrante I. von Aragon (gest. 1416).
701 Johanna II. von Neapel (1373–1435).

rieten, und übernahm die Macht der Königin. Den Herzog Louis[702] von Anjou, der behauptete, dass ihm das Königreich Neapel durch Erbrecht zustehe, vertrieb er, nachdem er ihn in mehreren Gefechten besiegt hatte; die Königin, die, weil sie schlecht beraten wurde, ihn wieder enterbt hatte, hielt er mehr in Schranken, als dass er sie bestraft hätte. René, den zweiten Rivalen um das Königreich Neapel, zwang er aufzugeben, nachdem er ihn mit Waffen besiegt hatte. Giovanni Vitelleschi, den Patriarchen von Alessandria, der das Königreich mit großen Truppen heimsuchte, schlug[703] er in die Flucht. Gaeta nahm er zweimal ein: Einmal, als er es in einer heftigen Schlacht völlig besiegt hatte, und ein zweites Mal, als ihn ein Teil der Bürgerschaft rief, nachdem die Stadt abtrünnig geworden war. Neapel eroberte er, obwohl René und die ganze Bevölkerung gegen ihn waren. Seinen Bruder Johannes, den König von Navarra, der in Spanien Schwierigkeiten hatte, unterstützte er mit Waffen. Marseille[704], die glänzende Stadt in der Provence, die er bei Nacht angriff, überwand er und plünderte sie aus. Die Insel Djerba[705] (die Alten nannten sie „Lotophagiten"[706]) die vom Kontinent Afrika 4000 Schritte entfernt ist, belagerte er; Boferius, den König der Provinz, der mit Truppen ankam, zwang er, als er ihn an der nahen Küste besiegt hatte, aus dem kleineren Lager ins größere zu fliehen, nicht lange danach erhielt er von denselben Barbaren Tribut. Von Papst Eugen, der mit ihm wegen des Königreichs Neapel verfeindet war, bekam er endlich die erwünschten Friedensbedingungen. Francesco Sforza vertrieb er mit Waffengewalt aus dem Piceno, und in Albanien und im Osten fügte er, den Türken verfeindet, diesen durch seine Heerführer keinen geringen Schaden zu. Zweimal schlug er die Florentiner wegen der Probleme mit Frankreich, zweimal gab er ihnen Frieden, als sie darum baten. Aber seine bewundernswerteste und erstaunlichste Tat ist es, wie er nach seiner Niederlage gegen die Genueser, wie schon erwähnt, in die Gefangenschaft des Herzogs Filippo von Mailand geriet, dann bald wieder freikam, das mächtige Königreich Neapel erlangte, als Sieger von den ehemaligen Siegern Tribut nahm und dann dem Herzog Filippo so sympathisch war, dass er ihn in seinem letzten Willen zum Erben erklärte. Er war ein wahrer Nachkomme der Goten[707], von denen das Blut der Könige Spaniens hergeleitet wird, und woher der Ursprung Alfonsos stammt, ist keinesfalls strittig. Für jene war es sowohl charakteristisch, im Kampf zu siegen, als auch sich Königreiche zu unterjochen. Ferrante, der diesen Fußspuren folgte, zeugte einen Sohn, der ihm ähnlich war. Während Ferrante, selbst

---

702 Louis III. von Anjou (gest. 1434), Herzog von Kalabrien.
703 1437.
704 November 1423.
705 August/September 1432.
706 Plinius, Naturkunde (Winkler 1988), 34 (V, 41).
707 Die Westgoten, die ab dem 5. Jh. den Norden Spaniens regierten.

kämpfend, drohend, siegend sich Aragon, Katalonien, Valencia und Sizilien unterwarf, eroberte Alfonso den Teil Italiens, der einst „Großgriechenland" genannt
wurde; Alfonso wurde zum Aufseher des italienischen Friedens und scheint auch
Lenker und Schiedsrichter der spanischen Angelegenheiten zu sein.

Verzeichnisse

Quellen

Cicero. *De officiis. Vom pflichtgemäßen Handeln.* Lateinisch – Deutsch, Hg. von Heinz Gunermann. Stuttgart: Reclam, 2007.

Bartolomeo Facio. *Rerum gestarum Alfonsi regis libri.* Lateinisch – Italienisch. Hg. von Daniela Pietragalla. Alessandria: Edizioni dell'Orso, 2004.

Homer. *Ilias.* Griechisch – Deutsch. Hg. von Hans Rupé und Bruno Snell. Darmstadt: Tempel Verlag, 1966.

Isidor von Sevilla. *Etymologiae (sive origines).* Hg. und ins Englische übersetzt von Wallace Martin Lindsay. Oxford: Oxford University Press, 1911.

Jordanes. *Die Gotengeschichte.* Übersetzt, eingeleitet und erläutert von Lenelotte Möller. Wiesbaden: marixverlag, 2012.

Jordanes. *Iordanis Romana et Gotica.* Hg. von Theodor Mommsen. Berlin: Monumenta Germaniae Historica, 1882.

Lucan. *Der Bürgerkrieg. Bellum civile.* Lateinisch – Deutsch. Hg. und übersetzt von Wilhelm Ehlers. München: Heimeran, 1973.

Martial. *Epigrams.* Hg. und ins Englische übersetzt von Walter C. A. Ker. London/Cambridge, MA: Loeb Classical Library, 1968.

Pomponius Mela. *Kreuzfahrt durch die alte Welt (De Chorographia libri tres).* Zweisprachige Ausgabe. Hg. von Kai Brodersen. Darmstadt: Wissenschaftliche Buchgesellschaft, 1994.

Otto von Freising. *Chronik oder Die Geschichte der zwei Staaten.* Übersetzt von Adolf Schmidt. Darmstadt: Wissenschaftliche Buchgesellschaft, 2011.

Ovid. *Epistulae ex Ponto.* Hg. und ins Englische übersetzt von Arthur Lesley Wheeler. Cambridge, Mass.: Harvard University Press, 1939.

Ovid. *Metamorphoses.* Hg. von William S. Anderson. Berlin: De Gruyter, 1982.

[Enea Silvio Piccolomini:] *Aeneas Silvius in Europam.* Biblioteca Apostolica Vaticana, INC. V. 122. Memmingen: Albrecht Kunne 1490.

[Enea Silvio Piccolomini:] *Aeneae Sylvii Piccolominei Senensis, qui post adeptum Pontificatum Pius eius nominis Secundus appellatus est, opera quae extant omnia,...* Bayerische Staatsbibliothek München, 2 P.lat. 1432. Basel 1551. URN: urn:nbn:de:bvb:12-bsb10149245-5.

Enea Silvio Piccolomini. *Der Briefwechsel des Eneas Silvius Piccolomini.* Hg. von Rudolf Wolkan. Band 1: Wien: Alfred Hölder, 1909. Band 2: Wien: Alfred Hölder, 1912.

Enea Silvio Piccolomini. *Commentarii.* Lateinisch – Italienisch. Hg. von Luigi Totaro. Mailand: Adelphi Edizione, 1984.

Enea Silvio Piccolomini. *La europa de mi tempo (1405–1458).* Hg. und ins Spanische übersetzt von Francisco Socas. Sevilla: Universidad de Sevilla, 1998.

[Enea Silvio Piccolomini:] *Enee Silvii Piccolominei postea Pii PP II de Europa.* Hg. und kommentiert von Adrian van Heck. Vatikanstadt: Biblioteca Apostolica Vaticana, 2001

Enea Silvio Piccolomini. *Beschreibung Asiens.* Hg. von Wilhelm Baum, ins Deutsche übersetzt von Raimund Senoner. Klagenfurt/Wien: Kitab Verlag, 2005.

Enea Silvio Piccolomini. *Europa.* Hg. von Günter Frank und Paul Metzger, übersetzt von Albrecht Hartmann. Heidelberg: Verlag Regionalkultur, 2005.

Enea Silvio Piccolomini. *Historia Bohemica.* Lateinisch – Deutsch. Hg. von Joseph Hejnic und Hans Rothe. 3 Bände. Köln u. a.: Böhlau Verlag, 2005.

Enea Silvio Piccolomini. *Historia Australis.* Lateinisch. Hg. von Martin Wagendorfer und Julia Knödler. 2 Bände. Hannover: Hahnsche Buchhandlung, 2009.

https://doi.org/10.1515/9783110754247-004

Enea Silvio Piccolomini. *Germania*. Lateinisch. Hg. von Maria Giovanna Fadiga. Florenz: Edizione del Galluzzo, 2009.

Enea Silvio Piccolomini. *De Europa*. Übersetzt von Francesca Marino. Im Vorwort Beiträge von Giorgio Napoletano, Gianfranco Ravasi und Antonio Zanardi Landi. Vatikanstadt: Biblioteca Apostolica Vaticana, 2010.

Enea Silvio Piccolomini. *Europe (c. 1400–1458)*. Hg. von Nancy Bisaha, ins Englische übersetzt von Robert Brown. Washington D. C.: The Catholic University of America Press, 2013.

Enea Silvio Piccolomini. *De Viris Illustribus and other biographical writings of Enea Silvio Piccolomini*. Hg. von Michael Cotta-Schönberg. Chișinău: Generis Publishing, 2021.

Plinius, Secundus d. Ä. *Naturkunde. Bücher III/IV. Geographie: Europa*. Lateinisch – Deutsch. Hg. und übersetzt von Gerhard Winkler. München/Zürich: Artemis, 1988.

Polybius. *The Histories*. Hg. und ins Englische übersetzt von W.R. Paton. Cambridge, MA.: Harvard University Press, 2014.

Klaudios Ptolemaios. *Handbuch der Geographie*. Griechisch – Deutsch. Hg. von Alfred Stückelberger und Gerd Graßhoff. Basel: Schwabe, 2006.

Strabon. *Geografia. L'Italia. Libri V-VI*. Hg. von Anna Maria di Biraschi. Mailand: Rizzoli libri, 2000.

Strabons Geografika. Buch I–IV. Hg. von Stefan Radt. Band 1. Göttingen: Vandenhoeck & Ruprecht, 2002.

Strabons Geografika. Buch IX–XIII. Hg. von Stefan Radt. Band 7. Göttingen: Vandenhoeck & Ruprecht, 2004

Strabons Geografika. Buch V–VIII. Hg. von Stefan Radt. Band 6. Göttingen: Vandenhoeck & Ruprecht, 2003.

Tacitus. *Historiae*. Lateinisch – Deutsch. Hg. und übersetzt von Helmuth Vretska. Stuttgart: Reclam, 1984.

Tacitus. *Annalen*. Lateinisch – Deutsch. Hg. von Erich Heller. Darmstadt: Wissenschaftliche Buchgesellschaft, 1997.

Vergil. *Aeneis*. Lateinisch – Deutsch. Hg. und übersetzt von Johannes Götte. München/Zürich: Artemis, 1994.

Sekundärliteratur

Babinger, Franz. *Mehmed der Eroberer und seine Zeit.* München: F. Bruckmann, 1959.

Bacsóka, Marika, Blank, Anna-Maria und Woelki, Thomas (Hg.). *Europa, das Reich und die Osmanen. Die Türkenreichstage von 1454/55 nach dem Fall von Konstantinopel (=Zeitsprünge. Forschungen zur Frühen Neuzeit 18/1–2).* Frankfurt/Main: Vittorio Klostermann, 2014.

Baldi, Barbara. „Geografia, storia e politica nel ‚De Europa' di Enea Silvio Piccolomini". *Pio II umanista Europeo,* Atti del XVII Convegno Internazionale (Chianciano-Pienza, 2005). Hg. von Luisa Secchi Tarugi. Florenz: Franco Cesati Editore, 2007. 199–216.

Baldi, Barbara. *Pio II e le trasformazioni dell'Europa cristiana (1457–1464)* Mailand: Edizioni Unicopli, 2006.

Bartlett, Robert. *The Making of Europe. Conquest, Colonization, and Cultural Change, 950–1350.* New York: Penguin Books, 1993.

Behringer, Wolfgang (Hg.). *Europa. Ein historisches Lesebuch.* München: C.H. Beck, 1999.

Bertelli, Sergio. (Übersetzung ins Englische von Litchfield, R. Burr). *The King's Body. Sacred Rituals of Power in Medieval and Early Modern Europe.* University Park/Pennsylvania: Pennsylvania State University Press, 2001.

Bisaha, Nancy. „Inventing Europe with Aeneas Silvius Piccolomini". *Images of Otherness in Medieval and Early Modern Times.* Hg. von Anja Eisenbeiß und Lieselotte Saurma-Jeltsch. Berlin: Deutscher Kunstverlag, 2012. 143–150.

Bisaha, Nancy. *Creating East and West. Renaissance Humanists and the Ottoman Turks.* Philadelphia: University of Pennsylvania Press, 2004.

Brague, Rémi. (Übersetzung ins Deutsche von Gennaro Ghirardelli). *Europa – seine Kultur, seine Barbarei. Exzentrische Identität und römische Sekundarität.* Wiesbaden: VS Verlag für Sozialwissenschaften, 2012.

Braudel, Fernand. (Übersetzung ins Deutsche von Kurz, Gerda und Summerer, Sieglinde) *Modell Italien 1450–1650.* Berlin: Wagenbach, 2003.

Broc, Numa. *La geografia del Rinascimento. Cartografi, cosmografi, viaggiatori 1460–1620.* Modena: Franco Cosimo Panini, 1989.

Cardini, Franco. (Übersetzung ins Deutsche von Seuß, Rita) *Europa und der Islam. Geschichte eines Mißverständnisses.* München: C.H. Beck, 2004.

Casella, Nicola. „Enea Silvio a difesa dell'Occidente cristiano". *Enea Silvio Piccolomini. Uomo di lettere e mediatore di cultura. Gelehrter und Vermittler der Kulturen.* Atti del Convegno Internazionale di Studi/Internationaler Studienkongress (Basel, 2005). Hg. von Maria A. Terzoli. Basel: Schwabe, 2006. 55–70.

Casella, Nicola. „Pio II tra Geografia e Storia: La ‚Cosmographia'". *Archivio della Società romana di Storia patria* 95 (1972): 35–112.

Caselli, Christian. „Interpreter, Diplomat, Humanist: Nicholas Sagundinus as a Cultural Broker in the 15th-Century Mediterranean". *Byzantium in Dialogue with the Mediterranean. History and Heritage.* Hg. von Daniëlle Slootjes und Mariette Verhoeven. Leiden/Boston: Brill, 2019. 226–244.

Chabod, Federico. *Der Europagedanke. Von Alexander dem Großen bis Zar Alexander.* Stuttgart: Kohlhammer Verlag, 1963.

Enenkel, Karl. „Landeskunde als politische Argumentation. Enea Silvio Piccolominis *De Europa". Monumenta Illustrata. Raumwissen und antiquarische Gelehrsamkeit.* Hg. von Dietrich Boschung und Alfred Schäfer. Paderborn: Wilhelm Fink 2019. 13–44.

https://doi.org/10.1515/9783110754247-005

Fischer, Fabian. *Das Europabild des Humanisten und Papstes Enea Silvio Piccolomini/Pius II.* Magisterarbeit München LMU, 2007.

Foerster, Rolf Hellmut (Hg.). *Die Idee Europa 1300–1946. Quellen zur Geschichte der politischen Einigung.* München: dtv, 1963.

Fritsch, Rüdiger von. *Zeitenwende. Putins Krieg und die Folgen.* Berlin: Aufbau, 2022.

Fuhrmann, Manfred. *Europa – zur Geschichte einer kulturellen und politischen Idee,* Konstanz: Universitätsverlag, 1981.

Fuhrmann, Manfred. *Bildung. Europas kulturelle Identität.* Stuttgart: Reclam, 2002.

Hale, John. *Die Kultur der Renaissance in Europa.* München: Kindler, 1994.

Hasse, Dag Nikolaus. *Was ist europäisch? Zur Überwindung kolonialer und romantischer Denkformen.* Stuttgart: Reclam, 2021.

Hay, Denys. *Europe. The Emergence of an Idea.* Edinburgh: Edinburgh University Press, 1967.

Helmrath, Johannes. „Enea Silvio Piccolomini (Pius II.). Ein Humanist als Vater des Europagedankens?". *Themenportal Europäische Geschichte,* 2007, https://www.europa.clio-online.de/essay/id/fdae-1327 (Zugriff 12. 07. 2023).

Helmrath, Johannes. *Pius II. und die Türken. Europa und die Türken in der Renaissance.* Hg. von Bodo Guthmüller und Wilhelm Kühlmann, Tübingen: Max Niemeyer Verlag, 2000.

Herbers, Klaus und Schuller, Florian (Hg.). *Europa im 15. Jahrhundert. Herbst des Mittelalters – Frühling der Neuzeit?* Regensburg: Pustet Verlag, 2012.

Hiestand, Rudolph. „,Europa' im Mittelalter – vom Geographischen Begriff zur Politischen Idee." *Europa – Begriff und Idee. Historische Streiflichter.* Hg. von Hans Hecker. Bonn: Bouvier, 1991. 33–48.

Hirschi, Caspar. „Boden der Christenheit und Quelle der Männlichkeit. Humanistische Konstruktionen Europas am Beispiel von Enea Silvio Piccolomini und Sebastian Münster". *Europabilder und ihre Wirkungen in der Neuzeit,* Hg. von Jürgen Elvert und Jürgen Nielsen-Sikora. Stuttgart: Franz Steiner Verlag, 2009. 46–66.

Hirschi, Caspar. *The Origins of Nationalism. An Alternative History from Ancient Rome to Early Modern Germany.* Cambridge: Cambridge University Press, 2012.

Höfert, Almut. „Das Gesetz des Teufels und Europas Spiegel. Das christlich-westeuropäische Islambild im Mittelalter und in der frühen Neuzeit". *Orient- und IslamBilder. Interdisziplinäre Beiträge zu Orientalismus und antimuslimischem Rassismus.* Hg. von Imam Attia. Münster: Unrast Verlag, 2007. 85–110.

Höfert, Almut. *Den Feind beschreiben. „Türkengefahr" und europäisches Wissen über das Osmanische Reich 1450–1600.* Frankfurt/New York: Campus Verlag, 2003.

Huizinga, Johan. *Herbst des Mittelalters.* Stuttgart: Kröner, 1953.

Joas, Hans und Wiegand, Klaus (Hg.). *Die kulturellen Werte Europas.* Frankfurt/Main: Fischer Taschenbuch, 2005.

Karageorgos, Basileios. „Der Begriff Europa im Hoch- und Spätmittelalter". *Deutsches Archiv für Erforschung des Mittelalters* 48.1 (1992): 137–164.

Le Goff, Jacques. *Das alte Europa und die Welt der Moderne.* München: C.H. Beck, 1994.

Le Goff, Jacques. *Die Geburt Europas im Mittelalter.* München: dtv, 2007.

Mauntel, Christoph. *Geography and Religious Knowledge in the Medieval World.* Berlin/Boston: De Gruyter, 2021.

Meier, Franziska. „Die Definition Europas im Italien der Renaissance. Franceso Petrarca und Aeneas Silvius Piccolomini, Papst Pius II". *Italien und Europa. Der italienische Beitrag zur europäischen*

Kultur. Hg. von ders./Italien-Zentrum der Universität Innsbruck. Innsbruck u. a.: Studienverlag, 2007. 27 – 38.

Mertens, Dieter. „Europa, id est patria, domus propria, sedes nostra…'. Zu Funktionen und Überlieferung lateinischer Türkenreden im 15. Jahrhundert". *Europa und die osmanische Expansion im ausgehenden Mittelalter*, Hg. von Franz-Reiner Erkens. Berlin: Duncker & Humblot, 1997. 39 – 58.

Mertens, Dieter. „Europäischer Friede und Türkenkrieg im Spätmittelalter". *Zwischenstaatliche Friedenswahrung in Mittelalter und Früher Neuzeit*. Hg. von Heinz Duchhardt. Köln/Wien: Böhlau, 1991. 45 – 90.

Meserve, Margaret. *Empires of Islam in Renaissance Historical Thought*. Cambridge/London: Harvard University Press, 2008.

Meuthen, Erich. „Der Fall Konstantinopels und der lateinische Westen". *Historische Zeitschrift* 237.1 (1983): 1 – 36.

Mitterauer, Michael. *Warum Europa? Mittelalterliche Grundlagen eines Sonderwegs*. München: C.H. Beck, 2003.

North, Michael. *Europa expandiert 1250 – 1500. Handbuch der Geschichte Europas*. Band 4. Stuttgart: Eugen Ulmer, 2007.

Pastor, Ludwig. *Geschichte der Päpste im Zeitalter der Renaissance. Von der Thronbesteigung Pius'II. bis zum Tode Sixtus' IV.* Freiburg/Breisgau: Herder'sche Verlagshandlung, 1894.

Pellegrini, Marco. *Le Crociate dopo le Crociate*. Bologna: il Mulino, 2013.

Pertusi, Agostino. *La caduta di Costantinopli. Le Testimonianze dei Contemporanei*. Mailand: Arnoldo Mondadori Editore, 2012.

Piccolomini, Aeneas. *De codicibus Pii II et Pii III deque bibliotheca ecclesiae cathedralis Senensis*. Siena: Lazzeri, 1900.

Reale, Giovanni. *Kulturelle und geistige Wurzeln Europas. Für eine Wiedergeburt des „europäischen Menschen"*. Paderborn: Schöningh, 2004.

Reinhardt, Volker. *Pius II. Piccolomini. Der Papst, mit dem die Renaissance begann. Eine Biographie*. München: C.H. Beck, 2013.

Rietbergen, Peter. *Europe. A Cultural History*. London/New York: Routledge, 1998.

Schubert, Alexander (Hg.) für die Stiftung Historisches Museum der Pfalz Speyer zus. mit Simone Heimann. *Die Habsburger im Mittelalter. Aufstieg einer Dynastie*. (Katalog zur Ausstellung, Speyer 2022) Darmstadt: Wissenschaftliche Buchgesellschaft, 2022.

Schütte, Bernd. „Das Reisekönigtum im ostfränkisch-deutschen Mittelalter". *Reisekulturen in Europa"*. Hg. von Rüdiger Fikentscher. Halle: Mitteldeutscher Verlag, 2015. 74 – 81.

Schwoebel, Robert. *The Shadow of the Crescent. The Renaissance Image of the Turk (1453 – 1517)* New York: St. Martin's Press, 1967.

Seibt, Ferdinand. *Die Begründung Europas. Ein Zwischenbericht über die letzten tausend Jahre*. Frankfurt/Main: Fischer Taschenbuch, 2003.

Voigt, Georg. *Enea Silvio de' Piccolomini, als Papst Pius der Zweite und sein Zeitalter*. Band 2. Berlin: Georg Reimer, 1862.

Wertheimer, Jürgen. *Europa – eine Geschichte seiner Kulturen*. München: Penguin, 2020.

Wolf, Klaus und Göhler, Jonas (Hg.). *Papst Pius II. an Sultan Mehmed II. Die Übersetzung der ‚Epistola ad Mahumete' durch Michael Christian*. Berlin: De Gruyter 2016.

Namensregister

https://doi.org/10.1515/9783110754247-006

Filelfo, Francesco 152
Floquet, Befehlshaber von Evreux 131
Forteguerri, Niccolò 159
Foscari, Francesco, Doge von Venedig 152–
154, 163, 176
Foxa, Antonio de 172
François I., Herzog der Bretagne 131, 134
Fregoso, Giano, Doge von Genua 142
Fregoso, Ludovico, Doge von Genua
Fregoso, Niccolò 142
Fregoso, Pietro, Doge von Genua 142
Fregoso, Tommaso, Doge von Genua 141
Friedrich, Graf von Cilli 70
Friedrich I., Markgraf von Brandenburg 119
Friedrich I. Barbarossa, Kaiser 33
Friedrich II., Kaiser 89
Friedrich II., Kurfürst von Sachsen 97–99
Friedrich II., Markgraf von Brandenburg 82,
119, 123
Friedrich III., Kaiser 1, 3, 5, 9, 11, 17, 18, 22, 23,
39, 66, 69, 70, 71, 72, 73, 75, 76, 78, 82, 92,
100, 103, 122, 124, 126, 127, 135, 142, 145,
153, 155, 176, 178, 207
Furlano, Taliano 192 f.

Gallienus, Kaiser 18
Gambacorta, Gherardo 165
Garai, Katerina 69
Garai, Ladislaus, Pfalzgraf 19
Gatti, Guglielmo 173
Gatti, Princivalle, Herr von Viterbo 173
Georg von Trapezunt 2, 7, 178
Giacomo della Marca 20
Giovanni, Graf von Tagliacozzo 184, 202
Giustiniani, Giovanni 49 f.
Gonzaga, Carlo 148, 150, 154
Gonzaga, Ludovico, Markgraf von Mantua 154
Gregor III., Patriarch von Konstantinopel 32, 38
Gregor XII., Papst 159, 176 f.
Grimoald (Sohn Pippins) 115
Guarco, Isnardo 141
Guarini, Guarino (da Verona) 156
Guglielmo, Herr von Monteferrato 148, 151

Haakon, König von Norwegen und Schweden
102
Halil Pascha 44–46, 52

Hannibal 118
Heinrich, Graf von Görz 69
Heinrich, Herzog von Bayern-Landshut 122
Heinrich II., Kaiser 117
Heinrich von Moers 111
Helena 21, 56
Henry VI., König von England 103, 130, 133–
135, 137
Herkules 55 f.
Hermann, Graf von Cilli 19
Hieronymus von Prag 10, 84–87, 104
Homer 56 f., 179
Hunyadi, Johan 9, 23, 24, 25, 27, 29, 36, 37, 39,
40, 41, 42, 43, 44, 45, 53, 54, 72, 74
Hunyadi, Ladislaus 24, 25, 27
Hunyadi, Matthias (Matthias Corvinus, König von
Ungarn) 9, 25, 27
Hus, Johannes 104
Hystaspes 29

Innozenz IV., Papst 166
Isabella von Anjou und Neapel 197 f.
Isabella von Portugal 138
Isidor von Kiew, Kardinal 32, 52, 87

Jacobellus von Mies 104
Jadwiga, Königin von Polen 81
Jaime von Portugal 183
Jakob I., von Baden, Markgraf 123 f.
Jakob I. von Sierk, Kurfürst und Erzbischof von
Trier 123, 176
James I., König von Schottland 137
James II., König von Schottland 137
Jan Rokycana, Erzbischof von Prag 104
Jean, Graf von Clermont 132
Jean, Graf von Nevers und Étampes 132
Jean II., Herzog von Alençon 129
Jean le Jeune, Bischof von Conserans 107
Jean V., Graf von Armagnac 129
Jeanne d'Arc 129
Jiškra, Jan 23, 104
Johann, Herzog von Kleve 110 f.
Johann Ohnefurcht, Herzog von Burgund 35,
129, 159
Johann von Moers 111
Johanna II., Königin von Neapel 209
Johannes VI. Kantakuzenos 35, 59

Ortsregister

Aachen   66, 116
Accumoli   206
Acerra   199, 201
Achaia   59 f.
Acheloos (Fluss)   60
Acquaviva   163 f.
Adda (Fluss)   144, 163
Adrianopel = Edirne   43
Adriatisches Meer   18, 54, 60 f., 63, 65, 112
Ägäisches Meer   30, 54, 58, 60
Aganippe   56
Agios   31
Akarnien   60
Akkon   89
Akrokeraunische Berge   60 f.
Aktium   61
Alba   199
Alba Longa   112
Albia   65
Albion   135
Alençon   129 f.
Alessandria   146 – 148, 151, 198, 210
Altenburg   99
Amatrice   206
Amelia   186
Anghiari   161
Apennin   84, 165
Apollonia   54
Aquileia   65, 161, 174, 191, 205
Aragon   140, 209, 211
Arethusa   56
Arezzo   161, 166, 179
Argolis   58
Ariano Irpino   209
Arles   128
Arno (Fluss)   160
Arta   60 f.
Ascoli Piceno   254
Asowsches Meer   101, 112
Assisi   186
Asti   146
Athen   56 – 58, 179

Ausonisches Meer   60 f.
Aversa   198, 201

Baltisches Meer   18, 79, 88, 94, 102, 186
Bamberg   117 – 119
Basel   3 f., 7, 13, 84, 111, 125 – 128, 177, 182, 186, 206
Basilsa   45
Belgrad   24, 38, 53 f., 184
Benevent   201
Bergamo   151, 153
Berlin   95, 215
Biccari   202
Bistriţz   27 f., 74
Bologna   111, 144, 156 – 158, 177, 180, 184
Bordeaux   132 f.
Bosporus   40, 47, 101
Bourbon   129 f., 132
Brandenburg   20, 73 f., 82, 94 f., 100, 118 f., 122 f.
Braunschweig   96 – 98, 100, 110, 122
Bremen   96
Brescia   147, 151, 153
Breslau   79
Bretagne   130 – 133
Brielle   108
Brünn   79
Buda   20 – 22, 24 f., 27
Buris   60
Bursa   46
Byzanz   31, 34, 40, 50

Caesarea   128
Cambrai   113
Cammin   95
Campiglia dei Foci   162
Capodistria   28
Capri   202
Capua   175, 197 f., 205
Caravaggio   147
Carpinone   205
Casalmaggiore   144, 192
Caserta   199
Cassope   61

https://doi.org/10.1515/9783110754247-007

www.ingramcontent.com/pod-product-compliance
Lightning Source LLC
Chambersburg PA
CBHW051105030726
47504CB00006B/1802